믿음을 시험하고 확증하라

믿음을 시험하고 확증하라

정원기 목사 지음

나침반

사람들이 자기가 누구인지, 어떤 존재인지 잘 알고 있다고 생각한다. 그러나 막상 '당신은 어떤 존재입니까?'라고 질문을 던지면 대답을 못하는 사람들이 의외로 많다. 지금 자기 자신을 향해 '나는 누구인가?'라는 질문을 던져보기 바란다. 대답이 곧바로 나왔다면 진짜 행복한 사람이다. 필자는 예전에 인간이 어떤 존재인지, 즉 내가 누구인지도 모른 채 세상을 살았던 적이 있다. 그저 먹고, 싸고, 자고, 놀고, 짝을 지어 새끼 낳고, 영역 지키다가 죽는 짐승과 같은 삶을 살았던 적이 있다(벧후2:12).

그리고 그렇게 사는 동안 크고 작은 이런저런 문제들을 계속해서 만나면서도 왜 그런지를 모르고 살았고, 또한 문제들을 만날 때마다 염려하고 속상해하며, 원망, 불평, 신경질, 짜증나는 지옥 같은 삶을 살았던 적이 있다. 그렇게 살다가 진짜 지옥으로 가고 말았을 텐데 하나님의 은혜로 인간이 어떤 존재인지, 왜 죽음문제를 비롯한 이런저런 수많은 문제들을 만나게 되었는지, 그리고 그런 문제들의 답이 무엇인지를 알았기에 이렇게 펜을 든 것이다.

혹시 지금 어떤 문제로 인해 힘들고, 괴로운가?
정말 죽고 싶다는 생각을 하고 있는가?
그렇게 된 이유가 환경 때문이라고 생각하는가?
아니면 주변 사람들 때문이라고 생각하는가?

환경 때문이라면 환경 탓을 하고 있을 것이고, 사람들 때문이라면 사람 탓을 하고 있을 것이고, 세상 때문이라면 세상 탓을 하고 있을 것이다.

그렇게 탓 타령(원망, 불평, 신경질, 짜증나는 소리)을 해보니까 문제가 해결되던가? 탓 타령을 하면 대인관계가, 세상살이가 힘들어지기에 참기만 하고 살았는가?

그러나 바깥으로 토해내든, 속으로 참아내든 자기만 더 상한다. 아마도 정신적으로나 육신적으로 지치고 병들어 있을 것이다. 마음속 깊은 곳에 상처가 많이도 쌓여 있을 것이다. 상처투성이인 채로 살고 있을 것이다. 그러다가 죽는다. 그리고 영원한 형벌의 장소인 지옥으로 간다.

그럴 수밖에 없는 이유가 환경이나 사람들 때문이 아니라 자기 자신이 '선악과 사건(마귀에 의한 인간의 오리지널 죄)'에 빠져 있기 때문이다(창3:1-6). 자기 자신이 죄로 인해 하나님을 떠나서 그렇게 된 것이라는 말이다. 그러니까 선악과 사건은 인간이 어떤 존재인지, 그리고 인생이 뭔지를 모르게 만들어버린, 한마디로 짐승처럼 살게 돼버린 참으로 엄청난 사건이었다.

그런데도 사람들이 선악과 사건이 뭔지도 모르고...알아도 그냥 원죄라는 정도로만 알고 있다. 선악과 사건이 정말 엄청난 사건이라는 것을 영혼의 피부로 느껴야 그 사건으로 인한 죽음문제를 비롯한 인생의 모든 문제를 해결한 '십자가 사건(피)'도 영혼의 피부로 느끼게 되는데...그래야 그 엄청난 십자가 사건을 통해 우리를 구원하신 예수님을 뜨겁게 맞이하게 되는 것이다. 즉, 예수가 그리스도(메시아=구세주)라는 것을 믿고 영접하게 된다.

그렇게 하므로 죄 문제도 해결되고 하나님도 다시 만나게 된다. 인간을 만드신 하나님을 만나게 되므로 인간이 어떤 존재인지, 인생이 뭔지를 알게 된다. 죽음문제를 비롯한 인생의 모든 문제에서 해방되어 참 자유, 참 평안을 누리게 되며, 천국을 비롯한 하나님의 모든 것(복)을 누리게 되므로 더 이상 문제 될 것도 없고, 더 이상 부족함도 없는 그야말로 그 어디서나 하늘나라를 누리게 된다 (찬438장).

이런 엄청난 복을 누리게 되었기에 이 세상에서의 주어진 시간과 물질과 몸을 사람 살리는 일에 사용하게 되는 아름다운 삶을 살게 된다. 그리고 그렇게 살게 해주신 하나님을 늘 노래하게 된다 (시23:1/합3:17-19/찬438장). 그렇게 사는 삶이 이웃을, 민족을, 인류를 사랑하는 삶, 아름다운 삶이다.

그러니까 마음을 비워야 된다. 마음을 내려놓아야 된다는 세상 사람들의 가르침대로 해서 그렇게 되는 것이 아니라...말과 뜻과 행실을 깨끗하고 착하게 해야 그렇게 되는 것이 아니라...도덕이나 율법으로 해서 그렇게 되는 것이 아니라...고행을 비롯한 어렵고 힘든 종교행위를 해야 그렇게 되는 것이 아니라...그런 방법들은 세상을 사는 동안 약간의 유익이 있겠으나 결국은 사망에 이르게 된다는 것을 알고(롬7:10) 얼른 하나님께서 가르쳐 주신 방법대로 하기 바란다.

즉, 예수가 그리스도(십자가 사건을 통해 죄 문제를 비롯한 인생의 모든 문제를 해결해 주신 구세주=죄 문제를 비롯한 인생의 모든 문제의 답 그 자체=천국을 비롯한 하나님의 모든 보화 그 자체 =우리가 그렇게도 만나고 싶었던 하나님 그 자체=메시아)라는 것을 믿으라는 말씀에 순종(마음으로 하는 행위=내적행위)하기 바란다. 그리하면 저절로 그렇게 돼버린다. 그러기에 너무나 쉬운 것이다.

오직 예수!
오직 믿음!
이것이면 그렇게 되기에 너무나도 쉽다. 이렇게 쉬운 방법을 놔두고 나는 그동안 너무나 많은 고생을 했다. 그냥 원죄...그냥 예수...하며 교회만 열심히 다녔다. 현대판바리새인이 되어 율법의 잣대를 치켜들고 나 자신을 정죄하고 다른 사람을 정죄하며 정말 힘들게 살았다.

옛날의 나처럼 그렇게 사는 사람들에게 이 책은 확실한 답을 줄 것이다. 우리가 해결하고자 하는 죄와 죽음문제를 비롯한 인생의 모든 문제의 답이 그리스도 안에...우리가 얻고자 했던 천국을 비롯한 하나님의 모든 보화(복)가 그리스도 안에...우리가 그렇게도 만나고 싶었던 하나님을 다시 만날 수 있는 방법도 그리스도 안에 들어 있다는 것을 알게 되기를...그래서 지금부터 그 어디서나 하늘나라를 누리기 바란다.

예수그리스도의 복음을
널리 널리 알리고 싶은
정원기 목사

차례

1장

인간은 원래
어떤 존재인가?

1 인간은 누구에 의해 어떻게 만들어진 존재인가?

나는 누구인가?

사람은 어떤 존재인가? 이 질문에 스스로 답을 해보길 바란다. 그러나 사람마다 모두 다른 답을 내 놓을 것이다. 그 말은 곧 사람이 누구인지 제대로 알고 있는 사람이 없다는 뜻이다. 사실 정말로 인간은 스스로가 누구인지 알 수가 없다. 왜냐하면 선악과 사건(창 3:1-6)으로 인해 하나님을 떠난 상태이기 때문이다. 창조주이신 하나님으로부터 만들어진 존재인 인간이 하나님을 떠나 있으니 어찌 알 수 있겠는가.

예를 들어 어떤 사람이 자동차를 한 대 만들었다고 하자. 그렇게 만들어진 자동차는 자기가 어떻게 만들어졌는지, 또한 어떤 일을 해야 하는지 모른다. 그러나 자동차를 만든 사람은 그 자동차가 어떤 재료로, 어떻게 만들어졌으며, 어떤 목적 때문에 만들어졌는지 잘 안다. 이와 마찬가지로 인간도 하나님으로부터 만들어진 피조물이기 때문에 스스로가 어떤 존재인지, 어떤 목적 때문에 만들어졌는지 알 수 없다. 인간이 어떤 존재인지와 존재하는 목적에 대해 알고 싶으면 인간을 만드신 하나님을 반드시 만나야 한다. 일단 사람이 어떻게 만들어졌는지 하나님의 말씀을 보자.

"여호와 하나님이 땅의 흙으로 사람을 지으시고 생기를 그 코에 불어 넣으시니 사람이 생령이 되니라"(창2:7).

"이것은 아담의 계보를 적은 책이니라. 하나님이 사람을 창조하실 때에 하나님의 모양대로 지으시되 남자와 여자를 창조하셨고 그들이 창조되던 날에 하나님이 그들에게 복을 주시고 그들의 이름을 사람이라 일컬으셨더라"(창5:1-2).

하나님은 흙으로 사람을 지으신 후 생기를 그 코에 불어넣어 생령(生靈)이 되게 하셨다(창2:7). 그러니까 사람은 흙이다. 그 흙속에 하나님의 생기가 담긴 존재다. 이렇게 만들어진 존재를 "사람"이라고 하셨다(창5:1-2). 그러니까 우리(사람)가 우리를 만든 것도 아니며, 어쩌다 사람이 태어나 사람이라고 불리게 된 것도 아니다.

하나님께서 우리를 이런 모습으로 만드시고, 또한 하나님께서 이렇게 생긴 우리를 "사람"이라고 이름을 붙인 것이다.

하나님께선 유독 인간만을 하나님의 형상대로 만드셨다. 그러기에 사람은 자신을 창조하신 하나님과 교제하며 마주할 권리를 가진 참으로 영광스런 존재다.

또한 하나님의 형상대로 지어졌다는 말은 하나님의 것(하나님의 DNA=영적 DNA)이 사람 속에 담겼다는 말이다. 그러기에 사람이 하나님은 아니지만 하나님처럼 만들어졌다는 말이다. 하나님이 영이시니 사람도 영적인 존재로, 하나님이 영원하시니 사람도 영원한 존재로, 하나님이 창조주이시니 사람도 창조행위를 하도록 애초에 닮게 만들어졌다는 말이다.

사람은 지, 정, 의를 가진 존재다. 사람이 스스로 지, 정, 의를 가지고자 한 것이 아니다. 지, 정, 의의 본체이신 하나님께서 생기를 사람 속에 불어넣으실 때 저절로 그것도 담기게 된 것이다. 사람이 하나님의 형상대로 만들어졌다는 말은 참으로 엄청난 말이다. 하나님은 사람이 만든 기계처럼 수동적인 창조물이 아니라 뭔가를 생각하는 존재로, 즉 여러 가지 것들을 생각하는 존재로 사람을 만드셨다.

과학이나 기술이나 회화, 건축 등, 미술활동이나 음악활동 등 이런 모든 활동을 하게 된 것도 하나님으로부터 부여받은 것이다. 하나님의 정보(DNA)가 사람 속에 담겨 있어서 때를 따라 이런저런 모양으로 표출되는 것이다. 그러니까 사람들이 이런저런 활동을 하는 것은 사람 스스로가 그런 능력이 있어서 그렇게 되는 것이 아니라 하나님께서 사람 속에 담아놓은 각가지의 정보 때문에 그렇게 되는 것이다.

물론 이런 내용을 모르고 살 때는 자신이 이룬 업적을 자랑하며 교만하고 건방지게 살게 되지만 그리스도를 통해 이런 내용을 알게 되면 겸손해지고 감사하게 된다.

따라서 진정한 감사가 있는 인생이 되기 위해서는 우리를 만드신 하나님, 모든 것을 주신 하나님을 반드시 다시 만나야 하고, 이런 내용에 대해 알아야 한다. 사람은 하나님의 생기가 담긴 영적인 존재이기에 이런저런 생각도 하고, 말도하며, 만들어 내기도 하는, 즉 창조 작업을 하고 사는 것이다.

창조주이신 하나님께서는 무(無)에서 유(有)를 창조하셨고, 피조물인 인간은 하나님께서 창조하신 유(有)에서 유(有)를 창조하며 사는데 그 창조 작업이 경제(돈)로도 이어진다. 창조주이신 하나님께서 만드신 우주만물 중에 하나님의 형상을 입은 존재는 인간밖에 없다. 하나님의 형상을 입은 특별한 존재이기에 만물을 정복하며 다스리며 사는 존재다.

하나님께서 우리들에게 바다의 물고기와 공중의 새와 가축과 온 땅에 기어 다니는 모든 것을 정복하고 다스리는 권세를 주셨다(창 1:28). 그래서 사람은 모든 만물의 으뜸이고 그것들을 다스리는 왕이었다. 하나님께서 인간을 그렇게 엄청난 존재로 만드시고, 그렇게 엄청난 권세를 주셨다.

> 인간은 하나님의 형상대로 만들어진 위대한 작품, 위대한 존재다. 그런 존재인 인간은 마땅히 그분을 찬양해야 한다.

인간은 하나님의 형상대로 만들어진 위대한 작품, 위대한 존재다. 그런 존재인 인간은 마땅히 그분을 찬양해야 한다. 우리는 또한 그러기 위해 만들어진 존재다.

"여호와 하나님이 그 사람을 이끌어 에덴동산에 두사 그것을 다스리며 지키게 하시고"(창2:15).

"이 백성은 내가 나를 위하여 지었나니 나를 찬송하게 하려 함이니라"(사43:21).

2 어떤 복을 누리고 살았는가?

하나님은 세상을 창조하시고 우리에게 그것들을 누리고 살라고 말씀하셨다. 지금처럼 그것들에게 억눌리며 살라고 하지 않으셨다. 문제들을 정복하고(밟고) 살게 만드셨지 문제들에게 밟히며 살게 하시지 않으셨다. 만물을 정복하고 다스리며 살 수 있는 복된 존재로 만드셨지 그것들에게 정복당하고 다스림을 받는 저주 받은 존재로 만들지 않으셨다(창1:28). 무엇보다도 하나님과 함께 하는, 즉 임마누엘의 복된 존재로 만드셨지 마귀의 종노릇하며 죄를 지으며 살아가는 지옥 같은 삶을 살게 하지 않으셨다.

> "하나님이 그들에게 복을 주시며 하나님이 **그들에게 이르시되** 생육하고 번성하여 땅에 충만하라. 땅을 정복하라. **바다의 물고기와** 하늘의 새와 땅에 움직이는 모든 생물을 다스리라 하시니라"(창1:28).

선악과 사건이 터지기 전에는 사람은 하나님과 함께 하는 임마누엘의 복된 존재였기에 하나님이 창조하신 모든 것을 누리고 살았다는 것을 알 수 있다. 이 세상 우주 만물을 만드시고 다스리시는 하나님과 함께 하는 존재였기에 아무 문제도 없고, 아무 부족함도 없는 그야 말로 진정한 복을 에덴에서 누리고 살았다(창2:15).

2장

왜 문제를
만나게 되었는가?

에덴동산에서의 생활은 아무 문제도 없고, 부족함이 없는 삶, 기쁘고 즐거운 삶 그 자체였다.

그런데 어느 날 사건이 터졌다. 맨 처음 사람인 아담과 하와가 하나님께서 먹지 말라고 하신 선악과를 악한 마귀의 거짓말에 속아 먹게 된 엄청난 일이 일어나버린 것이다(창2:17/창3:1-6).

이것을 '선악과 사건'이라고 한다. 이 사건(마귀에 의한 인간의 오리지널 죄)으로 인해 아담과 하와는 물론 그 안에서 태어난 모든 인간은 하나님을 떠나게 되었고, 죽음문제를 비롯한 인생의 모든 문제를 만나게 된 것이다.

지금 어떤 문제를 만나 힘들어 하고 괴로워하고 있다면 그 문제도 선악과 사건으로 인해 하나님을 떠났기 때문이다.

이걸 실감나게 좀 더 얘기를 하자면...예를 들어 어린 아이가 악한 자에 의해 더러운 쓰레기통에 던져 졌다고 하자. 엄마를 떠나 쓰레기통에 던져진 그 아이는 어떻게 될까? 엄마와 함께 해야 엄마의 젖을 먹게 되고, 기저귀와 옷도 갈아입게 되고, 따뜻한 방에서 포근한 이불을 덮고 잘 텐데...한마디로 엄마와 또한 엄마의 것을 누리고 살 텐데 엄마를 떠났기에 고생을 할 수밖에 없다.

고생만 하는 것이 아니라 결국 죽고 만다. 그 속에서 살아보려고 몸부림을 치면 칠수록 더 더러워지고 결국 지쳐 죽고 만다.

이 세상에 태어난 모든 인간도 악한 마귀에 의해 쓰레기통보다도 더 더러운 이 세상(죄로 물든 세상=선악과 사건이 터진 동네)에 던져져 있는 상태다.

또한 문제들도 많이 만나게 된다. 문제를 만나게 되면 그 문제 때문에 염려하고 속상해하며...원망, 불평, 신경질, 짜증을 내며 서로가 서로를 탓한다. 그러다가 치고 박고 싸우고 전쟁하다가 죽는다. 그게 쓰레기통(죄로 물든 세상=선악과 사건이 터진 동네)에 던져져 있다는 증거다. 하나님을 떠났다는 증거라는 말이다. 그런데도 사람들이 그런 상태라는 것을 모른다.

눈이 어두워져 있기에 안 보인다. 눈이 어두워지게 된 것도 선악과 사건 때문인데...하나님을 떠났기 때문인데 말이다. 그러기에 무엇보다도 먼저 하나님을 다시 만나야 한다. 하나님을 다시 만나야 하나님과 또한 하나님의 모든 것을 누리게 된다. 이 글을 통해 하나님을 꼭 만나게 되기 바란다. 그러기를 바라는 마음에서 이 글을 쓰고 있는 것이다. 정신 바짝 차리고 집중하여 읽어보기 바란다.

"선악을 알게 하는 나무의 열매는 먹지 말라. 네가 먹는 날에는 반드시 죽으리라 하시니라"(창2:17).

"그런데 뱀은 여호와 하나님이 지으신 들짐승 중에 가장 간교하니라. 뱀이 여자에게 물어 이르되 하나님이 참으로 너희에게 동산 모든 나무의 열매를 먹지 말라 하시더냐. 여자가 뱀에게 말하되 동산 나무의 열매를 우리가 먹을 수 있으나 동산 중앙에 있는 나무의 열매는 하나님의 말씀에 너희는 먹지도 말고 만지지도 말라. 너희가 죽을까 하노라 하셨느니라. 뱀이 여자에게 이르되 너희가 결코 죽지 아니하리라. 너희가 그것을 먹는 날에는 너희 눈이 밝아져 하나님과 같이 되어 선악을 알 줄 하나님이 아심이니라. 여자가 그 나무를 본즉 먹음직도 하고 보암직도 하고 지혜롭게 할 만큼 탐스럽기도 한 나무인지라. 여자가 그 열매를 따먹고 자기와 함께 있는 남편에게도 주매 그도 먹은지라"(창3:1-6).

3장

어떤 문제들을
만나게 되었는가?

선악과 사건이 터지기 전에는 사람에겐 아무런 문제가 없었다.

그런데 선악과 사건이 터지면서 죽음을 비롯한 인생의 모든 문제가 파도처럼 밀려오게 된 것이다. 영과 혼과 육을 가진 인간에게 영적, 정신적, 육신적인 문제가 생겨났다. 의식주(衣食住)의 문제를 비롯한 이런저런 수많은 문제를 만나게 되었고, 그런 문제들을 만나면서 염려하고 속상해하며 스트레스를 받을 수밖에 없게 되었다(창3:16-19).

지금 세상이 온갖 문제들로 둘러싸여 있다는 사실은 누구나 인정할 수밖에 없는 분명한 사실이다. 뉴스와 신문, 그리고 그밖에 알려지지 않은 일들까지 매일 일어나는 이런 사건들은 우리가 죄의 종노릇하고 있다는 증거이며, 문제에 눌림을 당하고 있다는 증거다. 한마디로 하나님의 것을 누리는 '누림의 삶'이 마귀와 문제들에게 눌리는 '눌림의 삶'이 돼버린 사건이 선악과 사건이다. 그림으로 나타내면 다음과 같다.

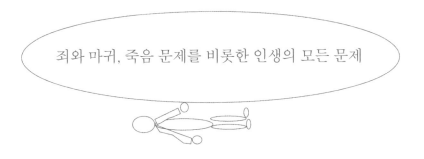

큰 바위에 눌린 사람이 힘들고, 고통스럽고, 괴로워 고통의 신음소리를 내뱉으며 서서히 죽을 수밖에 없는 것처럼, 선악과 사건이 터진 동네(세상)에 태어난 모든 인간도 그런 상태다. 그런 상태에

있는 사람들에게 음식이나 따뜻한 옷만 갖다 주면 되겠는가? 도덕대로, 율법대로 살라고, 즉 말과 뜻과 행실을 깨끗하고 착하게 해야만 된다고 몰아붙이면 되겠는가? 고행을 비롯한 종교행위를 열심히 하라고 몰아붙이면 되겠는가? 그런 방법들로는 절대로 고통의 신음소리를 멈추게 할 수 없다.

그런 방법들로는 절대로 우리를 깔아뭉개고 있는 바위를 밀쳐낼 수 없다. 절대로 벗어날 수 없다. 절대로 구원받을 수 없다. 그런 방법들은 오히려 사람을 더 힘들게 하는 것이며, 더 빨리 죽게 만드는 것이다(롬7:10).

그러기에 인생의 모든 문제의 해결을 위해서는 선악과 사건(마귀에 의한 인간의 오리지널 죄)이라는 큰 바위를 치우는 것이 먼저다.

그런데도 사람들이 당연히 먼저 해야 할 가장 중요한 일은 하려고도, 알아보려고도 않고 말도 안 되는 방법들만 찾아다니면서 시간을 낭비하고 있다. 세상 사람들이나, 공자나 석가 등과 같은 세상의 위인들이 그렇게 하는 것은 그들이 문제의 원인과 답을 몰랐기에 그랬다 하더라도 성경(문제의 원인과 답)을 손에 들고 있는 교회 마저도 그렇게 하고 있으니 안타까운 일이다.

사람에게 가장 시급하고 중요한 일은 육적인 건강이나 돈을 많이 버는 일도 아니며, 또한 앞에서 말한 것처럼 그렇게 몰아붙이거나 그렇게 하는 것(일)도 아니다. 우리 등 뒤에 있는 죄라는 큰 바위(선악과 사건)를 치우는 일이 그 어떤 일보다도 시급하고 중요한 일이다. 그 일을 먼저 하고 나면 나머지는 저절로 해결된다(마6:33).

그런데 인간의 힘으로는 그것을 해결할 수 없다. 아니, 해결할 수도 없을 뿐만 아니라 사람들이 선악과 사건이 죽음문제를 비롯한 인생의 모든 문제의 근본원인이라는 것을, 즉 큰 바위 밑에 깔려 있는 것이 문제의 원인이라는 것을 인식하지 못하고 있다. 교회에 다니는 사람들조차 이 사건을 그냥 글자 그대로의 원죄(原罪) 정도로만 알고 있다. 원죄라는 말은 죄(罪)의 근원(根源)이라는 말로 나무로 치면 뿌리를 나타내는 단어다.

인간에게 있어서 원죄란 참으로 비참(悲慘)한 것이며 지금 우리가 짓는 죄도 원죄로 인함이라는 것을 알 수 있다. 그러나 이 원죄를 예전에 일어난 죄 정도로만 이해를 하고 있기에 죄를 지으면서도 원죄의 문제, 즉 선악과 사건을 해결할 생각을 하지 않는 것이다.

> 원죄라는 말은 죄(罪)의 근원(根源)이라는 말로 나무로 치면 뿌리를 나타내는 단어다.

흙속에 파묻혀 있는 나무의 뿌리는 안 보이지만, 그 뿌리에서 가지가 생겨난 것처럼...그래서 그 가지를 보고 뿌리가 있다는 것을 아는 것처럼, 선악과 사건 때 사람 속에 담긴 죄(원죄=오리지널 죄)가 사람을 통해 계속해서 분출되고 있다는 것을...즉, 그 오리지널 죄에서 가지(인생을 사는 동안 짓는 이런저런 죄=율법대로 살지 못한 죄)들이 계속 생겨나고 있다는 것을 알아야 한다.

사람들이 본질이 뭔지, 현상이 뭔지 모르기 때문에...즉, 죄 문제에 있어서도 그 죄 문제의 본질을 모르기 때문에 그 본질을 놔두고 그 본질에서 비롯된(드러난) 현상(본질에서 바깥으로 드러나는 죄=율법대로 살지 못한 죄)만 보고 정죄하고, 또한 그 현상만

드러나지 않으면 죄인이 아닌 줄 알거나 그 현상이 드러나지 않게 하기 위해 애를 쓴다. 그게 도덕교육이요, 율법교육이요, 살을 깎아 내는 고행을 수반한 종교행위다.

죄 문제뿐만 아니라 죽음문제를 비롯한 나머지 이런저런 문제들도 마찬가지다. 사는 동안 이런저런 문제들을 만나다가 결국 죽음, 지옥문제까지 만나게 되는 것도 본질(선악과 사건) 때문에 그런 것인데 사람들이 본질을 모르기 때문에 자꾸만 자기가 처한 처지나 환경이나 사람들 때문에 문제를 만나게 된다고 생각하며 환경 탓, 사람 탓을 하는 것이다.

그러기에 원죄(죄의 뿌리=마귀에 의한 인간의 오리지널 죄=선악과 사건)라는 말을 그냥 흘려들어서는, 가볍게 여겨서는 안 된다. 원죄는 사는 동안 짓는 죄와 죽음문제를 비롯한 인생의 모든 문제의 근원, 즉 뿌리라는 것을 알아야 한다. 원죄가 그렇게 엄청난 사건이라는 것을 영혼의 피부로 느끼지 못하고 대충 알고 넘어가기에 이걸 영혼의 피부로 느끼라고 '선악과 사건'이라는 말을 하는 것이며 이렇게 풀어서 얘기하는 것이다.

텔레비전이나 라디오를 켜기만 하면 어느 누가, 또는 어디에서 어떤 사건이 터졌다는 소식이다. 그런 사건 소식에만 신경 쓰지 말고(피부로 느끼지 말고) 진짜 사건 중의 사건인, 인류 역사상 최대의 사건인 선악과 사건에 대해 영혼의 피부로 느끼라고 창세기 3장 1절부터 6절까지 내용을 선악과 사건이라고 한 것이다. 이 사건은 있어서는 안 될 사건이었다.

그러나 이미 터져버렸다.

언제?...아담, 하와 때!...

어디서?...에덴동산에서!...

누구에 의해?...마귀에 의해!...

그로 인해 어떻게 되었는가?...죄 문제를 비롯한 인생의 모든 문제를 만나게 됐다. 물론 죽음, 지옥문제까지 말이다. 그러기에 그대가 지금 어떤 문제를 만나고 있다면 그 문제도 선악과 사건으로 인한 것임을 알아야 한다.

다시 말해서 지금 그대가 어떤 문제를 만나고 있다면 그 문제가 문제로 여겨지기에 그 문제를 피부로 느끼고 있을 것이다. 그러기에 그 문제를 문제라고 말해주지 않더라도 이미 문제를 문제로 여기듯이(믿듯이=피부로 느끼듯이) 마귀에 의한 인간의 오리지널 죄 문제도 그렇게, 그런 심정으로 여기라고(믿으라고=영혼의 피부로 느끼라고) 선악과 사건이라고 말한 것이다. 그러기에 이런 내용을 이상하게 생각하지 말고 정신 바짝 차리고 읽어보기 바란다.

그리고 율법도 선악과 사건을 영혼의 피부로 느끼라고 하나님께서 주신 것이다. 사람들이 율법을 어기면 어긴 그것이 죄라는 것을 피부로 느끼게 되니까 그 율법을 통해 죄를 깨닫게 해주시려고(롬 3:20)...그렇게 해서 그 문제의 답이 '예수'라는 것을 영혼의 피부로 느끼게 해주시기 위해서...즉, 나는 율법대로 살고 싶은데 왜 그렇게 살아지지 않는 걸까?...왜 이렇게 죄를 짓고 마는 걸까?...이렇게 죄 문제 때문에 미치고 환장하다가 죽을 수밖에 없는 나를 누가 건져내 줄 수 있단 말인가?...라고 탄식하고 나오도록 율법을 주셨다는 말이다(롬7:24).

그러다보면 그 죄가 사람 속에 담기게 된 사건이 선악과 사건이라는 것을 알게 될 것이고...그래서 그 선악과 사건이 인간에게 있어서 얼마나 엄청난 사건인지를 영혼의 피부로 느끼게 될 것이고...결국 아담, 하와가 선악과 사건에 빠졌다는 말은 내(우리)가 그 사건에 빠졌다는 것을 영혼의 피부로 느끼게 될 것이고...그런 나(우리)를 구원해 주신 분이 '예수'라는 것을...구원해 주신 증거가 '십자가 사건(피)'이라는 것을 영혼의 피부로 느끼게 해주시려고 말이다.

그래야 무엇보다도 먼저 내(우리)가 그 선악과 사건에서, 즉 선악과 사건이 터진 동네(세상=선악과 사건으로 인해 죄로 물든 인간〈죄인〉들이 시간표에 따라 이런저런 문제들을 만나나면서 염려하고 속상해하며, 원망, 불평, 신경질, 짜증나는 지옥 같은 삶을 살다가 진짜 지옥으로 가기 위해 대기하는 장소)에서 해방돼야겠다는 것을 영혼의 피부로 느끼게 될 것이고...

그래야만 예수가 그리스도라는 것을 믿고 영접하라는 말씀에 순종하는 것이 얼마나 엄청난 말씀인지 영혼의 피부로 느끼게 될 것이고...

그래야 순종하여 구원받게 될 것이기에 말이다.(구원에 관계되는 얘기는 너무 중요한 것이기에 뒤에서 다시 얘기하기로 하고 선악과 사건에 대해 좀 더 얘기하겠다.)

그런데도 사람들이 미국에서 일어난 9.11 테러 사건은 엄청난 사건이었다는 것을 알면서 정작 자기에게 있어서 엄청난 사건인 '선악과 사건'을 아주 가볍게 여긴다. 이런 얘기를 해줘도 알아듣지 못하고, 오히려 이런 얘기를 해주는 우리들을 향해 욕하는 사람들도 있다. 자기 자신이 선악과 사건에 빠져 있기 때문에, 즉 죄로 어두워져 있고, 마귀에게 붙잡혀 속고 있기 때문에 이런 내용을 모르는 것

> 자기 자신이 선악과 사건에 빠져 있기 때문에, 즉 죄로 어두워져 있고, 마귀에게 붙잡혀 속고 있기 때문에

인데 그런 줄도 모르고 세상에서 일어나는 사건들에는 관심도 많고, 또한 민감하게 반응한다.

2001년 9월 11일 100층이 넘는 거대한 두 개의 빌딩에 비행기가 뚫고 들어간 사건이 미국에서 실제로 있었다. 텔레비전을 통해 그 상황을 생생하게 보지 않았는가. 마치 영화에서나 볼 수 있는 일이 실제로 일어난 것에 대해 온 세상 사람들이 경악(驚愕)을 금치 못했다. 그 사건으로 인해 얼마나 많은 사람들이 죽었는가. 그리고 지금도 정신적으로나 육신적으로 고통을 당하는 사람들이 얼마나 많은가. 그게 9.11 테러 사건이다.

선악과 사건은 이보다도 더 엄청난 사건이었다. 9.11 테러 사건뿐만 아니라 지금 자기 자신이 당하고 있는 어떤 문제가 있다면...그래서 그 문제로 인해 고통을 당하고 있다면...그래서 고통의 신음소리(원망, 불평, 신경질, 짜증)를 내뱉고 있다면 그 고통의 신음소리도...그 고통도...그 문제도 바로 선악과 사건 때문이다.

지금 만나고 있는 그 문제 뿐만 아니라 죽음 문제와 지옥 문제까지 당하게 된 것이 선악과 사건 때문이라는 말이다. 그러기에 지금

이 세상(선악과 사건이 터진 동네)의 모든 사람들은 이런저런 문제들로 고통당하다가 지옥으로 가기 위해 대기 중이다. 마치 세상 법대로 살지 못한 사람(죄인)이 감옥으로 가기 위해 경찰서 유치장에 대기 중인 것처럼 그런 상태다.

그런데도 선악과 사건을 우습게 여기면 되겠는가. 9.11 테러 사건은 실감(피부로 느끼면서)하면서 선악과 사건을 피부로 느끼지(실감하지) 못하는 것은 자기 자신이 선악과 사건의 당사자가 아니라는 생각 때문이다. 그리고 우리가 그 사건이 터졌을 때 그 현장에 있지 않고 아담의 씨 주머니(고환) 속에 있었기 때문에 눈으로 보지 못해서다. 그 사건의 당사자인 아담, 하와는 이미 죽어버렸고, 인간을 선악과 사건에 빠지게 하여 죽게(인생의 모든 문제를 당하게) 만든 마귀는 이것을 가르쳐 줄 리가 없다(요8:44).

그래서 이 사건에 대해 누구보다도 잘 알고 계시는 하나님(창3:1-6)은 사건을 해결하시기 위해 '여자의 후손(구세주=메시아=그리스도=예수)'을 보내 주시겠다고 약속하셨고(창3:15), 또한 그 약속대로 여자의 후손을 이미 이천여 년 전에 진짜 보내주셨다(마1:16-25). 그러므로 하나님을 통해서만 우리가 알 수 있고, 또한 벗어날 수 있다.

그래서 하나님(조물주)의 말씀을 들어야 한다.

피조물인 세상위인들의 얘기보다 우리를 만드신, 그리고 이런 내용에 대해 훤히 알고 계시는, 또한 해결해 주신 하나님의 말씀을 들어야 한다. 그래야 그 무거운 바위(선악과 사건=인생의 모든 문제가 담겨 있는 무거운 십자가) 밑에서 벗어나 자유 할 수 있게 될 것이 아닌가(마11:28).

그러기에 이렇게 들려주는 하나님의 말씀을 통해 일단 선악과 사건이 얼마나 엄청난 사건인지를 영혼의 피부로 느껴야 한다. 자기 자신에게 일어나는 문제들이 바로 그 선악과 사건 때문이라는 것을 영혼의 피부로 느껴야 한다. 지금까지 이런 얘기를 제대로 듣지 못해서 영혼의 피부로 느끼지 못했다면 이 글을 통해 그렇게 될 것이다. 집중해서, 그리고 반복해서 읽어보기 바란다.

왜냐하면 마귀가 이 글을 읽고 있는 동안에도 얼마든지 장난(생각이나 환경이나 사람들을 통한 여러 가지 방해공작)을 칠 수 있기 때문이다. 그래서 반복해서 얘기하는 것이다. 반복해서 얘기해 줘도 정신 똑 바로 안 차리면 못 알아듣게 되니까 정신 똑 바로 차리고 읽어보기 바란다. 그리고 얘기를 반복하는 이유는 그리스도의 체질이 되게 하려고 그러는 것이니까 반복되는 얘기라고 짜증내지 말고, 마귀에게 속지 말고 끝까지 잘 읽어보기 바란다.

선악과 사건이 터지기 전부터 마귀는 어떻게 하면 하나님의 형상을 입은 귀한 존재인 인간을 무너뜨릴 수 있을까를 궁리하다가 어느 날 에덴동산을 거닐고 있던 하와에게 선악과를 통해 무너뜨리고 말았듯이 지금도 그렇게 하고 있다는 것을 알고 정신 바짝 차려야 한다. 예수님께서 다시 오시는 그날까지 마귀는 인간들이 선악과 사건이나 십자가 사건을 알아도 적당하게, 두루뭉술하게 알고 넘어가도록 온갖 방해공작을 다 펼칠 것이다. 또한 알아도 영혼의 피부로 느끼지 못하도록, 믿지 못하도록 마귀는 온갖 방해공작을 다 펼친다는 것을 알기 바란다.

그러기에 정신 바짝 차리고 읽어 보기 바란다. 지금 이런 얘기를 듣고 있는 그대의 생각이 "이게 정말일까?...라는 생각(의심)"을 하고 있다면 그 생각까지 불어넣고 있는 놈이 마귀라는 것을 알고 그 마귀에게 속지 말기 바란다.

하나님께서는 이런 얘기(복음=눈에 안 보이는 말이지만 그 안에 엄청난 복이 담겨 있는 말씀)를 통해 죄 문제를 비롯한 인생의 모든 문제에서 우리를 자유케 해주려고, 하나님을 다시 만나게 해주려고, 천국을 비롯한 하나님의 모든 보화(복)를 누리며 즐겁게, 신나게 살게 해주려고 하시는데 마귀는 사람의 생각을 눈에 보이는 세상 것들에, 세상사상에 집중하게 하여 이런 내용을 알지 못하게 한다.

> 마귀는 사람의 생각을 눈에 보이는 세상 것들에, 세상사상에 집중하게 하여 이런 내용을 알지 못하게 한다.

선악과 사건 때부터 사람들을 자기(마귀) 엉덩이 밑(죽음문제를 비롯한 인생의 모든 문제가 담겨 있는 큰 바위 밑)에 깔아뭉개놓고 지금도 계속 세상 것들을, 세상사상을 통해 깔아뭉개고 있다는 것을...그러기에 늘 눌림의 삶을 살 수밖에 없다는 것을...그러니까 선악과 사건은 에덴(기쁨=임마누엘)을 누리던 우리들에게, 즉 '누림'의 삶을 살던 우리들에게 'ㄹ'받침을 갖다 붙여 '눌림'의 삶이 되게 한 사건이라고 여기면 된다. 그래서 앞의 그림에서처럼 그렇게 눌림의 삶을 살고 있는 것이다.

그러기에 꿈에서조차 눌림을 당하는 것이다.

그것이 가위눌림이다. 꿈속에서 누군가가 쫓아온다든지, 목을

조인다든지 하여 그것에서 벗어나보려고 하면 할수록 오히려 더 힘들게 되고, 숨이 막힐 것 같은 아찔한 상황을 경험해 본적이 있는가?

나도 어린 시절 경험해봤기에 어떤 것인지 안다. 누군가에게 쫓기다가 잡혀 죽을 것만 같은 상황에서 어떻게 해야 할지 몰라 정말 미칠 것만 같은 묘한 기분이었다. 그러다가 깨어나 보면 꿈이었음을...그것이 가위눌림이라는 것을...그러니까 이런 일도 선악과 사건 때문에 당하게 된 것이다.

그러기에 선악과 사건은 정말 있어서는 안 될 사건이었다.

그러나 있어서는 안 될 사건이 이미 터져버렸으니 어찌 할 것인가. 이 세상에 수많은 사건들이 있었지만 선악과 사건만큼 큰 사건은 없다. 오래 전 가인의 살인 사건(창4:8), 노아 때 홍수 사건(창7:11-12), 하나였던 언어가 여러 개로 복잡해지게 된 바벨탑 사건(창11:1-9), 롯이 살았던 소돔과 고모라의 불바다 사건(창19:24-25), 이스라엘백성들이 걸핏하면 이웃 나라들에게 공격을 받고 죽거나 포로가 된 사건, 그리고 1차 세계 대전, 2차 세계 대전과 또한 2001년 9월 11일 미국에서 일어난 9.11 테러 사건 등, 세상에는 수많은 사건들이 있었지만 선악과 사건보다 큰 사건은 없었다.

왜냐하면 그런 모든 사건들도 선악과 사건(본질)으로 인해 생겨난 사건(현상)들이기 때문이다. 그런 사건들은 선악과 사건이라는 뿌리에서 올라온 가지들에 불과하기 때문이다. 선악과 사건 때 죄로 물든 인간들이 그렇게 죄를 뿜어내기 때문에 그런 사건들도 있이 세상에 생겨난 모든 사건(문제)들은 선악과 사건이라는 뿌리에서 올라온 가지들이라는 것을 알아야 한다.

었지만 이미 이 세상(지구)은 저주받은 곳이라서 이런저런 사건들로 넘쳐나게 된 것이다. 그기에 이 세상에 생겨난 모든 사건(문제)들은 선악과 사건이라는 뿌리에서 올라온 가지들이라는 것을 알아야 한다.

그런데 선악과 사건이라는 영적인 뿌리는 안 보이고 그 뿌리(문제의 근원)에서 올라오는 가지들(각가지의 문제들)만 보이기 때문에 사람들이 그런 가지들만 쳐내면 되는 줄 알고 열심히 가지치기를 하고 있다. 가지치기에 동원되는 것이 각가지의 인간적인 방법이고, 도덕이고, 율법이고, 세상법이고, 고행이고, 종교행위다.

그리고 그런 법대로 하지 않으면 벌금을 내게 한다든지 감옥살이를 하게 하거나 사형시키는 방법일 뿐이다. 그런 방법들로 아무리 가지치기를 해도 안 된다. 그기에 계속 되고 있는 것이다. 시간이 흐르면 흐를수록(예수님께서 다시 오실 때가 가까워지면 가까워질수록) 계속 해서 명예훼손죄, 폭행죄, 절도죄, 강간죄, 살인죄 등, 각 가지의 죄들이 더 많이 분출될 것이다.

그렇게 될 수밖에 없는 이유가 선악과 사건 때문이다.

그런 죄들은 뿌리(선악과 사건=Original sin)에서 올라오는 가지들이다. 즉, 선악과 사건으로 인해(창3:1-6) 사람 속에 죄가 담겨 있기 때문에(롬7:17, 20) 죄의 가지들이 계속해서 생겨날 수밖에 없는 것이다. 그기에 그 사람이 죄를 안 짓고 있다고 해서 죄인이 아닌 것이 아니다. 마치 휴화산과 같은 상태일 뿐이다.

산(山)은 산(山)인데 산(山)속에 화(火=불)가 들어 있다가 불을 뿜어내는 산을 화산(火山)이라 하고, 잠시 그 활동을 멈추고 있는 산을 휴화산(休火山)이라고 하는 것처럼 사람도 그렇다는 말이다. 휴화산이 언제 다시 불을 뿜어낼지 모르듯이, 사람도 죄를 안 짓고 있다고 해서 죄인이 아니라 사람 속에 죄가 담겨 있기 때문에 죄인이라고 하며, 그 사람 속에 담겨 있는 죄가 언제 분출될지 모르는 휴화산과 같은 상태일 뿐이다.

물론 사람에게서 죄가 분출되고 있다면 화산과 같은 상태다. 휴화산이 터진 것이라는 말이다. 그러니까 휴화산이나 화산이나 화(火)가 담겨 있는 것처럼 사람도 죄를 짓고 있거나 죄를 안 짓고 있어도 죄(罪)는 담겨 있다는 말이다. 그 죄가 사람 속에 담긴 사건이 선악과 사건이다(창3:1-6). 그래서 죄인이다. 종자 자체가 죄의 종자, 악한 종자라는 말이다(사1:4). 그러기에 세상을 사는 동안 서로가 서로를 속이고, 속으며 악한 짓을 하며 산다. 악한 종자인 마귀와 함께 하는 인간이기에 인간도 악한 종자일 수밖에 없는 것이다.

선악과 사건 때부터 인간은 거짓의 아비인 마귀에게 속해 있기 때문에 그 아비를 따라 그런 삶을 살 수밖에 없는 것이다(요8:44). 거짓이 사람 속에 담겨 있기 때문에 거짓이 나오듯이 폭행, 절도, 강간, 살인도 사람 속에 담겨 있기에 그것들이 나오는 것이다. 사람 속에 담겨 있는 그것들이 바깥으로 나오면 사기(죄), 폭행(죄), 절도(죄), 강간(죄), 살인(죄)라고 한다. 글자 끝에 '죄'라는 단어가 그렇게 따라 붙는다.

그러니까 사람 속에 담겨 있는 '죄'에서 이 모양, 저 모양의 이름으로 '죄'가 분출되는 것이다. 이름만 다를 뿐 그것들이 모두 다 '죄'다. 사람 속에 담겨 있는 이 죄 때문에 사람들이 죄를 안 짓고 싶어도 그런 죄를 짓고 마는 것이다. 그래서 인간은 죄와 싸워 이길 수 없고, 해결할 수 없다. 그러기에 괴로워하다가 지옥으로 가는 것이다(롬7:24).

나도 세상에 살 때에는 도덕적으로 완벽하게 살아보려고 몸부림을 쳤고, 교회에 들어와서는 율법적으로 완벽하게 살아보려고 몸부림을 쳤는데 아무리 몸부림을 쳐도 어느새 마음으로나 행위로 죄를 짓고 있는 나 자신을 발견하게 되었다. 정말 죄라는 죄는 눈곱만큼의 죄도 안 짓고 싶었는데 군대생활을 하면서 거짓말이 입에 달리게 되었다.

왜냐하면 내가 뭔가 잘못(실수)한 것이 있을 때 상급자에게 그대로 솔직하게 얘기하면 몽둥이에 맞아 죽을까봐 순간적으로 거짓말을 하고 말았던 나, 내가 근무하는 학교에서 학생들이 지나치게 떠들거나 못된 짓을 하는 것을 보면 나도 모르는 사이에 "이놈의 새끼들"하며 욕이 튀어나와버리는 나 자신을 발견하게 되더라.

정말 도덕대로, 율법대로 살아야지라고...말과 뜻과 행실을 깨끗하고 착하게 하고 살아야지라고 몸부림을 쳤으나 마음으로나 행위로 어느새 죄를 짓고 마는 나 자신을 발견할 때마다 정말 괴로웠다.

정말 내가 왜 이럴까?...라는 생각을 수 없이 반복하며 하나님 앞에서 늘 죄책감에 시달려야만 했다. 죄 문제 때문에 정말 미치고 환장할 것 같았고, 이러다가 죽을 수밖에 없는 불쌍한 나를 누가 건져(구원)내줄 수 있단 말인가?(롬7:24)...라며 사도 바울처럼 가슴을 치고 통곡하며 눈물로 회개했던 적이 한두 번이 아니다.

그러나 또 마음으로나 행위로 죄를 짓고 만다.

그러니까 아무리 죄를 안 지으려고 애를 써도 죄를 짓고 만다. 죄라고 하니까 강간, 살인, 폭행 등의 크게 드러난 죄만 죄가 아니라 마음속에서 부글거리고 있는, 즉 생각으로 짓는 죄도 죄다. 여자를 보면서 음욕을 품거나(마5:28), 남의 물건을 보고 탐을 내거나(출20:17), 또한 염려, 근심, 걱정, 원망, 불평, 신경질, 짜증을 내거나, 수군거리고 비방하는 이런 모든 것들이 다 죄다(롬1:29-32).

그러기에 죄를 안 짓는 사람은 이 지구상에 아무도 없다(롬3:10). 즉, 의인은 하나도 없다는 말이다. 그런데도 사람들이 죄가 뭔지도 모르고 또한 그런 죄(바깥으로 드러나는 죄=죄의 본질에서 나타나는 현상)를 짓는 사람을 향해 "더러운 놈"이라고 욕하고, 정죄하고, 그러다가 "저런 원수 같은 놈은 죽여야 돼!..."라고 욕하다가 진짜 죽이기까지 한다. 그렇게 욕하고 죽였던 인간이 또 어느 날 누군가에게 죽는다. 그러기에 계속 피가 피를 부르는 복수의 삶을 사는 것이다.

이런 엄청난 일이 벌어지기 때문에 하나님께서 선악과를 먹지 말라고 하신 것이다. 그런데 기어이 먹고 말았다(창3:1-6). 이미 엎질러진 물이다. 그러기에 선악과 사건은 인류 역사의 사건 중 최고의 사건이며, 도저히 있어서는 안 될 치명적인 사건이었다. 그런데도 사람들은 선악과 사건이 무슨 사건인지도 제대로 모르고, 세상에서 일어나는 사건들만 사건들인 줄 알고 오늘도 방송이나 신문 기자들은 사건을 취재하러 다니고 있고, 또한 많은 사람들은 텔레비전이나 신문을 통해 사건을 알게 되므로 놀라고 두려워한다.

사람들이 이렇게 세상에서 일어나는 사건(문제)들만 사건(문제)인 줄 알고, 또한 사람(자기)들이 짓는 죄 문제만 죄 문제인 줄 알고 산다. 사람들이 그런 문제의 본질이 무엇인지도 모르고 그렇게 나타나는 현상들만을 보고 정죄하고 판단하며 쫓아 다닌다. 그리고 그런 사건(문제)들이나 그런 죄 문제들만 해결하면 되는 줄 알고 그런 사건(문제)들이나 죄 문제를 해결하기 위해 도덕이나 율법 등 세상적인 방법들로만 노력(가지치기)하고 있다.

하나님께서는 인간들에게 있어서 근본문제는 '선악과 사건(죄와 죽음문제를 비롯한 인생의 모든 문제의 본질)'이라고 하시는데 사람들은 이 말을 귀담아 듣지 않고 자기 생각대로 산다. 그리고 선악과 사건을 해결한 사건이 '십자가 사건(답=예수)'인데 사람들이 또 다른 원인이 있지나 않을까, 또 다른 답이 있지 않을까하여 아직도 공자처럼, 석가처럼 문제의 원인을 찾아, 답을 찾아 헤매고 있다.

교인들도 마찬가지다. 죄 문제의 답이 율법이 아닌데...율법을 따라가면 사망(지옥)에 이르게 되는데도 교인들이 율법을 좇아간다(롬7:10). 교인들이 제일 많이 속는 것이 율법이다. 율법문제의 답도 '예수(십자가 사건=피)'인데 말이다. 이것을, 즉 예수가 율법문제를 비롯한 인생의 모든 문제의 '답'이라는 것을 모르고 사는 것이 광야생활, 지옥 같은 생활인데 말이다. 그러다가 진짜 지옥 불구덩이 속으로 들어가게 되는데 그런 줄도 모르고 사람(교인)들이 거기서 엄숙, 경건을 떨고 있다.

선악과 사건으로 인해 죄와 마귀와 죽음문제를 비롯한 영적, 정신적, 육신적인 문제들이...한 마디로 사람들이 당하는 인생의 모든 문제들이 들어와 버렸는데 사람들이 선악과 사건이라는 문제의 근본원인(문제의 뿌리=문제의 본질)을 모른 채, 가지들(밖으로 드러난 문제들=현상들)만 바라보고 아이쿠 내 팔자야!...라고 팔자타령, 신세타령을 하며 인간적인 방법으로 가지치기(해결)에 열중하고 있다. 그러기에 문제가 해결이 안 되는 것이다.

예를 들어보겠다. 내가 자주 지나다니는 길에 가로수들이 멋지게 서 있었다. 그 가로수 이름이 '플라타나스'다. 그런데 플라타나스 나무 잎사귀의 가루가 날리면 피부에 알레르기를 일으킨다고 한다. 사람들을 괴롭히는 플라타나스 나뭇잎의 가루문제를 해결하기 위해 낙엽 떨어지는 가을만 되면 가지치기를 한다. 그러나 때(봄)가 되면 다시 가지가 나고, 잎이 무성해지고 만다.

그렇게 매년 가지치기를 반복했었는데 어느 날 도로(길) 확장공사가 시작되더니 그 나무들이 포크레인에 의해 뿌리 채 뽑혀버렸다. 그래서 지금은 가지치기를 안 한다. 왜냐하면 그 나무의 뿌리를 뽑아버렸기 때문이다. 지금 세상 사람들이 죄의 뿌리(선악과 사건=오리지널 죄)를 보지 못하고 그 뿌리에서 올라온 가지(이런저런 죄)들을 바라보며 정죄한다. 그리고 그런 죄를 도덕이나 율법으로, 세상 법으로, 각종 종교행위를 통해 해결해 보려고 한다. 그렇게 하는 것은 가지치기에 불과한 것인데 말이다.

앞에서도 언급했듯이 선악과 사건의 당사자인 아담, 하와는 이미 죽어버렸고, 그 사건을 알고 있는 마귀는 그 사건을 가르쳐 줄리가 없고, 그렇다면 이 사실을 아시는 분은 하나님 한 분밖에 없다. 이 사실을 알고 계시는 하나님께서 우리들에게 죄의 뿌리가 뭔지를 알려 주신 것이다. 죽음문제를 비롯한 인생의 모든 문제의 원인이 무엇인지를 알려 주신 것이다.

그것이 선악과 사건(마귀에 의한 인간의 오리지널 죄)이다(창 3:1-6). 이것이 죄의 뿌리요, 죽음문제를 비롯한 인생의 모든 문제의 뿌리(근본원인)다. 그러기에 무엇보다도 먼저 선악과 사건을 해결해야 한다. 그렇지 않고서는 자기 바깥으로 분출되는 죄를 평생토록 앞에서 말한 그런 방법으로 가지치기만 하다가는 다 쳐내지도 못하고 벌 받으러 지옥으로 가게 된다.

죄 문제뿐만 아니라 시간표에 따라 만나게 되는 이런저런 문제들 때문에 염려하고 속상해 하며, 원망, 불평, 신경질, 짜증을 내보지만 그러나 그러는 자기 자신만 더 상할 뿐이지 그런 문제들을 다 쳐낼 수도, 다 해결할 수도 없다. 그러다가 결국은 지옥으로 간다. 공자도, 석가도 선악과 사건을 몰랐기에 자기들 방법대로 죄의 가지치기만 하다가 지옥으로 갔다.

그들이 선악과 사건을 알았더라면 죄의 뿌리가 뭔지 알았을 것이고, 그렇다면 우리들에게도 그 사실을 가르쳐 주고 갔을 것이다. 그러나 그들도 몰랐기 때문에 자기들의 생각대로, 자기들의 방법대로 가지치기만 하다가 간 것이다. 그저 평범하게 보통사람으로 살다가 갔으면 좋았을 걸, 답도 아닌 말만 늘어놓고 가는 바람에 후대의 사람들이 그 말이 답인 줄 알고, 그 말을 믿고 따라

가므로 안 해도 될 짓(종교행위)을 하며, 안 해도 될 고생까지 하고 있다.

마귀는 그들을 그렇게 몰고 가서 그런 일을 시켰고, 지금의 사람들에게는 그들이 남기고 간 말(사상)로 사람들을 굴비 엮듯이 엮어 지옥행 버스에 태우고 있다. 마귀는 아직도 그들의 사상을 이 세상에서 가장 가치 있고, 심오한 철학이라고 그들의 추종자들을 내세워 치켜세우고 있다. 추종자들은 보통 사람들보다 공부를 많이 해서 박사급들인데도 마귀에게 속고 있다는 사실은 모른다.

이런 말을 해주면 말귀를 알아듣고 나와야 하는데 오히려 자기 종교를 비방하는 것으로 여기고 기분 나빠하고 이런 우리를 향해 욕한다. 우리는 어쩌든지 그들을 살려주려고(구원받을 수 있게 해주려고) 우리에게 주어진 시간과 물질과 몸을 던져 이렇게 애를 쓰고 있는데 그들은 이런 우리의 심정을 몰라주고 오히려 욕을 하고 핍박만 하고 있으니 참으로 안타까운 일이다.

우리는 그들이 종교행위를 하면서 마음을 비우고 착하게 살아야 한다든지, 말과 뜻과 행실을 깨끗하고 착하게 해야 된다든지 하는 그런 것이 나쁘다는 말이 아니다. 그들이 그런 말을 안 해도 우리가 착하게 살아야 한다. 그 말은 맞는 말이다. 그러나 그렇게 살아지지 않는 인간들이기에 문제라는 말이다.

앞에서도 말했듯이 선악과 사건으로 인해 죄가 담겨 있는 인간이기에 그렇게 살아지지 않는다. 그렇게 살아지지 않는 인간들이기에 그대로 놔두면 인생을 사는 동안 그렇게 살지 못한 것으로 인해 죄책감에 시달리다가 우울증, 불면증 등의 정신적인 문제를 당할 수도 있고, 더 나아가 자살까지 하게 될 수도 있고, 살아 있어도 어쩔 수 없는 불행한 삶을 살게 되고, 결국 지옥불구덩이 속으로 들어가기 때문에 하는 말이다.

지금까지의 얘기를 통해 우리가 만나는 모든 문제들이, 즉 죄와 마귀와 죽음, 지옥 문제를 비롯한 이런저런 인생의 모든 문제들이 선악과 사건(마귀에 의한 인간의 오리지널 죄) 때문이라는 것을 이제는 알았을 것이다(창3:1-6, 마4:24, 10:1, 25:46, 히4:12, 마18:8-9, 눅16:19-31, 계20:14-15). 선악과 사건으로 인해 우리가 어떤 운명에 처해 있는지 다음 그림을 보면 실감이 날 것이다. 그대의 인생의 시작과 과정과 끝이 훤하게 보일 것이다.

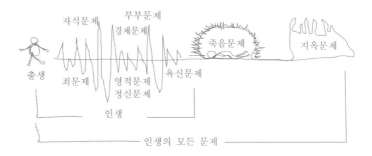

1 인간을 문제 속에 빠지게 한 마귀는 어떤 존재인가?

1. 하나님의 영적 피조물인 천사가 죄를 지어 천국에서 쫓겨난 자다.

"너 아침의 아들 계명성이여 어찌 그리 하늘에서 떨어졌으며 너 열국을 엎은 자여 어찌 그리 땅에 찍혔는고. 네가 네 마음에 이르기를 내가 하늘에 올라 하나님의 뭇 별 위에 내 자리를 높이리라. 내가 북극집회의 산 위에 앉으리라. 가장 높은 구름에 올라가 지극히 높은 이와 같아지리라 하는도다. 그러나 이제 네가 스올 곧 구덩이 맨 밑에 떨어짐을 당하리로다"(사14:12-15).

2. 선악과 사건의 배후 조종자다.

"하늘에 전쟁이 있으니 미가엘과 그의 사자들이 용과 더불어 싸울새 용과 그의 사자들도 싸우나 이기지 못하여 다시 하늘에서 그들이 있을 곳을 얻지 못한지라. 큰 용이 내쫓기니 옛 뱀 곧 마귀라고도 하고 사탄이라고도 하며 온 천하를 꾀는 자라. 그가 땅으로 내쫓기니 그의 사자들도 그와 함께 내쫓기니라. 내가 또 들으니 하늘에 큰 음성이 있어 이르되 이제 우리 하나님의 구원과 능력과 나라와 또 그의 그리스도의 권세가 나타났으니 우리 형제들을 참소하던 자, 곧 우리 하나님 앞에서 밤낮 참소하던 자가 쫓겨났고"(계12:7-10).

3. 사망의 세력을 잡고 있는 자다.

"자녀들은 혈육에 함께 속하였으매 그도 또한 한 모양으로 혈육에 함께 속하심은 사망으로 말미암아 사망의 세력을 잡은 자, 곧 마귀를 없이 하시며 또 죽기를 무서워하므로 일생에 매여 종노릇하는 모든 자들을 놓아주려 하심이니"(히2:14-15).

4. 살인자요, 거짓의 아비다.

"너희는 너희 아비 마귀에게서 났으니 너희 아비의 욕심을 너희도 행하고자 하느니라. 저는 처음부터 살인한 자요, 진리가 그 속에 없으므로 진리에 서지 못하고 거짓을 말할 때마다 제 것으로 말하나니 이는 저가 거짓말장이요, 거짓의 아비가 되었음이니라"(요8:44).

이런 영적 사기꾼인 마귀가 세상 공중에 존재하면서(엡2:2) 하나님의 형상을 입은 아주 귀한 존재인 사람(아담, 하와)을 선악과 사건에 빠지게 하여 사람이 가진 엄청난 특권(세상을 정복하고 다스리는 엄청난 신분과 권세)을 빼앗아 갔다. 그러기에 인간이 마귀에게 다스림을 받게 된 것이다.

"그 때에 너희는 그 가운데서 행하여 이 세상 풍조를 따르고 공중의 권세 잡은 자를 따랐으니 곧 지금 불순종의 아들들 가운데서 역사하는 영이라"(엡2:2).

하나님은 우리에게 세상을, 세상의 모든 것을 정복하고 다스리라고 하셨는데(창1:28) 그 특권을 마귀(사탄)에게 넘겨줘 버렸기 때문이다. 마귀도 그 특권을 아담에게서 넘겨받았다고 자백했다(눅4:5-6).

"마귀가 또 예수를 이끌고 올라가서 순식간에 천하 만국을 보이며 이르되 이 모든 권위와 그 영광을 내가 네게 주리라. 이것은 내게 넘겨

준 것이므로 내가 원하는 자에게 주노라"(눅4:5-6).

인간으로 이 세상에 태어났으면서도 인간이 어떤 존재인지 모르거나, 또한 세상을 사는 동안 이런저런 문제들을 만나다가 죽음 문제까지 만나게 되었으면서도 그 이유를 모르는 것은, 그리고 조물주이신 하나님의 말씀(예수가 길이요, 진리요, 생명이다=예수가 그리스도라는 것을 믿고 영접하면 거듭나게 된다, 영생을 얻게 된다)을 듣기보다는 세상 사람들의 말을 듣고 이상한 종교행위를 하는 것은 앞에서 말한 그런 마귀에게 붙잡혀 있기 때문이다.

즉, 선악과 사건이 터진 동네(세상=애굽)에 빠져 있기 때문이다. 거기서 우리를 건져내(구원해) 주신 분이 '예수'다. 건져내 주신 증거가 있다. 그게 '십자가 사건(피)'이다. 예수님께서 그 엄청난 십자가 사건을 통해 우리를 건져내 주셨기에 그분이 우리의 구세주(메시아=그리스도)다. 예수가 그리스도라는 것을 믿고 받아들이면 건져진다.

그러므로 마귀에게서 해방되고, 또한 죽음문제를 비롯한 인생의 모든 문제에서 해방된다. 그러기에 자동으로 마귀와 문제들을 정복하게 된다. 하나님의 말씀대로 하여 그렇게 되기 바란다. 이제 예수님이 누구신지 구체적으로 살펴보자.

2 예수님은 누구신가?

찬송가 96장에 예수님이 누구신지에 대해 자세히 나타나 있다. 예수님은 우는 자의 위로가 되시고 없는 자의 풍성이 되시는 분이라는 것으로 시작해서 스무(20)가지로 나타나 있다. 그걸 좀 더 구체적으로 풀어서 얘기하면 이렇다. 우리는 선악과 사건(마귀에 의한 인간의 오리지널 죄, 창3:1-6)으로 인해 죽음 문제를 비롯한 인생의 모든 문제를 만날 수밖에 없게 되었다.

> 예수님은 우는 자의 위로가 되시고 없는 자의 풍성이 되시는 분이라는 것으로 시작해서 스무(20)가지로 나타나 있다.

그러기에 자기 뜻과 상관없이 문제들이 파도처럼 끊임없이 밀려든다. 세상을 사는 동안 시간표에 따라 그렇게 밀려드는 문제들 때문에 염려하고, 속상해하고, 불안해하고, 원망, 불평, 신경질, 짜증나는 지옥 같은 삶을 살다가 죽어 진짜 지옥으로 갈 수밖에 없게 된 우리들이기에 눈물을 흘릴 수밖에 없는 것이다.

선악과 사건이 터진 동네(세상)에서 그런 문제들 때문에 울고 있는 우리들의 눈물을 닦아 주시고, 또한 임마누엘동산(방주 안)으로 옮겨(구원)주시고 위로해 주신 분이 계신다. 그분이 바로 '예수'다. 그렇게 해주신 증거가 있다. 그게 '예수님의 십자가 사건(피)'이다. 그러기에 그분이 우리에게 있어서 ① '위로' 그 자체인 것이다. 또한 하나님께서 이렇게 엄청난 세상 것(피조물)들을 우리에게 주셨는데...그리고 그것들을 정복하고 다스리라고 하셨는데(창1:28).

선악과 사건으로 인해 오히려 세상 것들에게 정복당하고 다스림을 받게 된 우리들, 알거지가 돼버린 우리들을 십자가 사건(피)을 통해 천국을 비롯한 하나님의 모든 것(보화)을 누리게 해주셨으니 그분이 우리에게 있어서 ②'풍성' 그 자체인 것이다.

선악과 사건으로 인해 천한 자 중의 천한 자(마귀와 문제들의 노예=영적 거지)가 돼버렸는데 그런 우리들을 십자가 사건(피)을 통해 그것들을 밟고 다닐 수 있는 왕 같은 제사장으로까지 높여주셨으니 그분이 우리에게 있어서 ③'높음' 그 자체인 것이다.

선악과 사건으로 인해 마귀와 죄 문제를 비롯한 이런저런 문제들에게 사로잡혀 꼼짝달싹도 하지 못하고 늘 정복당해 넘어지고, 늘 그들에게 밟혀 기가 죽어 살던 우리들이었는데 거기서 해방이 되었으니 이런 놓임(해방)이 어디 있겠는가. 예수님께서 십자가 사건(피)을 통해 그런 것들에서 우리를 해방시켜 주셨으니 그분이 ④'놓임' 그 자체인 것이다.

선악과 사건으로 인해 죄, 마귀, 죽음, 지옥 문제를 비롯한 인생의 모든 문제를 만날 수밖에 없는 어둠 속에, 슬픔 속에 갇혀버린 우리들이었는데 그런 우리들을 십자가 사건(피)을 통해 임마누엘 동산으로 건져내 주셨으니 어찌 우리가 기뻐(기쁨)하지 않을 수 있겠는가. 이런 엄청난 기쁨을 우리에게 주셨으니 그분이 우리의 ⑤'기쁨' 그 자체인 것이다.

선악과 사건으로 인해 마귀와 이런저런 문제들에게 늘 질 수밖에 없는 너무나도 연약한 우리들이었는데 그런 우리들을 십자가 사건을 통해 구원해 주시고...그런 것들을 예수 이름으로 이기게 해 주시고...그런 것들을 예수 이름으로 밟고(정복하고) 살 수 있는 강함을 주셨으니 그분이 우리의 ⑥'강함' 그 자체인 것이다.

선악과 사건으로 인해 영적 소경이 되어 하나님이 누구신지도 모르고...지금 자기 자신이 만나고 있는 문제를 비롯하여 인생의 모든 문제를 만나게 된 사건이 선악과 사건인데 그 사건이 무슨 사건인지도 모르고...그리고 그런 엄청난 사건을 해결해 주시려고 사람의 모습(성육신 사건)으로 오시기까지 하여 십자가 사건(피)을 당하신 분이 '예수'님인데...그런 줄도 모르고 사는 우리들의 눈을 열어 주셨기에, 빛이 되어 주셨기에 우리가 이런 엄청난 내용을 알게 되었으니 그분이 ⑦'눈 먼 자의 빛' 그 자체인 것이다.

선악과 사건으로 인해 병든 영혼, 병든 몸을 예수님께서 십자가 사건(피)을 통해 고쳐(치유)주셨기에 그분이 ⑧'병든 자의 고침(치유자)' 그 자체인 것이다. 선악과 사건으로 인해 죽은 우리를 예수님께서 십자가 사건(피)을 통해 다시 살려(부활) 주셨으니 그분이 우리의 ⑨'부활' 그 자체인 것이다. 그러기에 또한 그 분이 우리의 ⑩'생명' 그 자체인 것이다.

선악과 사건으로 인해 추해도 너무나도 추한 우리들, 더러워도 너무나도 더러운 우리들을 십자가 사건(피)을 통해 깨끗하게 씻어 주셨으니 이런 정함이 세상에 어디 있겠는가. 그러기에 그분이 우리에게 있어서 ⑪'정함' 그 자체인 것이다. 선악과 사건으로 인해 죽을 수밖에 없는 우리를 십자가 사건(피)을 통해 다시 살리셨으니 그분이 우리의 ⑫'생명' 그 자체다.

선악과 사건으로 인해 죄인이 돼버린 우리를, 율법대로 살지 못한 죄인인 우리를 지금도 중보(변호)해주시니 그분이 우리의 ⑬'중보' 그 자체다. 우리의 과거, 현재, 미래의 죄 문제까지도 다 해결됐음을...우리가 또 다시 죄를 짓는다 할지라도 그 죄 문제까지도 십자가 사건(피)을 통해 다 해결됐음을...우리를 대신 해서 하나님 아버지 앞에서 변호(중보)해주시니 이런 중보가 어디 있겠는가.

선악과 사건으로 인해 이미 실패한 인생, 영원히 멸망당할 수밖에 없는 우리를 십자가 사건(피)을 통해 구원해 주셨으니 세상에 이런 구원이 어디 있겠는가. 그러기에 그분이 우리의 ⑭'구원' 그 자체인 것이다. 선악과 사건으로 인해 에덴의 삶(하나님과 함께 하는 삶)을 잃어버렸으니 무슨 평화가 있겠는가. 늘 마음속이 전쟁이다. 마음속만 전쟁이 아니라 험악한 말로, 또는 몸으로 다투고 전쟁한다. 환경 탓, 세상 탓, 사람을 탓을 하며 늘 미움을 품고 산다.
마음에 상처가 많이 나서 누군가를 향해 곧 죽일 듯이 덤벼든다. 늘 문제 속에 염려하고 속상해하며 사는데...전쟁 중인데 무슨 평화가 있겠는가. 문제의 원인(선악과 사건)과 답(예수)을 모르는데 무슨 평안이 있겠는가. 그런데 예수님께서 십자가 사건(피)을 통해 선악과 사건을 해결해 주시므로 말미암아 우리가 평화를 누리게 되었으니 이런 평화가 어디 있겠는가. 말로다 형용할 수 없는 이런 엄청난 평화를 누리게 해주신 분이 예수님이다. 그러기에 그분이 우리의 ⑮'평화' 그 자체인 것이다.

선악과 사건으로 인해 하나님을 떠난 인간들에게 이 지상(세상)에 성전을 허락해 주시고, 그 성전을 통해 하나님을 다시 만날 수 있게 된다는 것을...그 성전에서 인간들의 죄 문제 때문에 예수님께서 오시기 전까지 수없는 짐승들이 피를 흘렸고, 그것은 장차 예수님께서 오셔서 십자가에 달려 피를 흘리심으로 말미암아 우리들의 죄 문제가 해결된다는 것을...그리고 그 피를 가지고 하늘의 참 성전으로 가지고 들어가심으로(예수님의 승천 사건) 우리의 죄 문제가 모조리, 완전히, 영원히 해결돼버렸다는 것을...그래서 지금도 교회(하늘의 참 성전의 그림자)를 이 세상에 세우시고 인간들을 향해 죄 문제를 해결할 수 있는 방법이 무엇인지를 말씀하고 계시니 그 분이 ⑯'온 교회의 머리' 그 자체인 것이다.

지금도 세상에 교회가 세워지고 있다.

그 교회를 통해 죄로 인해 죽었던 인간들이 다시 살게 되는 놀라운 일이 일어나고 있으니 그분이 만국인의 ⑰'구주' 그 자체다. 선악과 사건으로 인해 죽을 수밖에 없는 우리를 십자가 사건(피)을 통해 구원해 주셨으니 그분이 우리의 구주 그 자체인 것이다.

선악과 사건으로 인해 만왕의 왕이신 하나님을 떠나 마귀라는 더러운 영의 종노릇을 하고 살았던 우리들을 십자가 사건(피)을 통해 해방시켜 주신 그 구원의 하나님(구세주)이 바로 '예수님'이다. 그러기에 우리의 왕이 누구이겠는가. 예수 그 분이 바로 우리의 왕, 즉 ⑱'모든 왕의 왕' 그 자체다.

세상에 아주 지혜롭고 용감하고, 또한 백성들을 잘 다스리는 왕이 세상 사람들의 왕이 되어 주는 것도 대단한 일, 영광스러운 일이라고 하는데(그래봤자 썩어 없어질 것이지만...그런 왕들은 우리의 왕이신 예수님의 그림자들이기에 아무 것도 아니지만...), 하물며 이 세상 우주 만물을 만드시고 다스리시는 분, 생사화복을 주관하시는 분, 선악과 사건에 빠져 죽을 수밖에 없는 우리들을 임마누엘 동산으로 건져내 주시기 위해 사람으로 모습으로 오셔서 십자가에서 살을 찢고 피를 흘리시기까지 하신, 그리고 부활하신 그 구원의 하나님이 우리의 왕이시니 이 얼마나 좋은가. 참으로 엄청난 영광이다. 그런 왕께 어찌 감사하지 않을 수 있겠는가.

다시 오마 약속하고 가신 그 분은 머지않아 다시 오실 것이다. 다시 오실 때는 각 사람이 행한 대로 심판을 받게 된다. 이 세상에 사는 동안도 뭔가 잘못한 것이 있으면 재판장 앞에서 심판을 받게 되는 것처럼, 예수님께서 다시 오실 때 실제로 그런 일이 일어난다. 예수가 그리스도라는 것을 믿으라는 말씀에 순종한 자들은 이미 죄에서 자유하기에 죄에 대한 심판은 받지 않으나 불순종한 자들은 심판을 받게 된다. 그래서 그분이 ⑲'심판의 주' 그 자체인 것이다.

예수가 그리스도라는 것을 믿으라는 말씀에 순종한 자들은 상급에 대한 심판만 있다. 그 분이 다시 오실 때는 이 일이 실제로 일어

예수가 그리스도라는 것을 믿으라는 말씀에 순종한 자들은 상급에 대한 심판만 있다.

난다. 이렇게 찬송가 96장에는 예수님이 누구신지에 대해 스무(20)가지로 나타나 있다. 이런 엄청난 분과 우리가 함께 하게 되었으니 이런 영광이 세상에 어디 있겠는가. 그러기에 그분이 우리의 ⑳ '영광' 그 자체인 것이다.

　이 세상의 왕이 불러줘도 영광인데 하물며 만왕의 왕이신 예수님께서 우리를 불러주시고...불러주신 정도가 아니라 그분의 백성으로 삼아 주셨으니, 그분의 일꾼(동역자=전도자)으로 세워 주셨으니 이 얼마나 큰 영광인가. 그러기에 우리가 지금부터 영원히 그 어디서나 천국을 누리게 된 것이다(찬438장). 우리가 그분과 함께 하므로 이미 천국(임마누엘 동산)인 것이다. 그분과 함께 하므로 더 이상 문제 될 것도 없고, 더 이상 부족함도 없게 되었으니 어찌 우리가 그분을 찬양하지 않을 수 있겠는가.

　찬양하는 자가 됐다면 그분이 지으신 목적에 합당한 새 사람이 된 것이다(사43:21). 찬송가 96장에서 예수님이 누구신지에 대한 노래를 만들다 보니까, 즉 노랫말을 만들다보니까 스무 가지로만 나타낸 것이다. 그러기에 예수님에 대해서 그보다도 더 많은 표현을 할 수 있다. 그분은 우리의 방패 그 자체요, 요새 그 자체요, 피난처 그 자체요, 생명의 떡 그 자체요, 생명의 물 그 자체라고도 할 수 있다.

　이렇게 예수님이 누구신지에 대해 많은 표현을 할 수 있다. 그렇게 표현하다보면 계속해서 글이 많아지기에 그 정도만 한 것이다.

그것을 한마디로 압축한 말이 '그리스도'(죄 문제를 비롯한 인생의 모든 문제들의 답 그 자체=하나님 그 자체요, 하나님의 모든 것 그 자체)다. 그러기에 예수가 그리스도라는 말은 이렇게 엄청난 내용이 담겨 있는 말이다. 그래서 그리스도를 하나님의 비밀이라고 하셨던 것이다(골2:2-3).

예수가 그리스도라는 것을 깨달았다면 하나님의 비밀을, 참으로 엄청난 것을 깨달은 것이다. 엄청난 것(복)을 챙긴 것이다. 예수가 죄 문제를 비롯한 인생의 모든 문제의 답이라는 것을 알게 되었고, 또한 그분이 하나님 자체(본체)라는 것을, 그리고 그런 하나님을 다시 만나 천국을 비롯한 하나님의 모든 것을 소유하고 누리게 되었으니 이것이 복이 아니고 무엇이겠는가. 예수님은 우리에게 있어서 이렇게 엄청난 분이다.

3 무엇 때문에 이런 예언들과 성취된 것이 기록되어 있는가?

이번에는 성경 속에 나타난 예수님을 얘기해 보겠다. 예수님은 하나님아버지께서 보내주시겠다고 약속한, 즉 성경에 이미 예언된 분이며(창3:15), 예언된 그대로 오셔서, 예언된 그대로의 일을 하셨다. 성경에 예언된 말씀과 그 예언대로의 일이 예수님을 통해 어떻게 이루어졌는지 확인해보라. 다음은 구약에 예언된 말씀과 글

상자 안은 신약에 성취된 말씀이니 비교해 읽기 바란다.

① 인간이 범죄 하자 말자(선악과 사건에 빠지자 말자) 하나님께서 남자(아담)의 후손(죄인)이 아닌 여자의 후손(의인)을 보내주시겠다고 약속(예언)하셨고, 또한 처녀가 잉태하여 아들을 낳을 것이라고 예언하셨는데 그 예언대로 오신 분이 계신다. 그분이 바로 '예수'다(창3:15/사7:14/마1:18).

"내가 너로 여자와 원수가 되게 하고 네 후손도 여자의 후손과 원수가 되게 하리니 여자의 후손은 네 머리를 상하게 할 것이요, 너는 그의 발꿈치를 상하게 할 것이니라 하시고"(창3:15).

"그러므로 주께서 친히 징조를 너희에게 주실 것이라. 보라 처녀가 잉태하여 아들을 낳을 것이요, 그의 이름을 임마누엘이라 하리라"(사7:14).

> "예수 그리스도의 나심은 이러하니라. 그의 어머니 마리아가 요셉과 약혼하고 동거하기 전에 성령으로 잉태된 것이 나타났더니"(마1:18).

② 예수님이 베들레헴에서 나신다는 예언대로 베들레헴에서 나셨다(미5:2/마2:1).

"베들레헴 에브라다야 너는 유다 족속 중에 작을지라도 이스라엘을 다스릴 자가 네게서 내게로 나올 것이라. 그의 근본은 상고에, 영원에 있느니라"(미5:2).

> "헤롯 왕 때에 예수께서 유대 베들레헴에서 나시매 동방으로부터 박사들이 예루살렘에 이르러 말하되"(마2:1).

③ 어린아이들의 학살 사건이 일어난다는 예언대로 예수님께서 오셨을 때 두 살 아래 된 아들들이 헤롯왕에 의해 학살당했다(렘 31:15/마2:16-18).

"여호와께서 이와 같이 말씀하시니라. 라마에서 슬퍼하며 통곡하는 소리가 들리니 라헬이 그 자식 때문에 애곡하는 것이라. 그가 자식이 없어져서 위로 받기를 거절하는도다"(렘31:15).

"이에 헤롯이 박사들에게 속은 줄 알고 심히 노하여 사람을 보내어 베들레헴과 그 모든 지경 안에 있는 사내아이를 박사들에게 자세히 알아본 그 때를 기준하여 두 살부터 그 아래로 다 죽이니 이에 선지자 예레미야를 통하여 말씀 하신 바 라마에서 슬퍼하며 크게 통곡하는 소리가 들리니 라헬이 그 자식을 위하여 애곡하는 것이라. 그가 자식이 없으므로 위로 받기를 거절하였도다 함이 이루어졌느니라"(마 2:16-18).

④ 예루살렘성에 입성하실 때 나귀를 타고 입성하신다는 예언대로 예수님께서 나귀를 타고 입성하셨다(슥9:9/마21:1-7).

"시온의 딸아 크게 기뻐할지어다. 예루살렘의 딸아 즐거이 부를지어다. 보라 네 왕이 네게 임하시나니 그는 공의로우시며 구원을 베푸시며 겸손하여서 나귀를 타시나니 나귀의 작은 것 곧 나귀 새끼니라"(슥9:9).

"그들이 예루살렘에 가까이 가서 감람 산 벳바게에 이르렀을 때에 예수께서 두 제자를 보내시며 이르시되 너희는 맞은편 마을로 가라. 그리하면 곧 매인 나귀와 나귀 새끼가 함께 있는 것을 보리니 풀어 내게로 끌고 오라. 만일 누가 무슨 말을 하거든 주가 쓰시겠다 하라. 그리하면 즉시 보내리라 하시니 이는 선지자를 통하여 하신 말씀을 이루려 하심이라. 일렀으되 시온 딸에게 이르기를 네 왕이 네게 임하나니 그는 겸손하여 나귀, 곧 멍에 메는 짐승의 새끼를 탔도다 하라 하였느니라"(마21:1-7).

⑤ 비유를 베풀어 옛 비밀한 말을 발표한다는 예언대로 예수님께서 비유를 통해 말씀을 하셨다(시78:2/마13:34-35).

"내가 입을 열어 비유로 말하며 예로부터 감추어졌던 것을 드러내려 하니"(시78:2).

"예수께서 이 모든 것을 무리에게 비유로 말씀하시고 비유가 아니면 아무 것도 말씀하지 아니하셨으니 이는 선지자를 통하여 말씀하신 바 내가 입을 열어 비유로 말하고 창세부터 감추인 것들을 드러내리라 함을 이루려 하심이라"(마13:34-35).

⑥ 십자가에 못 박힐 때 겉옷을 제비 뽑아 나눈다는 예언대로 군병들이 예수님의 옷을 제비 뽑아 가졌다(시22:18/요19:24).

"내 겉옷을 나누며 속옷을 제비 뽑나이다"(시22:18).

"군인들이 서로 말하되 이것을 찢지 말고 누가 얻나 제비 뽑자 하니 이는 성경에 그들이 내 옷을 나누고 내 옷을 제비 뽑나이다 한 것을 응하게 하려 함이러라. 군인들은 이런 일을 하고"(요19:24).

⑦ 은 삼십에 팔린다는 예언대로 가룟 유다에 의해 은 삼십에 팔렸다(슥11:12/마26:14-15).

"내가 그들에게 이르되 너희가 좋게 여기거든 내 품삯을 내게 주고 그렇지 아니하거든 그만두라. 그들이 곧 은 삼십 개를 달아서 내 품삯을 삼은지라"(슥11:12).

> "그 때에 열둘 중의 하나인 가룟 유다라 하는 자가 대제사장들에게 가서 말하되 내가 예수를 너희에게 넘겨주리니 얼마나 주려느냐 하니 그들이 은 삼십을 달아 주거늘"(마26:14-15).

⑧ 예수님이 개들(사람들)에 에워싸임을 당하고 수족이 찔림을 당하게 되는 십자가 사건의 예언대로 십자가에 못 박혀 죽으셨다(시22:16/요19:18, 30).

"개들이 나를 에워쌌으며 악한 무리가 나를 둘러 내 수족을 찔렀나이다"(시22:16).

> "그들이 거기서 예수를 십자가에 못 박을새 다른 두 사람도 그와 함께 좌우편에 못 박으니 예수는 가운데 있더라"(요19:18).

⑨ 쓸개 탄 초를 마시게 한다는 예언대로 예수님께서 쓸개 탄 포도주를 마셨다(시69:21/요19:28-29).

"그들이 쓸개를 나의 음식물로 주며 목마를 때에는 초를 마시게 하였사오니"(시69:21).

> "그 후에 예수께서 모든 일이 이미 이루어진 줄 아시고 성경을 응하게 하려 하사 이르시되 내가 목마르다 하시니 거기 신 포도주가 가득히 담긴 그릇이 있는지라. 사람들이 신 포도주를 적신 해면을 우슬초에 매어 예수의 입에 대니"(요19:28-29)

⑩ 뼈를 꺾이지 않을 것이라는 예언대로 예수님께서 십자가에

달렸을 때 빨리 죽은 관계로 인해 다리뼈를 꺾이지 않으셨다(시 34:20/요19:32-33).

"그의 모든 뼈를 보호하심이여 그 중에서 하나도 꺾이지 아니하도다" (시34:20).

"군인들이 가서 예수와 함께 못 박힌 첫째 사람과 또 그 다른 사람의 다리를 꺾고 예수께 이르러서는 이미 죽으신 것을 보고 다리를 꺾지 아니하고"(요19:32-33).

⑪ 예수님께서 부자의 무덤에 장사 될 것이라는 예언대로 아리마대의 부자 요셉의 무덤에 장사되었다(사53:9/마27:57-60).

"그는 강포를 행하지 아니하였고 그의 입에 거짓이 없었으나 그의 무덤이 악인들과 함께 있었으며 그가 죽은 후에 부자와 함께 있었도다" (사53:9).

"저물었을 때에 아리마대의 부자 요셉이라 하는 사람이 왔으니 그도 예수의 제자라. 빌라도에게 가서 예수의 시체를 달라 하니 이에 빌라도가 내주라 명령하거늘 요셉이 시체를 가져다가 깨끗한 세마포로 싸서 바위 속에 판 자기 새 무덤에 넣어 두고 큰 돌을 굴려 무덤 문에 놓고 가니"(마27:57-60).

⑫ 죽어도 썩지 않고(멸망치 않고) 부활하신다는 예언대로(시 16:10), 예수님께서도 사흘 만에 부활하신다는 예언을 하셨는데 그 예언대로 부활하셨다(마28:1-6/눅24:2-7).

"이는 주께서 내 영혼을 스올에 버리지 아니하시며 주의 거룩한 자를 멸망시키지 않으실 것임이니이다"(시16:10).

"돌이 무덤에서 굴려 옮겨진 것을 보고 들어가니 주 예수의 시체가 보이지 아니하더라. 이로 인하여 근심할 때에 문득 찬란한 옷을 입은 두 사람이 곁에 섰는지라. 여자들이 두려워 얼굴을 땅에 대니 두 사람이 이르되 어찌하여 살아 있는 자를 죽은 자 가운데서 찾느냐. 여기 계시지 않고 살아나셨느니라. 갈릴리에 계실 때에 너희에게 어떻게 말씀하셨는지를 기억하라. 이르시기를 인자가 죄인의 손에 넘겨져 십자가에 못 박히고 제 삼일에 다시 살아나야 하리라 하셨느니라 한대"(눅 24:2-7).

4 왜 예언들과 성취된 것이 기록되어 있는가?

어느 날 갑자기 예수님이 이 세상에 오신 것이 아니라, 그리고 갑자기 이런저런 일들을 당하신 것이 아니라 이미 오래 전에 예언된 그대로 오셔서 예언된 그대로의 일들을 당하신 것이다. 그래야 사람들이 예수가 그리스도라는 것을 믿을 테니까 말이다. 그리고 믿어야 그 이름을 힘입어 죄인들이 구원받게 되니까.

결국 성경의 핵심은 사람들에게 예수가 그리스도라는 것을 믿고 구원받으라는 말씀이다(요1:14/20:31).

"오직 이것을 기록함은 너희로 예수께서 하나님의 아들 그리스도이심을 믿게 하려 함이요 또 너희로 믿고 그 이름을 힘입어 생명을 얻게 하려 함이니라"(요20:31).

5 그분이 오신 이유는 무엇인가?

1. 죄인을 살리시려고, 즉 우리의 죄 문제를 조금만 해결해 주신 것이 아니라 100% 완전하게, 모조리, 영원히 해결해 주시려고 의인으로, '대제사장'으로 오셨다(마1:21/히4:14, 6:20, 9:12, 9:26, 10:14).

   "염소와 송아지의 피로 하지 아니하고 오직 자기의 피로 영원한 속죄를 이루사 단번에 성소에 들어가셨느니라"(히9:12).

   "그러므로 우리에게 큰 대제사장이 계시니 승천하신 이 곧 하나님의 아들 예수시라. 우리가 믿는 도리를 굳게 잡을지어다"(히4:14).

   "그리로 앞서 가신 예수께서 멜기세덱의 반차를 따라 영원히 대제사장이 되어 우리를 위하여 들어 가셨느니라"(히6:20).

2. 거짓의 아비인 마귀, 사망의 왕 노릇하는 마귀, 귀신, 사단이라고 하는 영적인 악한 존재, 즉 눈에 안 보이는 악의 영들의 일을 멸하시려고 생명의 '왕'으로 오셨다(요일3:8).

   "죄를 짓는 자는 마귀에게 속하나니 마귀는 처음부터 범죄함이라. 하나님의 아들이 나타나신 것은 마귀의 일을 멸하려 하심이라"(요일3:8).

3. 하나님을 떠난 인간들을 다시 하나님을 만날 수 있도록 길이 되어 주시고, 그 길을 가르쳐 주시려고 '선지자'로 오셨다(요14:6).

   "예수께서 이르시되 내가 곧 길이요, 진리요, 생명이니 나로 말미암지 않고는 아버지께로 올 자가 없느니라"(요14:6).

구약시대 때 인간들에게 제사장, 왕, 선지자의 직분을 줄 때는 기름을 부어 임명했었다. 그것은 그리스도를 예표하는 그림자였는데 그 그림자의 실상이 오셨다. 그분이 바로 '예수'다. 그러니까 예수님은 제사장, 왕, 선지자라는 세 직분을 통합하여 앞에서 말한 내용대로 그 세 직분을 수행하셨다. 세상엔 훌륭한 위인이나 철학자, 종교인들이 매우 많다.

만약 그리스도로 오신 분이 공자나 석가라면 우리는 공자나 석가를 믿고 따라야 산다. 그러나 그리스도로 오신 분은 오직 예수님밖에 없다(행4:12). 그러기에 그리스도이신 예수 이외에 다른 그 누구를 통해서도 구원을 받을 수 없다. 구원받을 수 있는 길은 오직 예수가 그리스도라는 것을 믿으라는 말씀에 순종하는 길밖에 없다. 그래야 산다.

"다른 이로써는 구원을 받을 수 없나니 천하 사람 중에 구원을 받을 만한 다른 이름을 우리에게 주신 일이 없음이라 하였더라"(행4:12).

도덕이나 율법이나 인간의 그 어떤 방법으로도, 그 누구도 해결할 수 없는 선악과 사건을, 즉 죄와 마귀와 죽음문제를 비롯한 이런저런 인생의 모든 문제를 예수님께서 해결해 주셨고, 또한 하나님을 다시 만나 천국을 비롯한 하나님의 모든 것을 소유하고 누릴 수 있게 해주셨다.

예수가 그리스도라는 것을 제대로 알고, 제대로 믿는 믿음을 가진 사람이라면 죄와 죽음문제를 비롯한 인생의 모든 문제의 노예생활을 청산한 사람이며, 구원

> 그분은 하나님의 본체이나 종의 형체를 가지고 사람과 같이 되셨고 심지어 죽기까지 하셨다.

의 반석에 올라온 사람이다. 우리에게 이런 엄청난 복을 주시려고 그분은 하나님의 본체이나 종의 형체를 가지고 사람과 같이 되셨고 심지어 죽기까지 하셨다. 그분이 바로 '예수'다(빌2:6-11/요 19:17-30).

> "그는 근본 하나님의 본체시나 하나님과 동등됨을 취할 것으로 여기지 아니하시고 오히려 자기를 비워 종의 형체를 가지사 사람들과 같이 되셨고 사람의 모양으로 나타나사 자기를 낮추시고 죽기까지 복종하셨으니 곧 십자가에 죽으심이라. 이러므로 하나님이 그를 지극히 높여 모든 이름 위에 뛰어난 이름을 주사 하늘에 있는 자들과 땅에 있는 자들과 땅 아래에 있는 자들로 모든 무릎을 예수의 이름에 꿇게 하시고 모든 입으로 예수 그리스도를 주라 시인하여 하나님 아버지께 영광을 돌리게 하셨느니라"(빌2:6-11).

한마디로 예수님께서 이 죄악된 세상에 오시고, 또한 십자가 사건을 당하셨던 것은 선악과 사건으로 인해 하나님을 떠난 인간에게 다시 함께 하는 임마누엘의 복을 주시기 위해서다. 그래서 직접 인간의 모습으로 오셨던 것이다(마1:23).

> "보라 처녀가 잉태하여 아들을 낳을 것이요, 그의 이름은 임마누엘이라 하리라 하셨으니 이를 번역한즉 하나님이 우리와 함께 계시다 함이라"(마1:23).

4장

죄 문제를 비롯한
모든 문제에서
해방될 수 있는
방법은?

1 회개해야 된다

회개란 자기가 생각하고 있는 구원의 방법에서 하나님께서 말씀하시는 구원의 방법으로 돌아서는 것을 말한다. 그것이 진짜 참 회개다. 즉, 말과 뜻과 행실을 깨끗하고 착하게 해야 구원받게 된다거나, 도덕이나 율법대로 살아야 구원받게 된다거나, 마음수련이나 고행을 수반한 종교행위를 해야 구원받게 된다는 그런 생각이 아니라 '예수가 그리스도라는 것을 믿기만 하면 구원받게 된다는 생각으로 돌아서는 것'이 참 회개라는 말이다.

2 영접해야 된다

자기 마음속에서 참 회개가 일어났다면 예수님을 자기 마음속에 모셔 들이면 된다. 그게 영접(迎接)이다. 예수님을 영접하는 고백의 기도를 아래에 적어 놓을 테니 하나님 앞에서 진심으로 소리내어 고백하길 바란다(요1:12/롬10:9-10).

"하나님 아버지! 저는 도덕대로 율법대로 살지 못한 것만 죄라고 생각하고 살았는데 선악과 사건이라는 원죄가 진짜 엄청난 죄라는 것을 이제야 알았습니다. 그 엄청난 죄로 인해 하나님을 떠나 지금껏 마귀의 종노릇을 하고 살았습니다. 그런 줄도 모르고 문제를 만날 때마다 사람 탓, 환경 탓, 세상 탓만 하고 살았습니다. 늘 염려하고 속상해 하며, 원망과 불평하는 삶을 살았습니다. 그렇게 살다가 죽어 지옥으로 갈 수밖에 없는 저를 구원하시려고 그 엄청 난 십자가 사건을 당하신 분이 예수님이라는 것을 이제야 확실하게 알게 되었습니다. 그러기에 예수님이 저의 구세주가 되심을 고백합니다. 이 시간 저의 마음의 문을 열고 예수님을 진심으로 환영하고 모십니다. 저의 마음속에 들어오셔서 지금부터 영원히 함께 하옵소서. 그리스도이신 예수 이름으로 기도합니다. 아멘"

이것을 영접기도라고 한다. 진심으로 영접기도를 하면 그 순간 우리의 영혼이 머리부터 발끝까지 예수님의 거룩한 피에 깨끗하게 씻어져 새사람으로 거듭나게 되고 하나님을 만나게 된다. 그리스도의 영, 즉 성령이 우리 속에 임하시게 된다는 말이다. 죄 문제뿐만 아니라 마귀와 죽음문제를 비롯한 인생의 모든 문제에서 해방되어 자유케 된다. 이것을 '구원'이라고 한다.

구원을 받으면 인생의 모든 문제에서 자유할 뿐만 아니라 천국을 비롯한 하나님의 모든 보화(복)를 소유한 천국백성이 돼버리기에 그 어디서나 하늘나라를 누리게 돼버린다(찬438장). 더 이상 문제 될 것도 없고, 더 이상 부족함이 없기에(시23:1-6) 이 세상에서의 주어진 시간과 물질과 몸을 사람 살리는 일에 쓰게 되는 정말 멋진 사람이 돼버린다(마4:19/벧전2:9/고후5:20).

그러기에 예수가 그리스도라는 것을 믿고 영접했다면 엄청난 복을 받은 자요(골2:2-3), 정말 멋진 사람이다. 포도나무에 열매가 없어도, 외양간에 소가 없어도, 쌀독에 쌀이 없어도, 지갑에 돈이 없어도, 세상이 뒤집어지거나 폭발한다 해도 그런 것과 상관없이 기뻐하며 그 어디서나 하늘나라를 누리게 되었으니(합3:17-19)…그리고 그렇게 해주신 하나님을 노래(찬양, 전도)하는 자가 되었기에 결국 하나님께서 지으신 목적대로 돼버린 것이다(사43:21/행1:8).

"이는 그들로 마음에 위안을 받고 사랑 안에서 연합하여 확실한 이해의 모든 풍성함과 '하나님의 비밀인 그리스도'를 깨닫게 하려함이니 '그 안에는 지혜와 지식의 모든 보화'가 감추어져 있느니라"(골2:2-3).

"이 백성은 내가 나를 위하여 지었나니 나를 '찬송'하게 하려 함이니라"(사43:21).

"그러나 너희는 택하신 족속이요, '왕 같은 제사장'들이요, 거룩한 나라요, 그의 소유가 된 백성이니 이는 너희를 어두운 데서 불러내어 그의 기이한 빛에 들어가게 하신 이의 아름다운 덕을 선포하게 하려 하심이라"(벧전2:9).

"그러므로 우리가 그리스도를 대신하여 '사신'이 되어 하나님이 우리를 통하여 너희를 권면하시는 것같이 그리스도를 대신하여 간청하노니 너희는 하나님과 화목하라"(고후5:20).

"그러므로 너희는 가서 '모든 민족을 제자'로 삼아 아버지와 아들과 성령의 이름으로 세례를 베풀고 내가 너희에게 분부한 모든 것을 가르쳐 지키게 하라. 볼지어다. 내가 세상 끝날까지 너희와 항상 함께 있으리라 하시니라"(마28:19-20).

"오직 성령이 너희에게 임하시면 너희가 권능을 받고 예루살렘과 온 유대와 사마리아와 땅 끝까지 이르러 내 '증인'이 되리라 하시니라"(행1:8).

이렇게 엄청난 복을 받아 누리며, 하나님이 계획하신 대로 멋진 인생을 살 수 있는 방법이 이렇게 쉬운데 사람들은 자꾸만 도덕이나 율법, 고행과 같이 잘못된 방법을 찾고 있다. 그러나 그런 것들로는 되지도 않을 뿐만 아니라 고생만 실컷 하다가 생을 마무리하게 된다. 그러기에 '회개'가 필요하다. 인간의 노력과 의지나 종교행위로, 한마디로 세상방법들을 통해 구원받으려는 생각에서 오직 예수가 그리스도라는 것을 믿고 영접해야만 구원받는다는 생각으로 돌아서는 것이 진정한 참 회개라는 것을 알고 진짜 하나님 앞에서 회개해야 한다(행2:37-38).

그리고는 반드시 영접해야 한다(요1:12/롬10:9-10). 영접한 후에도 늘 예수가 그리스도라는 것을 믿으라는 말씀대로 믿어야 한다. 그렇게 하는 것이 늘(24시간) 예수가 그리스도라는 것을 믿으라는 말씀에 대한 순종(마음속으로 하는 행위=내적행위)이다. 그래야 앞에서 말한 그런 엄청난 복을 누리고 전하는 멋진 삶을 살게 되고 또한 하나님께 드리는 예배도 영과 진리로 드릴 수 있게 된다(요4:23-24). 형식적인 경건의 종교의식이 아니라 하나님이 기쁘게 받으시는 진짜 참 예배를 드릴 수 있게 된다는 말이다.

"영접하는 자 곧 그 이름을 믿는 자들에게는 하나님의 자녀가 되는 권세를 주셨으니"(요1:12).

"네가 만일 네 입으로 예수를 주로 시인하며 또 하나님께서 그를 죽은 자 가운데서 살리신 것을 네 마음에 믿으면 구원을 받으리라. 사람이 마음으로 믿어 의에 이르고, 입으로 시인하여 구원에 이르느니라"(롬 10:9-10).

"아버지께 참되게 예배하는 자들은 영과 진리로 예배할 때가 오나니 곧 이 때라. 아버지께서는 자기에게 이렇게 예배하는 자들을 찾으시느니라. 하나님은 영이시니 예배하는 자가 영과 진리로 예배할지니라"(요4:23-24).

이방인이었던 에디오피아 내시도 빌립을 만나 복음을 듣고 받아들여 복을 받은 것처럼(행8:26-39), 당신도 오늘 이 시간 내가 전해주는 이 복음을 듣고 받아들여 복을 받기 바란다. 세상에 하나님의 뜻을 이루어 드리는 사람만큼 행복한 사람은 없다. 정말 영광스런 일을 하는 사람, 정말 귀한 사람이다. 이천년 전에 안디옥 교회에서 복음을 듣고 받아들인 자들이 '그리스도인'이 되었던 하나님의 역사가 오늘날도 복음을 가진 우리들을 통해 계속되고 있다.

그리스도인이 되고 싶으면(신33:29/행11:26) 영접기도를 하기 바란다. 영접한 후에도 늘 예수가 그리스도라는 것을 믿으라는 말씀에 순종하기 바란다. 이것이 얼마나 엄청난 말씀인지 체험해보면 안다. 다시 한 번 말하지만 이것이 성경, 즉 하나님의 말씀의 핵심이다(요20:31).

"이스라엘이여! 너는 '행복한 사람'이로다. 여호와의 구원을 너 같이 얻은 백성이 누구냐? 그는 너를 돕는 방패시요, 네 영광의 칼이시로다. 네 대적이 네게 복종하리니 네가 그들의 높은 곳을 밟으리로다"(신33:29).

"만나매 안디옥에 데리고 와서 둘이 교회에 일 년간 모여 있어 큰 무리를 가르쳤고 제자들이 안디옥에서 비로소 '그리스도인'이라 일컬음을 받게 되었더라"(행11:26).

"오직 이것을 기록함은 너희로 예수께서 하나님의 아들 그리스도이심을 믿게 하려 함이요 또 너희로 믿고 그 이름을 힘입어 생명을 얻게 하려 함이니라"(요20:31).

5장

우리의
신분과 권세는?

예수가 그리스도라는 것을 믿고 영접했다면 죄 문제를 비롯한 인생의 모든 문제에서 해방되어 자유케 된 것이다. 하나님을 다시 만났으니 그리스도인이다(행11:26). 천국을 비롯한 하나님의 모든 보화를 가졌으니 참 부자요, 참 평안을 얻은 사람이다(골2:2-3/요14:27). 마귀의 자녀에서 하나님의 자녀로 거듭난 사람이다(요8:44/요1:12).

아담 안에서 태어난 옛 사람은 죽고 예수 안에서 거듭난 새 사람이다(고후5:17). 세상대학, 즉 비교대학 우울학과를 졸업하고 천국대학 기쁨학과에 들어온 사람이다. 사망 동네에서 생명 동네로 옮겨진 사람이다(요5:24). 지옥에 갈 죄인이 하나님의 천국 백성이 되었다(빌3:20). 선악과 사건이 터진 동네(세상)에서 임마누엘 동산(천국)으로 들어온 새로운 피조물이 되었다(고후5:17). 그러기에 더 이상 문제 될 것도 없고, 더 이상 부족함도 없게 된 것이다(합3:17-19).

그래서 어디서나 하늘나라를 누리며 예수가 그리스도라는 것을 노래하는 사람이다(시23:1). 그러기에 하나님께서 지으신 목적대로 된 바른 삶을 살게 되는 것이다(사43:21). 이 세상에서의 주어진 시간, 물질, 몸을 사람 살리는 일에 쓰게 된 전도자다. 즉, 사람 낚는 어부(마4:19), 왕 같은 제사장(벧전2:9), 천국의 대사다(고후5:20). 우리는 이런 엄청난 신분과 권세를 가진 자들이다.

그렇게 되어 있는 자기가 진짜 자기다. 그러기에 그런 엄청난 신분과 권세를 누리고 살면 된다. 말로만이 아닌 실제로 그렇게 살아야 한다. 이 세상에서 대통령(왕)선거를 통해 대통령이 된 사람은 대통령이 된 것을 실감하고 또한 실제로 대통령의 신분과 권세를 누리고 살듯이 우리가 그래야 된다는 말이다.

우리는 세계 최강국인 미국의 대통령 버락 오바마보다 더 엄청난 신분과 권세를 가진 '왕 같은 제사장'이라는 것을 실감하고 또한 그런 신분과 권세를 누리고 살아야 한다는 말이다. 썩어 없어질 대통령(왕)도 대통령의 자부심을 가지고 자기의 신분과 권세를 누리며 사는데 하물며 영원히 썩지 않을 왕 같은 제사장이 되었는데...만왕의 왕이신 하나님께서 인정해 주신 왕 같은 제사장이 되었는데 그렇게 살지 못해서야 되겠는가. 그렇게 사는 것이 진짜 예수 믿는 것이다.

그러기에 그냥 예수 믿고 교회만 다니지 말고 진짜 자기 자신이 세상의 왕(대통령)들보다 더 엄청난 신분과 권세를 가진 왕 같은 제사장이라는 것을 알고 또한 누리고 살아야 한다. 복음(예수가 그리스도라는 것을 믿으라는 말씀에 순종하면 그렇게 된다는 말씀= 새 언약)은 장차 천국에 가서만 천국을 누리는 것이 아니라 지금부터. 지금 이 세상에서부터, 이 현실에서부터라는 말이다.

그런다고 목에 힘주고(교만) 다니라는 말은 아니다. 물론 그렇게 하지 않는다. 하나님의 은혜로 너무나도 엄청난 신분과 권세를 누리게 되었기에, 그 어디서나 하늘나라를 누리게 되었기에 더 이상 문제 될 것도 없고, 더 이상 부족함도 없게 되었으니 이 세상에서의 주어진 시간과 썩어 없어질 물질과 몸을 사람 살리는 일에 쓰게 되는 참 선행인으로서의 왕 같은 제사장이기에 말이다.

그렇게 사는 것이 하나님의 뜻을 이루어 드리는 참 삶(참 인생)

이다. 예수가 그리스도라는 것을 몰랐을 때는 조그마한 문제 앞에 서도 기가 죽고, 염려하고 속상해하며, 원망, 불평, 신경질, 짜증나는 삶이었고...그렇게 지옥 같은 삶을 살다가 진짜 지옥으로 갈 수밖에 없는 우리들이었는데 이제는 그리스도를 통해 왕 같은 제사장이 되었기에 죽음문제를 비롯한 이런저런 인생의 모든 문제들을 밟고(정복하고) 살게 되었으니, 또한 마귀와 그의 졸개들인 귀신들도 우리가 밟고 살게 되었으니 이 얼마나 엄청난 복인가.

우리가 나가는 길에는 죽음문제를 비롯한 인생의 모든 문제들이, 마귀와 그의 졸개들인 귀신들이 우리들의 발밑에 밟히게 되어 있다. 우리가 예수와 함께 하는 존재들이기에 그것들이 스스로 그렇게 엎드리게 되어 있다. 그렇게 되어 있는데 예수 믿는 사람들이 그렇게 된다는 것을 모르거나, 알아도 믿지 않고 살기에 이런 얘기를 하는 것이다.

이걸 좀 더 실감나게 말하자면...예를 들어 A나라의 왕이 B나라 왕의 속임수에 놀아나 전쟁에서 패한 후 포로로 잡혀 갔다고 하자. 그러면 A나라의 왕은 왕이지만 왕 노릇을 할 수 없다. 왕 노릇은커녕 B나라 왕의 종노릇을 할 수밖에 없다. 얼마나 비참한 일이겠는가. 다리 밑에 거지로 살던 사람이 그런 신세가 됐다면 그러나 저러나 매 일반이지만 그래도 한 나라의 왕으로 살던 사람이 그런 신세가 돼버렸기에 그 심정은 말로 다 형용할 수 없을 정도다.

너무나 억울하고 원통해서 도저히 가만히 있을 수가 없어 가시나무를 베어 침상에 얹어놓고 그 위에서 아픈 잠을 자고, 매일 아침 쓰디 쓴 쓸개즙을 마시면서 다짐을 했다. 언젠가는 다시 왕권을 회복하겠노라고 말이다. 그러던 어느 날 세상에서 제일 강한 C나라의 왕이 B나라 왕을 박살내버렸다. B나라 왕의 부당한 짓을 더 이상 보고만 있을 수 없었기 때문이다.

그렇게 되자 A나라의 왕은 저절로 왕권을, 즉 왕의 신분과 권세를 다시 회복하고 누리게 되었다. 그리고 세상에서 제일 강한 C나라의 왕이 앞으로도 항상 같이 해주겠다고 했다. 그러기에 A나라의 왕은 더더욱 큰 소리를 치며 B나라의 왕과 그의 졸개들을 다스리기까지 하게 됐다. 그렇게 되도록 해준 C나라 왕에게 어찌 가만히 있을 수 있겠는가. 감사하다는 말뿐만 아니라 귀한 예물도 갖다주는 것은 당연한 것이다. 물론 왕으로서 신분과 권세를 실제로 누리며 말이다.

이 얘기를 영적으로 옮겨보면 우리는 마귀(이 세상에서 인간들의 왕 노릇을 하고 있는 악한 영)에게 속아 그의 포로(노예)가 돼버렸다. 언제?...선악과 사건(마귀에 의한 인간의 오리지널 죄) 때!... 하나님께서는 우리를 이 세상에서 왕 노릇하게 하셨는데 그 죄로 인해 그렇게 돼버린 것이다.

너무나 억울하고 원통해서 가시나무가 깔린 침상에서 잠을 자며 쓰디 쓴 쓸개즙을 마시며 언젠가는 왕권을 회복하겠노라고 다짐을 하고 답을 찾아보기라도 해야 할 텐데 배부르고 등 따시니까 억울해 하지도, 원통해 하지도 않는 사람들이 있는가 하면 말과 뜻과 행실을 깨끗하고 착하게 해서, 도덕이나 율법의 행위로, 고행을 수반한 종교행위로 애를 써보는 사람들도 있다.

그러나 그런 방법으로는 절대로 죄에서, 마귀에게서 해방될 수 없다. 뿐만 아니라 세상을 사는 동안 힘들고 괴로운 포로생활은 물론이고 죽음문제와 지옥문제까지 당하게 되었기에 참으로 비참한 신세다. 그런 우리를 구원해 주시려고 마귀보다 강한 천국의 왕이 오셨다. 그분이 바로 '예수'다. 예수님께서 우리의 죄 값도 치러주시고 마귀의 머리도 박살내버렸다. 그렇게 해주신 증거가 있다. 그게 '십자가 사건(피)'이다. 그러기에 예수가 우리의 구세주(메시아=그리스도)다.

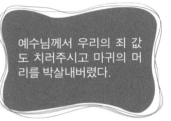

예수님께서 우리의 죄 값도 치러주시고 마귀의 머리를 박살내버렸다.

　예수가 그리스도라는 것을 믿고 받아들인 우리는 저절로 (그분의 은혜로) 왕권이 회복돼버렸다. 즉, 왕 같은 제사장으로서의 엄청난 신분과 권세를 누리게 돼버렸다. 그리고 만왕의 왕이신 그분께서 항상 우리와 함께 해주시겠다고 했다(마28:19-20). 우리는 그런 엄청난 신분과 권세를 누리며 그분과 함께 하는 엄청난 존재들이다. 어떤가? 이제 좀 실감이 나는가? 이 세상에 머무는 그날까지...그 엄청난 십자가 사건을 통해 이런 엄청난 신분과 권세를 누리게 해주시고, 또한 다시 오마 약속하고 가신 예수님께서 다시 오시는 그날까지 그런 엄청난 신분과 권세를 누리며 살아야 한다.

　그렇게 사는 것이 우리에게도 좋지만 하나님의 마음을 시원케 해드리는 일이요, 기쁘게 해드리는 일이요, 영광을 돌리는 일이다. 물론 그분께 감사하다는 말도, 찬송을 하게 되는 것도 저절로 하게 될 뿐만 아니라 예배를 드리는 일도, 예물을 드리게 되는 일도 저절로 하게 된다. 복음도 저절로 전하게 된다. 그게 왕 같은 제사장의 직분을 제대로 수행하는 것이다.

그렇게 하면 올림픽 경기에서 열심히 하여 금메달(상급)을 받게 되는 선수들처럼 우리도 반드시 상급을 받게 된다. 그것도 영원히 썩지 않을 상급을 말이다(계22:12). 그러기에 우리는 썩어 없어질 세상 것들을 가지고 영원히 썩지 않을 상급을 받는 일에 저절로 최선을 다하게 되어 있다. 그런 인생을 살게 해주신 하나님께 영광의 박수를!~ 짝짝짝!~

6장

우리가 이 세상에
존재하는 이유는?

우리는 이미 세상일이나 선악과 사건으로 인한 죽음문제를 비롯한 인생의 모든 문제들을 다 해결해놓고 안전한 방주에 올라탄 사람들이다. 그렇게 되어 있는 우리(내)가 진짜 우리(나)다. 그러기에 해야 할 일이 있다. 그것은 바로 사람의 영혼을 구원하는 일이다. 이 일만큼 즐겁고 보람된 일은 세상에 없다. 우리는 세상 사람들처럼 세상 것을 많이 가지려고, 높아지려고 이 세상에 존재하는 것이 아니다.

하나님의 자녀가 된 순간 이미 우리는 빌 게이츠보다 더 많이 가진 자가 되었고, 버락 오바마 대통령보다 더 높은 자가 되었기 때문이다. 즉, 천국을 비롯한 하나님의 모든 보화(복)를 다 가졌고, 조물주이신 하나님의 자녀요, 왕 같은 제사장, 사람을 살리는 어부가 되었기 때문이다. 그러기에 우리의 몸이 썩어 없어지는 그 순간까지, 예수님께서 다시 오시는 그날까지 우리에게 주어진 시간, 물질, 몸을 사람 낚는 일, 즉 사람을 살리는 일에 쓰게 된 것이다.

이 삶이 최고로 즐겁고 신나는 삶이다. 예수님께서 베드로와 그의 형제들에게 "내가 너희를 사람 낚는 어부가 되게 하리라"고 하신 말씀이 오늘날 우리들에게 이렇게 성취되었다는 사실이 얼마나 기쁜지 말로 다 형용할 수 없다(마4:19).

늘 죽음문제를 비롯한 이런저런 문제들에게, 사람들에게, 환경이나 처지에, 세상에게, 마귀에게 질질 끌려 다니던(정복당했던, 낚였던) 우리들이었는데 이제는 그런 것들에게서 해방되었을 뿐만 아니라 오히려 그런 것들을 정복하고(낚고) 살게 되었으니 이 얼마나 기쁜 일인가.

'낚이던 자가 낚는 자'로 거듭나게 되었다는 사실!

'정복당하던 자가 정복하는 자'로 거듭나게 되었다는 사실!

예수가 그리스도라는 것을 믿는 믿음만 가지고 나가면 그렇게 돼버리기에 너무나 쉽다.

예수가 그리스도라는 것을 믿으라는 말씀 이것 하나이기에...오직 이것 하나이기에...그것도 마음속으로 하는 행위(내적행위)이기에 너무나 쉽다. 율법처럼 수백 개가 되는 것도 아니고, 율법이 요구하는 것처럼 육적인 행위(외적행위)가 필요한 것도 아니고 그저 마음속으로 예수가 그리스도라는 것을 믿는 믿음만 가지고 나가면 되기에 너무나 쉽다(찬357장).

그러나 능력은 너무나 엄청나다. 전능하신 하나님의 능력을 맛보게 되기에 하는 말이다.

한번 생각해보라. 우리가 무슨 재주로 죄 문제, 율법문제, 죽음문제를 비롯한 인생의 모든 문제에서 해방되어 자유할 수 있겠는가. 우리가 무슨 재주로 하나님을 다시 만날 수 있겠는가. 우리가 무슨 재주로 영생을, 천국을 비롯한 하나님의 모든 보화(복)를 누릴 수 있겠는가. 한마디로 우리가 무슨 재주로 그 어디서나 하늘나라를 누릴 수 있겠는가. 이 모든 것이 전능하사 천지를 만드신 하나님의 능력이다. 우리는 이런 능력을 맛본 사람들이다.

그저 예수가 그리스도(십자가 사건을 통해 그렇게 해주신 구세주=메시아)라는 것을 믿는 믿음으로 하나님 앞에 나갔더니, 즉 예수가 그리스도라는 것을 믿으라는 말씀에 순종했더니

(내적행위) 하나님께서 그렇게 해주신 것이다.

그러기에 뭐니 뭐니 해도 예수가 그리스도라는 것을 제대로 알아야 하고, 알았으면 그것을 믿으라는 말씀에 순종하는 것이 너무나도 시급하고 중요한 일이다. 그리고 또한 전하는 일이 너무너무 시급하고 중요한 일이다. 그러기에 이 세상에 발을 딛고 있는 그 순간까지 우리에게 주어진 시간, 물질, 몸을 복음 전하는 일(사람 살리는 일)에 던지지 않을 수 없는 것이다.

우리가 이 세상에 존재하는 이유는 바로 이 일 때문이다. 하나님께서 우리를 이 거대한 세상(바다)에 사람 낚는 어부, 왕 같은 제사장으로 세워 놓으셨다는 것을 영광으로 생각하고 그 일에 충성하기 바란다. 그리하면 상급까지 받게 된다(계22:12). 우리가 이 세상에 태어나서 이렇게 영광스런 존재로 거듭나지 못했다면 얼마나 슬픈 일이겠는가. 가룟 유다처럼 차라리 태어나지 말았으면 좋았을 불쌍한 인간이 되고 마는 것이다(마26:24).

이 세상에 태어나면 베드로처럼, 바울처럼, 우리들처럼 사람 낚는 어부로 살다가 가는 사람이 있고, 가룟 유다처럼 예수님을 배신하고 방해만 하다가 가는 사람이 있다. 세상에는 이렇게 두 종류의 사람이 있다. 그대는 어디에 속하는가? 우리는 세상에 빠져(마귀에게 낚여) 죽어가는 자들이 아니라 거기서 건져진 자들이며, 이 거대한 바다(세상)에 방주(그리스도)를 타고 돌아다니며 사람을 낚는 어부들이라는 것을 절대로 잊어서는 안 된다.

낚시질을 하되 방주 안에서 해야 한다. 방주 밖으로 나오면 아브라함처럼 안 해도 될 고생을 하게 되기 때문이다. 이게 무슨 말이냐 하면?...아브라함이 하나님께서 지시하신 땅(가나안)에 갔으면 거기에 가만히 머물러 있어야 되는데 거기서 기근(배고픔)문제를 만나게 되자 그 문제를 해결하기 위해 애굽으로 내려갔던 적이 있다.

거기서 애굽의 왕(바로)에게 자기 아내를 빼앗기는 큰 봉변을 당했던 것처럼(창12:1-20), 우리도 방주 안(그리스도 안, 임마누엘동산, 답 동네)에 머물러 있지 않고 방주 밖으로, 즉 세상(선악과 사건이 터진 동네, 죽음 문제를 비롯한 수많은 문제들의 동네)으로 내려오면 죄 문제를 비롯한 이런저런 문제들이 문제들로 보여 염려하게 되고, 속상하게 되고, 또한 마귀에게 속기 쉬우므로 안 해도 될 고생을 하게 되기에 절대로 내려와서는 안 된다.

어쨌든지 방주 안(그리스도 안)에서 놀아야 하고, 방주 안에서 낚시질을 해야 한다. 방주 밖으로 나올 경우에는 반드시 방수복(전신갑주=그리스도)을 입고 나와야지 그냥 나와서는 절대로 안 된다(엡6:10-19). 늘 방주 안의 삶을 살 수 있는 방법, 늘 방수복을 입고 살 수 있는 방법은 늘(24시간) 예수가 그리스도라는 것을 믿으라는 말씀에 순종하면 된다.

> 늘 방수복을 입고 살 수 있는 방법은 늘(24시간) 예수가 그리스도라는 것을 믿으라는 말씀에 순종하면 된다.

그리하면 그 어디서나 하늘나라(감사와 기쁨)를 누려서 좋고, 그러므로 정신건강, 육신건강도 좋아진다. 감사와 기쁨으로 살면 엔도르핀과 또한 그보다 4,000배나 강력한 다이도르핀이 분출되기 때문에 그렇게 된다. 그리고 늘 유전자에 불이 켜져 있어서 건강에 좋을 수밖에 없다. 그동안 이런 내용을 모르고 살다가 지치고 병든 사람들

몸속에 꺼져 있던 유전자에 불이 다시 켜져서 몸속의 병균들이나 암세포도 죽어나가게 된다.

그러니까 세상 사람들의 낚시에 걸려든 물고기는 죽게 되지만 우리들이 던진 낚시(복음)에 걸려든 사람들은 죄 문제를 비롯한 인생의 모든 문제에서 해방되는 엄청난 복을...하나님을 다시 만나게 되는 엄청난 복을...영생은 물론 천국을 비롯한 하나님의 모든 보화를 누리게 되는 엄청난 복을...이 세상에 머무는 동안 정신도 육신도 건강한 복을 누리게 되기에 그들을 낚는 우리도 기쁘고 우리들에게 낚이는 그들도 기쁘게 되는 것이다.

그러기에 하루하루가 주어질 때마다 "오늘도 이 거대한 낚시터(세상)에 소풍을 보내 주셔서 감사합니다. 이 세상에 머무는 동안 (예수님께서 다시 오시는 그 시간까지) 낚시하는 즐거움을 주셔서 감사합니다. 오늘도 제가 던진 복음(예수님의 살과 피)에 누군가가 맛을 보고 영생을 얻게 되기를 원합니다"라고 기도하며, 노래하며, 전하면 된다.

어부들이 강이나 바다의 낚시터에 갈 때 즐거운 마음으로 휘파람을 불며(노래하며) 가듯이 우리도 이 거대한 낚시터(세상=사업장=일터)로 갈 때 즐거운 마음으로 휘파람 불며(예수가 나의 그리스도!~ 라는 노래를 부르며, 찬288장) 가면 된다. 낚시터에 가서 우리가 던진 복음(예수님의 살과 피)을 맛보다가 달아나거나 달라붙는 사람들이 있다.

달아나는 사람을 붙잡고 시간 낭비하지 말고 달라붙는 사람을 빨리 붙잡아 줘야 한다. 복음을 전해서 영접하도록 도와주어야 한다. 그리고 그냥 내버려 두지 말고 교회로 데리고 와서 잘 양육해야 한다. 왜냐하면 아직 영적으로 우리들만큼 자라지 못했기 때문이다. 우리들만큼 자라지 못하면 하나님께서 챙겨주신 복도 다 놓치기 쉽고, 또한 세상 것들에 빠져 살게 되기에 하는 말이다. 마귀에게 속기 쉽기에 하는 말이다.

그러기에 우리가 그들에게 최선을 다해야 한다. 어린 아이를 낳아서 키우는 그 이상의 심정으로 최선을 다해야 한다. 우리에게 주어진 시간, 물질, 몸을 그들을 위해 다 던져야 한다. 우리가 이 세상에 존재하는 이유는 바로 이 일을 하기 위함이다. 이것이 이웃사랑, 민족사랑, 인류 사랑인 것이다.

7장

그리스도의 체질로
만들려면?

1 영적 갈증을 해소하는 방법

하나님을 떠나 살고 있는 인간은 물을 떠난 금붕어와 같다. 물고기가 물을 떠나도 곧바로 죽지는 않는다. 그러나 반드시 죽게 된다. 그리고 죽기 전까지의 삶은 단지 고통의 순간의 연속일 뿐이다. 하나님을 떠난 사람들도 행복한 인생을 사는 것 같지만 고통의 삶을 살고 있을 뿐이며, 또한 반드시 죽는다. 그리고 반드시 지옥으로 간다.

지금 얘기는 여름방학 때 실제로 있었던 사건이다. 내가 음악실 분위기를 좋게 하려고 큰 수족관에 금붕어를 기르고 있었다. 집에서 며칠 쉬다가 출근해보니 금붕어 한 마리가 수족관을 뛰쳐나와 교실 바닥에 떨어져 죽어 있었다. 그 금붕어를 쓰레기통에 갖다버리면서 우리네 인생도 금붕어 신세와 같다는 생각이 들었다.

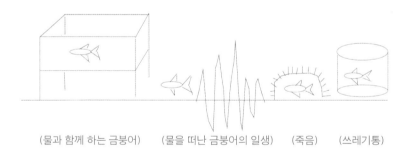

(물과 함께 하는 금붕어)　　(물을 떠난 금붕어의 일생)　　(죽음)　　(쓰레기통)

그림을 보면서 답변해 보기 바란다. 금붕어가 왜 쓰레기통으로 들어가게 되었는가?...금붕어가 왜 죽었는가?...죽기 전까지 파닥거리며 몸부림친 이유는 무엇인가?...죽기 전까지 고통을 당한 이유는 무엇인가?...금붕어가 쓰레기통에 들어가게 된 이유도, 죽음문제를 당한 이유도, 죽기 전까지 파닥거리게 된 이유도, 고통을 당한 이유도 다른 이유가 있어서가 아니라 '물'을 떠났기 때문이다.

인간도 마찬가지다. 금붕어가 여름방학 때 물을 떠나 자기 힘으로 살아보려고 몸부림을 쳤지만 고생만 실컷 하고 결국은 죽어 쓰레기통 속으로 들어갔듯이 인간은 선악과 사건 때 하나님을 떠나 자기 힘으로 살아보려고 몸부림을 치다가 고생만 실컷 하고 결국은 죽어 지옥불구덩이 속으로 들어가고 만다.

그러니까 인간이 금붕어처럼 쓰레기통으로 들어가게 된 것도, 죽음 문제를 당하게 된 것도, 죽기 전까지 살아보려고 몸부림을 친 것도, 죽기 전까지 영적, 정신적, 육신적으로 수많은 고통을 당하게 된 것도 선악과 사건 때 '하나님'을 떠나서 그런 것이다.

하나님을 떠난 인간은 주어진 삶 동안 시간표에 따라 이런저런 문제들을 만나면서 염려하고 속상해하며, 원망, 불평, 신경질, 짜증 나는 지옥 같은 삶을 산다. 그런 삶이기에 우울증, 불면증, 강박증, 대인기피증, 피해망상증 등의 정신문제도 만나게 되고, 그러다보면 육신도 지치고 병들고 만다. 그러다가 죽음문제와 지옥 문제를 만나게 된다. 이것이 선악과 사건으로 생긴 죄의 문제를 해결하지 못해 하나님을 떠난 인간의 운명이다.

그런 운명에서 벗어나보려고, 즉 답을 찾아 나선 것이 철학이고 종교행위다. 그러나 거기서도 답을 찾을 수는 없다.

그러다보니 될 대로 되라는 생각을 가지고 아무렇게나 살기도 하고, 또한 힘들고 괴로운 삶에서 벗어나보려고 술과 마약에 빠지기도 하고, 그러다가 삶을 포기해버리기도 한다. 사람에 따라 과정의 차이는 있겠으나 하나님을 다시 만나지 못한 인생의 끝은 다 마찬가지다. 결국 죽고 또한 지옥으로 가기 때문에 말이다.

> "썩어지지 아니하는 하나님의 영광을 썩어질 사람과 새와 짐승과 기어 다니는 동물 모양의 우상으로 바꾸었느니라. 이는 그들이 하나님의 진리를 거짓 것으로 바꾸어 피조물을 조물주보다 더 경배하고 섬김이라. 주는 곧 영원히 찬송할 이시로다. 아멘"(롬1:23, 25).

인간이 선악과 사건 때 이미 하나님을 떠나 해적선 선장보다 더 악한 왕(마귀) 밑에서 지옥으로 가는 배의 노를 젓고 있는 상태이기에(영화 '벤허' 속의 노예들이 노 젓는 장면처럼) 절대로 벗어날 수 없다. 벗어날 수 있는 방법을 찾아 나서면 피조물들을 섬기게 해서, 즉 종교행위를 하게 해서 안 해도 될 고생까지 하게 한다.

> "너희가 만일 내가 오늘 너희에게 명령하는 도에서 돌이켜 떠나 너희의 하나님 여호와의 명령을 듣지 아니하고 본래 알지 못하던 다른 신들을 따르면 저주를 받으리라"(신11:28).

> "장색의 손으로 조각하였거나 부어 만든 우상은 여호와께 가증하니 그것을 만들어 은밀히 세우는 자는 저주를 받을 것이라 할 것이요, 모든 백성은 응답하여 말하되 아멘 할지니라"(신27:15).

인간이 인생을 사는 동안 만나게 되는 모든 문제는 '물'을 떠난 금붕어처럼 선악과 사건으로 인해 '하나님'을 떠났기 때문이다. 이것이 죽음문제를 비롯한 인생의 모든 문제의 근본원인이다. 그런데도 사람들은 다시 하나님을 찾을 생각은 하지 않고 문제를 해결하기 위해 무속인을 찾아가서 점을 치고, 미신을 섬기기도 하고,

끝없이 되풀이 되는 철학에 의지하기도 하고, 허울뿐인 위로만을 전하는 종교행위를 하고 있다.

하나님께서는 예수가 그리스도라는 것만 믿고 영접하면 구원받게 된다고 하셨는데 사람들이 이 말씀을 영혼의 피부로 뜨겁게 느끼지 못하고 건성으로 받아들인다. 예수 믿는다는 사람들도 선악과 사건과 십자가 사건을 영혼의 피부로 느끼지 못하고, 즉 문제의 원인(선악과 사건)과 그 원인을 해결해 주기 위해 그 엄청난 십자가 사건을 당하시기까지 하신 예수님을 영혼의 피부로 느끼지 못하고 교회만 왕래하는 사람들도 있다.

이것이 확실하게 깨달아지고 뜨겁게 느껴져야 예배도 영과 진리로 뜨겁게 드리게 되는데(요4:24) 사람들이 그렇게 느끼지 못하므로 머리로만, 행위로만 예배에 참석하고 사라진다. 그러기에 교회를 다녀도 계속 광야생활이다. 지구에는 수십 억의 인구가 있다. 그러나 그 인구 한 사람 한 사람마다 또 셀 수 없는 수많은 문제들이 존재한다.

어떤 사람은 귀신에게 시달리는 영적인 문제로 고생하기도 하고, 열등감, 소외감, 배신감 등으로 낙심하고 좌절하여 깊은 어둠속에 빠져 있는 사람도 있고, 우울증, 불면증, 강박증, 대인기피증, 피해망상증 등의 정신적인 문제나 소경, 귀머거리, 앉은뱅이, 불치병 등 각종 육신의 질병으로 고생하는 사람들도 많다. 뿐만 아니라 남편문제, 아내문제, 자식문제, 친구문제, 이성문제, 가정문제, 직원간의 문제, 노사(勞使)문제, 정치문제, 경제(돈)문제, 사회문제, 종교문제 등 수많은 문제들을 당하며 살다가 죽어 지옥으로 간다(그림 참조).

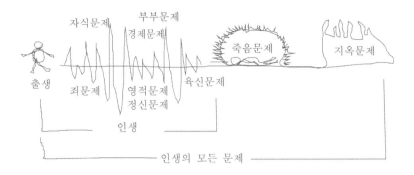

인생은 이렇게 주어진 운명의 시간표에 따라 살다가 지옥으로 가게 되어 있다. 즉, 이것이 하나님을 떠난 인간의 시간표다. 위의 그림에서 알 수 있듯이 아무리 죽음문제를 안 만나려고 애를 써도 때가 되면 죽음이라는 문제를 만나게 된다. 다른 문제들도 마찬가지다. 이게 선악과 사건(마귀에 의한 인간의 오리지널 죄)에 빠져 있는 인생, 즉 하나님을 떠난 인생이다.

앞에서 말한 물을 떠난 금붕어의 시간표나, 하나님을 떠난 인간의 시간표나 거의 같다는 것을 알 수 있다. 지옥을 향해 가는 동안 '인간이 어떤 존재인지? 인생이 뭔지? 인생의 문제는 어디서 왔으며, 누구를 통해 해결되었는지? 그렇다면 어떻게 해야 해결할 수 있는지? 해결해 놓고 살게 되었다면 그런 자기의 신분과 권세가 어떠한지?'에 대해 확실하게 알아야 하는데 사람들이 이런 것에는 관심이 없고 썩어 없어질 세상 것들에만 신경을 쓰고 산다.

돈, 명예, 권력 등...'어떻게 하면 더 많이 소유할 수 있을까?'...'어떻게 하면 더 높은 자리에 올라갈 수 있을까?'... 그런 것에만 사람들은 깊게 빠져있다. 그러기에 죽음문제를 비롯한 인생의 모든 문제의 원인은 물론 답도 찾을 수 없는 것이다. 기껏해야 그런 육적인 차원의 것을 추구하는 삶에서 벗어나보려고...즉, 좀 더 높은 차원의 삶을 살아보려고 공자사상이나 석가사상을 좇아가며 마음수련이나 고행을 하기도 하는데 그런 것을 좇아가다가는 고생만 실컷 하다가 지옥으로 가게 된다.

인간이 선악과 사건으로 인해 하나님을 떠나 있는 상태이기에 영이 무엇인지, 영적인 세계가 어떤 것인지 모르고 아무것이나 따라가다가는 더 큰 어려움과 고통을 당하게 된다. 마음수련원에 수련하러 갔다가 오히려 더러운 영(귀신)에게 사로잡혀 혼란을 겪는 사람도 있다. 수련하는 상대방이 자기 마음속에 들어오기까지 하여 상대방이 가지고 있는 문제를 같이 느끼고 아파하며 울기까지 한다.

그렇게 되는 것을 큰 능력으로 여긴다. 결국 귀신의 장난에 놀아난 것인데 말이다. 선악과 사건 때부터 지금까지 마귀(귀신들의 우두머리)는 어쨌든지 사람들을 지옥으로 데려 가려고 별의 별짓을 다 하고 있는데 사람들은 뭔가 조금만 신기하다 싶으면 거기에 쏙 빠져 든다. 선악과 사건으로 인해 하나님을 떠난 사람들의 특징이다.

> 육적인 것과 영적인 것을 동시에 바라보고 사는 우리들(그리스도인들)을 보고 편견에 사로잡혔다고 말한다.

그들은 육적인 것만 바라보는 편견에 사로잡혀 살면서도 그런 줄도 모른다. 모르고 있으면서 모르고 있다는 사실조차도 모른다. 그러면서도 육적인 것과 영적인 것을 동시에 바라보고 사는 우리들(그리스도인들)을 보고 편견에 사로잡혔다고 말한다. 이런 영적인 얘기를 해주면 자기도 알아야겠다는 생각을 가지고 진지하게 들으면 좋을 텐데 오히려 자기 생각을 내세우며 "그까짓 예수 믿으면 뭐하냐?"는 소리를 하는 사람들도 많다.

옛말에 "서울 가본 놈보다 안 가본 놈이 이긴다."는 말이 있다. 무슨 말이냐 하면?...지금이야 도로와 교통수단이 좋아져서 전국 어디서나 서울이 일일생활권이 됐지만 몇 십 년 전만 하더라도 남부지역에서 서울에 한번 가려고 하면 기차에서 밤을 꼬박 새야 서울에 도착했다. 물론 서울에 갔다 오는 경비가 만만치 않았기에 특별한 일이 아니고서는 가지 않았다.

그런 시절이기 때문에 서울에 다녀온 사람이 많지 않았다. 그래서 누군가가 서울에 다녀오면 시골보다 발전된 서울 얘기를 하게 된다. 서울에 다녀온 사람이 서울의 발전된 모습을 사실 그대로 말해주면 서울에 가보지 않은 사람이 그대로 받아들이면 될 텐데...서울에 안 가본 놈이 오히려 서울에 가본 놈을 향해 더 큰 소리를 치며 서울에 대해 잘 아는 것처럼 얘기하는 웃기는 짓을 하니까 그런 말이 나온 것이다.

지금 세상 사람들이 그렇다. 내가 이런 말을 해주면 잘 들어보고 "아하!~ 내가 그동안 너무나도 모르고 있었구나..."라는 생각을 가지고 진지하게 들어보면 좋을 텐데 오히려 "그럴 리가 없다, 말도 안 되는 소리 그만 하라"며 큰소리를 친다. 그러기에 자기가 그동안 살아오면서 경험한 그 이상의 세계를 넘어서지 못한다.

나는 육안을 뜨고 육적인 세상을 바라보고 사는 사람임과 동시에 그리스도를 통해 영안을 뜨고 영적인 세계를 바라보며 이런 얘기를 해주는 것인데 말이다. 이렇게 양쪽을 다 들여다보며 사는 그리스도인들이 편견에 사로잡힌 것인가? 아니면 육안만 뜨고 한쪽(세상)만 바라보고 사는 그대(세상 사람들)가 편견에 사로잡힌 것인가? 그리스도인인 나는 양쪽 세계를 다 바라보며 이런 엄청난 애기를 해주는데 육안만 뜨고 사는 사람들이 그런 나를 보고 편견에 사로잡혔다고 한다.

참으로 웃기는 세상(사람들)이다. 그렇다면 둘 중에 하나는 분명히 미친 것이다. 그리스도인들이 미쳤든지, 아니면 이런 내용을 말도 안 되는 소리라고 부정하는 사람들이 미쳤든지...옛 말 그대로 서울에 안 가본 놈이 서울에 가본 놈을 이기는 참으로 이상(미친)한 세상이다. 정말 이 세상은 영적으로 미친 사람들이 모인 장소다. 거대한 정신병동이다. 선악과 사건이 터지면서 그렇게 돼버렸다.

그러기에 세상 사람들이 가인처럼 사람 죽이는 일을 밥 먹듯이 하는 것이다. 이런 현상들이 영적인 문제에 빠져 있다는 증거다. 선악과 사건에 빠진 세상 사람들의 모습이라는 말이다. 영적인 문제에 빠져 있기에 그럴 수밖에 없고, 또한 영적인 목마름과 배고픔이 계속 되고 있는데 그런 목마름과 배고픔이 있다는 것도 모르고 육적인 목마름과 배고픔(의, 식, 주)만을 해결하기 위해 목숨을 건다.

사람들은 영혼의 목마름을 해결하기 위해 예술을 감상하고 많은 책을 읽고, 마음수련을 하고 종교행위를 한다. 그러나 아무리 그렇게 해도, 아무리 세상 것을 많이 공부하고 연구해도 영적인 목마름과 배고픔은 해결되지 않는다. 그 목마름과 배고픔은 세상 것이 아닌 하늘에서 내려온 떡과 생수인 예수님을 먹고 마셔야 해결된다(요6:48-58).

그 목마름과 배고픔은 세상 것이 아닌 하늘에서 내려온 떡과 생수인 예수님을 먹고 마셔야 해결된다

이처럼 이미 해결책이 주어져 있는데도 그것을 외면하고 자꾸만 돈과 명예와 권력 등, 썩어 없어질 세상 것들을 좇아가고 잘못된 것에 힘을 낭비하니 피곤해서 지쳐 있다(전12:12). 사람들은 이미 하늘에서 내려온 떡과 물인 예수님을 먹고 마시기만 하면 되는데 이것을 외면하고 자꾸만 자기 방법대로, 세상 방법대로 하니까 고생을 하는 것이다. 안 해도 될 고생을 하고 있으니 어찌 피곤치 않겠는가.

"내 아들아 또 이것들로부터 경계를 받으라. 많은 책들을 짓는 것은 끝이 없고, 많이 공부하는 것은 몸을 피곤하게 하느니라"(전12:12).

하늘에서 내려온 떡과 물을 먹고 마시지 않으므로 하나님을 만날 수 없고, 그러므로 거룩한 영이신 하나님을 모를 수밖에 없는 것이다. 그리고 더러운 영인 마귀를 모른다. 하나님을 모르므로 하나님의 일도 모르고 마귀의 일을 모른다. 그러기에 마귀에게 계속 속고 살다가 지옥까지 가게 된다.

지옥은 원래 마귀가 갇힐 감옥이다. 그런데 왜 사람도 지옥에 갈 수 밖에 없는가? 바로 선악과 사건 때문이다. 이 사건으로 인간도 마귀와 영적으로 한 몸이 되어 있기에 어쩔 수 없이 지옥으로 가야 한다. 하나님께서는 우리가 마귀에게서 벗어나 하나님과 한 몸 되기를 바라신다. 그래야 하나님의 나라에도 들어갈 수 있다.

하나님과 다시 한 몸 되는 방법은 너무나도 간단하고 쉽다. 하늘

에서 내려온 떡과 물을 먹고 마시면 된다. 하늘에서 내려온 생명의 떡과 생명의 물이 바로 '예수'다. 예수께서 십자가 사건 때 찢기신 살과 흘리신 피는 우리 영혼을 살리기 위한 떡과 물이었다. 예수가 그리스도라는 것을 믿고 영접하면 그 떡과 물을 먹고 마신 상태가 된다.

예수가 그리스도라는 이것을 믿고 영접하는 것이 아무것도 아닌 것 같지만 믿고 영접하는 순간 선악과 사건으로 인해 죽었던 영혼이 다시 살아나게 된다. 새 생명을 가진 새로운 피조물로 거듭나게 된다. 마귀와는 분리되고 하나님과 한 몸이 되는 놀라운 일이 일어난다. 이런 엄청난 역사가 눈에는 안보이지만 실제로 우리의 영혼에는 일어나기 때문에 예수가 그리스도라는 것을 믿고 영접하라고 하신 것이다. 예수가 그리스도라는 것을 믿고 영접하면 그렇게 되게 되어 있다. 하나님께서 그렇게 되도록 해두셨기 때문이다.

그러기에 우리는 그렇게 된다는 하나님의 말씀을 믿고 그렇게 하면 된다. 그렇게 된다는 믿음으로 그렇게 해보면 그렇게 되는 놀라운 체험을 하게 된다. 이런 엄청난 역사가 눈에 안보이지만 실제로 영혼에서는 일어나기 때문에 예수가 그리스도라는 것을 믿고 영접하라고 하신 것이다.

영접하는 순간 우리의 영혼이 예수님의 찢어진 몸 사이(십자가 사건)를 통과하게 되고, 통과하는 순간 우리의 영혼이 머리부터 발끝까지 예수님의 피에 깨끗하게 씻어져 거룩하신 하나님 품에 안기게 되므로 그런 놀라운 일, 즉 그런 엄청난 복을 누리게 되기에 말이다.

예수가 그리스도라는 것을 믿고 영접하면 그렇게 되게 되어 있다. 하나님께서 그렇게 되도록 해두셨기 때문이다. 그러기에 우리는 그렇게 된다는 하나님의 말씀을 믿고 그렇게 하면 된다. 그렇게 된다는 믿음으로 그렇게 해보면 그렇게 되는 놀라운 일이 일어난다. 그러기에 오직 예수! 오직 믿음! 이다.

2 믿음이 주는 변화

하나님께서 우리에게 시키신 일이 많은 것이 아니라 딱 한 가지다. 그래서 유일하다고 하는 것이다. 그게 뭐냐 하면?...그게 바로 "예수가 그리스도라는 것을 믿으라"는 것이다(요6:29). 믿으라는 말씀대로 믿으면 하나님께서는 그것을 일(행위)로 여겨주신다. 그러니까 구원받으려면 율법의 행함(외적행위)이 아니라 내적행위(마음속으로 예수가 그리스도라는 것을 믿는 믿음의 행위, 즉 예수가 그리스도라는 것을 믿으라는 말씀에 순종하는 것)를 하라는 것이다.

내적행위는 겉으로 드러나지 않기에 행위(일)가 아닌 것 같지만...아무 일도 아닌 것 같지만...우습게 보이지만 하나님께서는 그 행위를 최고의 행위로 여겨주시고 기뻐하신다. 진짜 참 행위로 인정해 주신다. 내가 지금 이런 엄청난 내용을 알고 말하게 된 것도 하나님께서 시키신 일, 즉 예수가 그리스도라는 것을 믿으라는 말씀에 순종(내적행위)했기 때문이다.

"그들이 묻되 우리가 어떻게 하여야 하나님의 일을 하오리이까? 예수
께서 대답하여 이르시되 하나님께서 보내신 이를 믿는 것이 하나님의
일이니라 하시니"(요6:28-29).

예수가 그리스도라는 것을 믿고 영접하지 않으면 선악과 사건
때부터 자기 등 뒤에 드리워진 그 무거운 십자가(죄, 마귀, 죽음문
제를 비롯한 인생의 모든 문제=저주)를 짊어지고 이 세상을 힘들
게 살다가 마귀와 함께 지옥으로 가게 된다. 지옥에 가기 전까지,
즉 인생을 사는 동안 계속해서 이런 영적인 내용을 모르고 마귀에
게 속고 살게 된다. 속는 것 자체가 저주다. 저주 덩어리와 한 몸이
되어 있는데 어찌 저주를 안 당하겠는가.

이것을 역으로 생각해보라. 선악과 사건으로 인해 저주덩어리와
한 몸이 되어 저주를 당하게 됐었는데 이젠 십자가 사건을 통해 복
덩어리와 한 몸이 되었으니 어찌 되었겠는가. 복을 받은 정도가 아
니라 복덩어리를 누리게 된 것이다.

그 복덩어리가 '예수'다. 예수가 그리스도라는 말은 예수가
바로 '복덩어리 그 자체, 복의 원천'이라는 말이다. 그러니까 예수
가 그리스도라는 것을 믿으라는 말씀에 순종하는 것이 너무나도
중요한 것이다. 순종하면 복의 원천과 한 몸이 된다.

하나님께서는 이 엄청난 복을 예수가 그리스도라는 것을 믿는
사람의 것이 되도록 해놓으셨다. 그래서 예수가 그리스도라는 것
을 믿으라고 하신 것이다. 믿으면 믿음대로 되게 되어 있기 때문에
하나님께서 우리에게 '믿음'이라는 단어를 사용하신 것이다. 그러
기에 말로만이 아닌 진짜 제대로 알고 믿는 믿음이어야 한다. 그런

믿음이 자기에게 주어졌다면 참으로 행복한 사람이다(갈3:23/엡2:8).

이런 내용을 모르면 결국 썩어 없어질 세상 것들만 챙기다가 가게 된다. 어디로? 지옥으로! 선악과 사건으로 인해 하나님을 떠난 인간들은 지구에 살고 있으면서도 누구에 의해서 지구가 만들어졌는지, 왜 지구가 돌고 있는지 모른다. 그저 교과서에 나온 대로만 답할 수 있을 뿐이다.

하나님께서 우주 만물을 만드실 때 지구도 만드셨고, 또한 지구를 돌아가도록 해놓으셨고, 그리고 이 지구에 동물과 식물들을 각기 종류대로 만드셨고, 또한 그것을 정복하고 다스릴 수 있는 인간을 만드셨다(창1:1-31). 이것들이 생명운동을 하도록 하나님께서 지구를 돌려놓고 계시는데...그래서 다들 생명운동을 하고 있는 것이다.

지금 이 시간에도 각가지 것들의 생명운동은 진행되고 있다. 사람들이 이런 내용을 모르기 때문에 육적인 생명운동만 생명 운동인줄 알고, 그리고 썩어 없어질 돈을 비롯한 세상 것들만 많이 챙기기 위해, 더 높이 올라가기 위해 세상적인 일만 열심히 하고 있는 것이다. 구름이 모여들면 비가 올 징조이듯이 세상에 여러 가지 일들이 일어나는 것은 예수님께서 다시 오실 시간이 다 됐다는 징조인데 사람들이 그런 줄도 모르고 아직도 진화론의 허구 속에 빠져 창조론을 부정하고 있는 인간들도 있다.

이 세상 우주만물은 인간이 생겨나기도 전에 전능하신 하나님께서 창조하셨기에 하나님밖에 모른다. 모든 것을 종류별로 창조하신 후 마지막 날 인간을 만드셨다. 그러기에 인간은 이 세상 우주 만물이 하나님에 의해 만들어졌다는 것을 모른다(창1:26-31). 그분이 만드셨다고 하시니까 우리는 그분의 말씀을 믿는 방법밖에 없다.

예를 들어보겠다. 내가 어린 시절 아버지께서 집을 만드시고 벽면에 대나무 발을 엮어 걸친 후 흙을 바르고 방을 만드셨다. 그리고 가게를 하셨는데 그 가게 안에는 여러 가지 물건들을 구해 오셔서 진열해 두셨다. 나는 아버지께서 그렇게 하신 것을 눈으로 봤기 때문에 그렇게 되었다는 것을 안다. 그러니까 내게는 그렇게 된 것을 믿으라마라 할 필요가 없는 것이다.

그러나 내 뒤로 태어난 동생들은 그 집이 누구에 의해 어떻게 지어졌는지, 그리고 그 가게의 물건들이 누구에 의해 그렇게 많이 채워져 있었는지 모른다. 동생들은 아버지께서 그렇게 하신 것을 눈으로 보지 못했기 때문이다. 그러기에 그들은 아버지께서 그렇게 하셨다는 말씀을 듣고 믿는 방법밖에 없는 것이다. 내 동생 7명 중에 아버지께서 그렇게 하셨다는 말을 듣고 안 믿는 동생은 단 한명도 없었다.

하나님아버지께서 이 세상을 각가지의 것들로 가득 채우셨고, 그리고 그것을 우리에게 정복하고 다스리라고 하셨다(창1:28). 우리는 이 세상 우주 만물이 하나님에 의해서 모두 다 만들어진 후 맨 마지막 날 만들어진 존재이기에 그분께서 그렇게 하셨다는 것을 믿는 수밖에 없다. 이 세상에 태어난 인간들은 그렇게 믿고 누리면 되는 것이다.

'믿음'이라는 단어도 하나님께서 주신 것이고, 우리가 하나님께서 창조하신 것이 '믿어지는 믿음'도 하나님께서 주신 것이다.

그러기에 하나님께서 이 세상을 만들었다는 것이 믿어지는 믿음이 그대에게 주어졌다면 감사하라. 예수가 그리스도라는 것이 믿어지는 믿음이 그대에게 주어졌다면 감사하라. 그것이 믿어지는 믿음이 주어지지 않았다면 어찌 되겠는가? 생각만 해도 끔찍하다.

왜냐하면 돈, 명예, 권력, 공자사상, 석가사상, 다윈의 진화론을 비롯한 이 세상의 모든 것들을 다 가져도 결국 지옥행이기 때문이다. 거기서 영원토록 형벌을 받게 된다.

그러기에 가룟 유다처럼 차라리 태어나지 말았으면 좋을 인간이 되고 만다(마26:24). 하나님께서는 선악과 사건에 빠져 죽을 수밖에 없는 죄인들인 우리를 구원하시려고 우리처럼 사람의 모습으로 오시기까지 하셨고, 또한 죄인들에게 매를 맞고 십자가에 달려 죽임을 당하시기까지 하셨다.

사람의 모습으로 오신 그 하나님을, 그리고 십자가 사건을 당하시기까지 하신 그 하나님을 '예수'라고 하는 것이다.

눈에 안 보이던 하나님이 눈에 보이도록 이 세상에 오셔서, 눈에 보이도록 십자가 사건을 당하시기까지 하신 것은 그분이 우리를 너무나 사랑하셨기 때문이다. 그러기에 그분은 사랑 그 자체다(요일4:8). 조물주이신 하나님이 피조물인 인간들을 구원하시려고 선악과 사건에 빠진 인간(죄인)들에게 그 엄청난 수모를 당하고 죽기까지 하신 그것이 사랑이다.

이런 사랑은 예수님의 십자가의 사랑밖에 없다.

하나님께서 피조물인 우리를 그렇게까지 사랑하셨다는 것이 믿어지는 믿음이 우리에게 주어졌다는 사실!

이런 사랑을 알고 믿고 받아들이면 하나님을 만나게 되어 사도 바울처럼, 나처럼 이렇게 자세히 알게 되고 말하게 된다. 그런 믿음이 없으면 하나님께 그런 믿음을 달라고 기도하면 되는데 사람들이 먼저 구할 것을 먼저 구하지 않고 자꾸만 썩어 없어질 세상 것들만 먼저 구하고, 엉뚱한 짓만 하고 있다.

오늘날도 우리가 물건을 만든 후, 그 물건에 이름을 붙이면 그 물건은 그 이름을 가지게 된다. 그리고 우리가 물건을 만들어내는 창조행위를 하는 것 자체가 창조주이신 하나님의 형상을 입은 존재라는 증거이고, 우리가 만든 물건에 이름을 붙이는 것은 우리가 아담의 후손이라는 증거다. 그러기에 원숭이가 진화되어 사람이 된 것이 아니라는 말이다.

한번 생각해보라. 우리가 타고 다니는 자동차가 어느 날 갑자기 모래밭에서 솟아올랐는가? 그 자동차에 필요한 모든 부품들을 만들어서 모래밭에 던져놓아도 그것들 스스로가 자동차로 만들어져 우리 앞에 나타나지 못한다. 사람이 그 자동차의 부품도 만들고, 그것들의 이름도 붙이고, 그 부품을 결합해서 하나의 자동차가 만들어져 나오듯이, 즉 만든 이가 있으므로 물건이 만들어져 나오듯이 이 세상 우주만물도 만드신 분(조물주=하나님)이 계시므로 이 세상 우주만물이 나오게 된 것이다(히3:4).

“집마다 지은 이가 있으니 만물을 지으신 이는 하나님이시라”(히 3:4).

자동차가 인간에 의해 만들어져 굴러다니듯이 사람도, 우주만물도 하나님에 의해 만들어져 굴러가고 있는 것이다. 콩 심으면 콩나고, 팥 심으면 팥이 나게 되어 있다. 사람을 심으면 사람이 나고, 원숭이를 심으면 원숭이가 난다. 콩과 사람은 심는 장소만 다를 뿐이다. 콩은 흙 속에, 사람은 여자 속에...이런 모든 것들을 만드시고 그렇게 되게 하신 분이 하나님이다.

그러니까 세상을 들여다보면 모든 것이 하나님의 창조질서에 따라 움직인다. 생명 운동을 한다는 말이다. 각종 동·식물들은 육적 생명운동을 한다. 그러나 예수가 그리스도라는 하나님의 비밀을 아는 자(그리스도인)들은 영적 생명운동을 한다. 그러니까 모든 만물들이 생명운동을 하되 육적 생명운동을 하지만 예수가 그리스도라는 하나님의 비밀을 아는 자들은 영적 생명운동을 하고 있다.

이것이 인간과 모든 만물과의 다른 점이다. 이 운동을 하는 자들이 사람 낚는 어부, 왕 같은 제사장들이다(마4:19/벧전2:9). 하나님의 자녀 된 신분과 권세를 가진 자들이다(요1:12). 선악과 사건 때 인간이 마귀에게 넘겨 준 왕권을 예수님께서 십자가 사건을 통해 다시 회복시켜 주셨기 때문에 그 왕권을 가지고 세상을, 인생의 모든 문제를 정복하며 다스리고 산다.

하나님께서는 선악과 사건에 빠져 죽을 수밖에 없는 죄인들인 우리를 구원하시려고 우리처럼 사람의 모습으로 오시기까지 하셨고, 또한 죄인인 인간(우리)들에게 매를 맞고 십자가에 달려 죽임을 당하시기까지 하셨다. 그렇게까지 하신 것은 우리를 너무나 사랑하셨기 때문이다. 조물주이신 하나님이 피조물인 인간을 구원하시려고 선악과 사건에 빠진 죄인들에게 그 엄청난 수모를 당하고 죽기까지 하신 것은 예수님이 사랑 그 자체이기에 가능한 일이었다(요일4:8).

그러니까 세상적으로 아무리 많이 배우고 똑똑해도 하나님의 비밀인 예수가 그리스도라는 것을 깨닫지 못하면 자기가 바보이면서 바보인줄도 모르고 살게 되는 것이다. 이런 내용에 대해 모르고 있는 자기 자신이 발견돼야 다음 단계로 나갈 수가 있는데 이렇게 모르고 있으니 어떻게 다음 단계로 나갈 수 있겠는가.

그러기에 자기 자신이 이런 내용에 대해 모르고 있으면 모르고 있는 것에 대해 알아보려고 해야 된다. 그렇지 않고 세상공부를 많이 해서 박사가 되고, 천하를 호령하는 자리에 올라가 세상 온갖 부귀영화를 다 누린다 해도 바보 같은 삶이요, 짐승 같은 삶일 뿐이다. 하나님께서 인간이 아무리 존귀한 자리에 올라가도 예수가 그리스도라는 것을 깨닫지 못하면 멸망하는 짐승과 같은 존재라고 하셨다.

"사람은 존귀하나 장구하지 못함이여, 멸망하는 짐승 같도다"(시 49:20).

"그러나 이 사람들은 본래 잡혀 죽기 위하여 난 이성 없는 짐승 같아서 그 알지 못하는 것을 비방하고 그들의 멸망 가운데서 멸망을 당하며"(벧후2:12).

그러기에 예수가 그리스도라는 것을 깨닫는 것이 너무나도 중요한 것이다. 이걸 깨닫지 못하면 짐승같이 살다가 지옥으로 간다.

3 하나님을 기쁘시게 하는 법

하나님을 최고로 기쁘게 해드리는 방법, 그리고 천국으로 가는 방법이 있다. 베드로처럼 예수가 그리스도라는 것을 고백하면 된다. 예수가 그리스도라는 고백을 한 베드로에게 하나님이신 예수께서 얼마나 기뻐하셨는지 그 말을 듣자마자 이렇게 말씀하셨다.

"이르시되 너희는 나를 누구라 하느냐? 시몬 베드로가 대답하여 이르되 주는 그리스도시요, 살아 계신 하나님의 아들이시니이다. 예수께서 대답하여 이르시되 바요나 시몬아 네가 복이 있도다. 이를 네게 알게 한 이는 혈육이 아니요, 하늘에 계신 내 아버지시니라. 또 내가 네게 이르노니 너는 베드로라. 내가 이 반석 위에 내 교회를 세우리니 음부의 권세가 이기지 못하리라. 내가 천국 열쇠를 네게 주리니 네가 땅에서 무엇이든지 매면 하늘에서도 매일 것이요, 네가 땅에서 무엇이든지 풀면 하늘에서도 풀리리라 하시고"(마16:15-19).

그러나 예수가 그리스도라는 것을 몰랐던 가룟 유다에게는 차라리 태어나지 말았으면 좋았을 것이라고 하셨으니(마26:24) 얼마나 대조적이며, 얼마나 끔찍한 말씀인가. 세상에 똑똑한 박사들이나 위인들 중에 예수가 그리스도라는 것을 깨닫지 못한 사람들은 모두 다 가룟 유다와 같은 존재들이다.

"인자는 자기에 대하여 기록된 대로 가거니와 인자를 파는 그 사람에게는 화가 있으리로다, 그 사람은 차라리 태어나지 아니하였더라면 제게 좋을 뻔하였느니라"(마26:24).

그들이 태어나지 않았더라면 그들 나름대로의 사상을 내뱉지 않았을 것이고, 그렇다면 후대의 사람들이 그런 사상을 따라가지 않았을 것이며, 그런 사상으로 인해 갈등과 전쟁도 치르지 않았을 텐데 그들이 내뱉은 사상 때문에 얼마나 많은 사람들이 싸우고, 또한 피를 흘리며 죽어갔는가. 지금도 마찬가지다. 그런 일들은 예수님께서 다시 오시는 그날까지 계속 될 것이다.

세상에서는 그런 사상을 내뱉은 사람들이 성인으로, 위인으로 존경을 받았지만 하나님 앞에서 더 큰 죄를 짓고 간 것이다. 그런데도 사람들이 그런 인물들을 신앙의 대상에 올려놓고 그 앞에서 종교행위를 하고 있으니 어찌 저주를 당하지 않겠는가. 어쩌면 그런 사람들은 다른 사람들에 비해 마음이 여리고 착할지도 모른다.

세상을 살다보니까 이런저런 더러운 꼴을 보게 되고, 또한 이런저런 사람들과 환경 속에서 상처받은 것으로 인해 어디엔가 기대고 싶은, 위로받고 싶은 마음에 그런 종교행위를 하고 있는 사람들도 있기 때문에 하는 말이다.

나도 한 때는 그런 종교행위를 했던 사람이다.

나도 예수가 그리스도라는 것을 깨닫지 못했더라면 어느 절에 승려가 되어 있었을 것이다.

그랬다면 지금 이런 영적인 내용을 모르고 부처 앞에 머리를 조아리며 또한 그의 말을 다른 사람들에게 전하고 있었을 것이다. 그게 사람을 살리는 말이 아니라 사람을 죽이는 말인지도 모른 채...마찬가지로 종교지도자들이나 교인들 중에 율법대로 살지 않으면, 즉 율법의 행함이 없으면 구원받지 못한다는 말도 안 되는 소리를 하는 사람들이 있는데 그것은 하나님께 도전하는 행위이며, 하나님을 거짓말쟁이로 만드는 것이다.

하나님이 거짓말쟁이일까? 사람이 거짓말쟁이일까? 둘 중에 하나는 거짓말을 하고 있는 것이다. 하나님은 거짓말을 못하신다(민 23:19). 그렇다면 사람이 거짓말쟁이다(롬3:4). 그들은 마귀에게 속한 거짓 선지자, 거짓 종교지도자들이다.

> "하나님은 사람이 아니시니 거짓말을 하지 않으시고 인생이 아니시니 후회가 없으시도다. 어찌 그 말씀하신 바를 행하지 않으시며 하신 말씀을 실행하지 않으시랴"(민23:19).

> "그럴 수 없느니라. 사람은 다 거짓되되 오직 하나님은 참되시다 할지어다. 기록된 바 주께서 주의 말씀에 의롭다 함을 얻으시고 판단 받으실 때에 이기려 하심이라 함과 같으니라"(롬3:4).

그러니까 진화론을 부르짖는 사람도 거짓말쟁이요, 그리스도 이외의 것들로도 구원받을 수 있다는 말을 하는 자들도 다 거짓말쟁이다. 영적으로 들여다보면 그런 사람들은 거짓의 아비인 마귀에게(요8:44) 속한 사람들이기 때문에 그런 말을 하고 있는 것이다.

처음, 즉 선악과 사건 때도 마귀는 뱀을 이용해 인간을 무너뜨렸듯이 지금은 자기에게 속한 사람들을 이용해 사람들을 무너뜨리고 있다는 것을 알아야 한다. 마귀는 처음이나 지금이나 인간들이 하나님을 모르도록, 예수가 그리스도라는 것을 모르도록 온갖 방법, 온갖 이론을 다 동원하여 속이고 있다는 것을 알아야 한다.

그러니까 교회나 세상에 떠도는 말들이 다 좋은 교회, 다 하나님의 말씀이 아니라는 것을 알아야 한다. 사람들이 십자가만 걸려 있으면 다 같은 교회인줄 아는데 그렇지 않다. 마귀도 자기에게 속한 사람을 종교 지도자로 세우고, 교회도 세워서 헷갈리게 하고 있다는 것을 알아야 한다. 그런 인간들에 의해 주어지는 하나님의 말씀이나 세상 말들은 불량식품이라고 생각하면 된다.

우리가 가끔 뉴스를 통해 초등학교 앞에서 불량식품을 판매한다는 말을 듣게 된다. 불량식품은 맛과 색깔도 좋다. 그것을 먹으면 몸에 해롭다는 것을 모르는 아이들이 불량식품의 맛과 색깔만 보고 계속 사서 먹는다. 집에서 부모가 만들어주는 건강식품은 잘 안먹으면서 먹지 말라는, 몸에 해롭다는 불량식품은 자기 돈을 주고 사서 먹기까지 한다.

지금 이 세상은 식중독에 걸려 정신을 못 차리는 영혼(사람)들로 넘쳐나고 있다. 뭘 먹어야 식중독에서 해방되는지도 모르고 우왕좌왕하는 사이에 사람들이 죽어가고 있다.

"생명에 이르게 할 그 계명이 내게 대하여 도리어 사망에 이르게하는 것이 되었도다"(롬7:10).

마귀는 세상에 살고 있는 사람들에게는 잘못된 종교와 사상을 따라가게 하고 교회에 들어온 사람들은 율법을 따라가야 영생을 얻게 된다고 한다. 그런 것들이 전부 사람을 사망으로 이끄는 사망줄인데 사람들이 그런 줄을 잡고 따라 간다(롬7:10).

예전에 학생 수련장에서 봤던 프로그램이다. 수련장의 지도교사가 학생들을 10명씩 조를 편성한 후 눈을 보자기로 싸매더니 훈련장으로 인도해 갔다.

학생들은 어디로 가는지도 모른 채 교사가 인도 하는 대로 따라

가서 한 조씩 밧줄 앞에 쪼그려 앉았다. 잠시 후 조원들에게 앞 사람의 허리춤을 잡게 하고 조장의 손에는 밧줄을 잡혀주면서 이 밧줄을 잡고 끝까지 가야 된다고 했다. 진행하다가 밧줄을 놓치거나 다른 줄을 잡고 나오면 벌을 받게 된다고 했다.

그곳에는 여러 그루의 나무가 있었는데 나무마다 줄을 서너 가닥씩 더 매어 놨었다. 학생들이 그것도 모르고 지도교사가 손에 잡혀준 줄을 잡고 서서히 진행하기 시작했다. 어떤 조는 처음 붙잡은 줄을 끝까지 잡고 골인 지점에 도착하기도 했지만, 어떤 조는 가다가 줄을 놓치기도 하고, 중간에서 다른 줄을 주워 잡고 엉뚱한 길로 가는 조도 있었다.

학생들의 눈이 감겨져 있으니까 뭐가 뭔지 모르기 때문에 자기네들끼리 소란을 피우다가 끝까지 가보지도 못한 채 탈락 되기도 했다. 탈락된 학생들에게는 물세례의 벌이 주어졌다. 옆에서 보고 있던 우리들은 학생들의 그런 모습이 어찌나 우습던지 한참을 웃고 있는데 문득 '아하! 그렇구나! 우리도 저렇게 처음에 제대로 잡은 예수님이란 밧줄을 끝까지 붙잡고 가야 되는구나!' 라는 생각이 들었다.

학생들도 저렇게 밧줄을 붙잡고 가다가 줄을 놓치거나, 다른 줄을 붙잡으면 헤매게 되고, 결국은 물세례의 벌을 받게 되듯이 우리도 '예수'라는 생명줄을 끝까지 붙잡고 살아야 이 세상에 머무는 동안도 헤매지 않게 되고 또한 장차 천국으로 들어가게 되는구나라는 생각이 들었다는 말이다.

즉, 학생들의 손에 쥐어진 눈에 보이는 밧줄은 눈에 보이지 않는 예수의 그림자라는 사실을!

예수님이 우리의 진짜 생명줄이라는 것을!

예수님께서 우리를 천국까지 인도하시는 밧줄, 생명줄이기 때문에 예수를 그리스도라고 한다는 것을!

그러기에 이 세상을 사는 동안 예수가 그리스도라는 것을 믿으라는 말씀에 늘 순종해야 된다는 것을 영혼의 피부로 다시 한 번 느끼는 시간이었다.

> 이 세상에 생명줄은 '예수'밖에 없다. 나머지 것들은 아무리 그럴듯하고 좋게 보여도 '사망줄'이라는 것을 알아야 한다.

이 세상에 생명줄은 '예수'밖에 없다. 나머지 것들은 아무리 그럴듯하고 좋게 보여도 '사망줄'이라는 것을 알아야 한다. 예수가 그리스도라는 믿음을 가졌다면 천국 가는 줄을 붙잡은 것이다. 그 믿음의 줄을 꼭 붙잡고 인생길을 달려가야 한다. 삶 속에서 이 줄만큼은 절대로 놓쳐서는 안 된다. 이 줄을 끝까지 붙잡고 가야 삶의 현장에서도 헤매지 않는다. 넘어지지 않는다. 문제들 앞에서 염려하거나, 속상해하거나, 낙심하거나, 좌절하지 않게 된다.

예수가 그리스도라는 것만 믿으면 영생을 얻게 된다는 이 언약의 생명줄을 발견하지 못한 사람들이 하는 행위가 세상의 일반적인 종교행위다. 그런 믿음을 가지고 사는 자들에게 지금도 하나님께서는 복음의 줄을 붙잡으라고 하시는데 사람들은 뿌리치고 고생길이 훤히 보이는 잘못된 줄을 잡는다.

그러기에 반드시 복음의 줄을 잡아야 한다. 이것을 내가 먼저 잡아야 살게 되고, 복을 받게 된다. 그리고 내가 전하면 이웃도 살게 되고, 이웃도 복을 받게 된다. 그러기에 율법을 비롯한 세상사상이나 세상 것들을 붙잡지 말고 복음의 줄을 잡아야 자기를 용서할 수 있고, 상대방을 용서할 수 있게 된다. 율법의 정신인 사랑도 실천하게 된다. 하나님의 사랑인 십자가 사건을 알기 때문이다.

> "나더러 주여 주여 하는 자마다 다 천국에 들어갈 것이 아니요, 다만 하늘에 계신 내 아버지의 뜻대로 행하는 자라야 들어가리라. 그 날에 많은 사람이 나더러 이르되 주여! 주여! 우리가 주의 이름으로 선지자 노릇 하며, 주의 이름으로 귀신을 쫓아 내며, 주의 이름으로 많은 권능을 행하지 아니하였나이까 하리니 그 때에 내가 그들에게 밝히 말하되 내가 너희를 도무지 알지 못하니 불법을 행하는 자들아 내게서 떠나가라 하리라"(마7:21-23).

이런 사람들은 세상을 사는 동안 율법뿐만 아니라 도덕이나 수양이나 선행이나 고행을 수반한 각종 종교행위를 해야만 천국에 갈수 있다고 생각한다. 그것들을 생명줄로 믿는 것도 믿음이기 때문에 그 믿음을 가지고 가면 그 믿음대로 죽어 지옥에 간다(롬 7:10).

그런 믿음을 가지고 사는 자들에게 지금도 하나님께서는 그런 줄을 잡고가면 인생을 사는 동안도 고생이요, 죽어서도 고생이니까 그 줄을 내려놓고 복음의 줄을 붙잡으라고 하시는데 이 복음의 줄을 잡지 않아서야 되겠는가. 이 복음(福音)의 줄을 잡아야 저주에서 해방되고, 복음(福音)이라는 말(音) 그대로 복(福)을 받게 된다.

그러기에 어쩌든지 복음의 줄을 잡아야 한다. 이것을 내가 먼저 잡아야 내가 살게 되고, 내가 복을 받게 되고... 그리고 내가 전하면 이웃도 살게 되고, 이웃도 복을 받게 된다. 그러지 않으면 자기 자신을, 그리고 서로가 서로를 판단하며, 정죄하며 네가 맞니, 내가 맞니 하면서 서로가 목에 핏대를 세우고 싸우게 된다. 그러다가 속이 더 상하게 되면 죽이기까지 하게 된다.

그러기에 율법을 비롯한 세상사상이나 세상 것들을 붙잡지 말고 복음의 줄을 잡아야 자기를 용서할 수 있고, 상대방을 용서할 수 있게 된다. 율법의 정신인 사랑도 실천하게 된다. 하나님의 사랑(십자가 사건)을 알기 때문이다. 이 세상에서 주어진 자기 시간, 자기 물질, 자기 몸을 사람 살리는 일에 쓰게 되기에 하는 말이다.

복음은 용서요, 사랑이요, 생명이다.

그러나 율법은 정죄요, 미움이요, 사망이다.

인간들이 복음을 붙잡지 않고 율법을 비롯한 세상 것들을 붙잡고 달리기에 서로가 힘들고 피곤한 것이다. 그렇기에 세상은 사랑이 없어 죽어가고 있는 것이다. 사랑이 없기에 사랑에 굶주려서 온갖 짓을 다 한다. 사랑 받기 위해서 말이다. 그렇기에 복음이 중요한 것이다.

이미 인간은 선악과 사건에 빠져 영적질환을 앓고 있고, 또한 죽어가고 있다. 그런 인간들에게 확실한 처방전인 예수가 있는데 무엇을 망설인단 말인가. 그런데도 그런 하나님아버지의 사랑을 헤아리지 못한다면 그건 진짜 불효막심한 짓이다. 지금 세상에 많은 사람들이 그렇게 불효막심한 죄를 짓고 있으면서도 그런 줄도 모르고 계속 죄를 짓고 있고, 고생의 길, 죽는 길을 가고 있다.

나에게도 승려가 된 동생이 있다. 안 해도 될 고생을 하고 있는 동생을 보면 너무나 안타깝다. 몸이 망가지는데도 계속 고생을 하고 있다. 그 길은 사는 길이 아니라 죽는 길, 지옥으로 가는 길이라고 몇 번이나 말을 했지만 아직까지 돌아오지 않고 있다. 그래서 승려들을 보면 동생 생각이 나고, 또한 그들이 고생하는 것이 안쓰럽다. 정말 안타깝다.

그렇게 고생하지 않아도 되는 길, 아주 쉬운 길이 있기 때문에 하는 말이다. 하나님아버지의 심정을 한번이라도 생각해보기 바란다. 자식을 사랑하는 육신의 아버지도 자기 자식이 고생하는 것을, 사망의 길로 가고 있는 것을 가만히 보고만 있지 않는 것처럼 하나님아버지께서는 그보다도 더한 심정으로, 즉 독생자 예수까지 십자가에 내어 놓으신 분이다. 그런데도 그런 하나님아버지의 사랑을 헤아리지 못한다면 그건 진짜 불효막심한 것이다. 지금 세상에 많은 사람들이 그렇게 불효막심한 죄를 짓고 있으면서도 그런 줄도 모르고 계속 죄를 짓고 있고, 고행의 길, 죽는 길을 가고 있다. 불교에서 고행을 해야 한다고 하는데 그렇다면 고행 중에 최고의 고행을 하신 분이 누구라고 생각되는가? 공자인가? 석가인가? 예수인가? 고행을 해도 예수님처럼 고행을 하신 분은 없다. 한번 생각해보라.

예수님께서 십자가 사건을 당하시기 전까지의 고난이 얼마였으며, 골고다 언덕에서 십자가에 못 박힌 그 고난, 그 고통은...우리가 감히 상상할 수 없는 고행 중의 고행의 길을 그분은 묵묵히 걸어가셨다. 그 분은 피조물이 아니라 창조주였다. 창조주가 피조물한테 그런 수모와 고통을 당하는 것 자체가 고행 중의 고행이다.

다시 한 번 생각해보라. 그대가 만든 물건이 그대를 향해 욕하고, 때리고, 십자가에 매달면 그대의 심정이 어떠하겠는가? 그대는 그러는 물건을 가만히 놔두겠는가? 가만히 있을 수 없는 것이다. 곧바로 밟아버렸을 것이다. 집어 던져 박살을 내버렸을 것이다. 그러나 그 분은 가만히 견디고 계셨다.

그런 수모와 고통을 견디지 않으면 그 분이 자기 형상대로 만든 우리를 죄에서 구원할 수 없었기에...우리를 죄에서 자유롭게 해줄 수 없었기에...선악과 사건에 빠져 죽을 수밖에 없는 우리를 구원하시기 위해 그 분은 그런 고행의 길을 묵묵히 걸어가셨던 것이다. 그러기에 고행을 해도 예수님처럼 고행을 하신 분은 이 세상에 없다는 것을 알아야 한다.

우리를 대신한 예수님의 십자가의 길을 통해 우리는 너무나 쉽게, 그런 고행을 하지 않아도 천국으로 가게 되었다. 죄에서 자유케 되었고 하나님도 다시 만나게 되었다. 만약에 예수님의 고난이 없었더라면 우리가 선악과 사건에 빠지므로 인해 죄 문제와 평생을 싸우며 살아야 한다. 그 죄와 싸워서 이길 수 없기 때문에 사는 동안 죄를 반복해서 지을 수밖에 없는 것이며, 이 죄 문제 때문에 천국에 가지 못하고 지옥으로 가는 것이다.

그러기에 우리가 이 죄 문제를 해결해야 한다. 그러나 앞에서도 말했듯이 우리가 죄와 싸워서 이길 수 없다. 이 말은 우리가 죄 문제를 해결할 수가 없다는 말이다. 그러나 하나님을 만나 이 문제를 해결하게 된다면 인생의 모든 문제에서 자유한 '참 자유인, 참

평안인'이 되고, 하나님의 모든 것을 소유한 '참 부자, 천국백성'
으로 살게 된다. 어디서나 하늘나라(임마누엘동산)를 누리게 된다.

이런 엄청난 복을 누리고 사는 방법이 이렇게 쉽고 간단하다. 그
리고 오직 하나밖에 없다. '오직 예수가 그리스도라는 것을 믿
으라는 말씀에 순종'하는 방법밖에 없다.

임마누엘의 삶이기에, 즉 하나님을 다시 만나 하나님과 함께 하
므로 그 어디서나 하늘나라를 누리는 삶이기에...그러므로 더 이상
문제 될 것도 없고, 더 이상 부족함도 없는 삶이기에 어떻게 보면
불교에서 말하는 해탈이라는 것과 비슷한 것이 아닌가라는 생각을
하는 사람들도 있겠지만 그런 해탈과는 전혀 다른 것이니까 그런
생각은 버리고 오직 예수가 그리스도라는 것을 믿으라는 말씀에
순종하기 바란다.

그리하면 인생의 모든 문제에서 자유한 '참 자유인, 참 평안인'
이 되고, 하나님을 다시 만나 하나님의 모든 것을 소유한 '참 부자,
천국백성'으로 살게 된다. 그 어디서나 하늘나라를 누리게 된다.
이런 엄청난 복을 누리고 사는 방법이 이렇게 쉽고 간단하다.

그러나 불교를 비롯한 세상의 많은 종교는 자기 자신의 힘(고
행)으로 죄와, 그 죄로 인한 업보, 즉 죽음문제를 비롯한 인생의 모
든 문제에서 벗어나야 된다고 가르친다. 하지만 그런 고행, 그런
종교행위로는 절대로 벗어날 수 없다. 만약에 인간의 방법, 인간의
힘으로 벗어날 수 있다면 그리스도가 오실 필요가 없는 것이다. 그
리고 오셔서 그런 고난을 당하실 필요가 없는 것이다.

그리스도교는 이미 그리스도의 고난을 통해 다 이루어 놓은 것

을 믿고 받아들이기만 하면 그렇게 엄청난 복을 누리게 된다는 가르침이다. 하나님께서 다 해결해주신 것을 내가 받아들이기만 하면 된다. 어머니께서 맛있는 팥죽을 끓여서 밥상에 차려 놓으신 것을 내가 먹으면 그 팥죽이 내 것이 되는 것처럼, 하나님께서 우리들에게 팥죽을 끓여서 밥상에 차려주셨다.

그것이 십자가 사건이다.

그러기에 하나님께서 십자가 사건을 통해 차려주신 성만찬(예수님의 살과 피)을 먹기만 하면 된다. 즉, 예수가 그리스도라는 것을 믿고 영접하면 내 것이 된다. 그러나 이것을 먹고 마시지 않으면 예수님의 것이 내 것이 되지 못한다. 이것을 먹고 마시지 않으면 예수님과 함께 죽고, 예수님과 함께 다시 살고, 예수님과 함께하는 복된 삶, 그리고 예수님의 제자 된 신분과 권세를 누리지 못한다.

마치 여자가 남자를 아무리 사랑한다 해도 여자가 남자의 손만 잡고 다니면 한 몸이 될 수도 없고, 또한 남자의 것을 누리지도 못하고, 새 생명이 잉태되지 못하는 것처럼 예수님의 손만 잡고 다녀서는 안 된다는 말이다. 예수님이 누구신지 제대로 알고, 제대로 믿고, 제대로 영접해야 그 분과 한 몸 되어 그분과 함께 그 분의 모든 것을 누리게 된다.

> 그리스도이신 예수와 함께 하므로 문제될 것도 없고, 부족함도 없는 그야말로 인생의 모든 문제에서 자유한 천국을 누리게 된다.

그리스도이신 예수와 함께 하므로 문제될 것도 없고, 부족함도 없는 그야말로 인생의 모든 문제에서 자유한 천국을 누리게 된다. 그 어디서나 하늘나라를 누리게 된다. 이미 그렇게 누리고 있기 때문에 생각이 자유하고, 긍정적이며, 감사하며, 또한 안 된다는 생각에서 된다는 생각을 가지고 살게 되는 것이다.

선악과 사건이 터진 동네에 살고 있으면 절대로 이런 생각을 할 수 없다. 하나님께서 선악과 사건이 터진 동네에 살고 있던 우리를 십자가 사건, 부활 사건, 승천 사건이 터진 동네로 옮겨 주셨기 때문에 이렇게 된 것이다.

세상에서도 한국에 살다가 미국으로 가면 한국 사정과 미국 사정을 동시에 알게 되기 때문에 한국에 있는 사람들에게 미국 사정을 얘기해 줄 수 있는 것처럼 영적으로도 마찬가지다.

선악과 사건이 터진 동네(세상)에서 십자가 사건, 부활 사건, 승천 사건이 터진 동네로, 즉 임마누엘동산으로 오면 선악과 사건이 터진 동네(세상)의 사정과 십자가 사건, 부활 사건, 승천 사건이 터진 동네의 사정을 동시에 알게 되기 때문에 나처럼 이렇게 십자가 사건, 부활사건, 승천 사건이 터진 동네의 얘기를 해주게 되는 것이다.

나도 전에는 선악과 사건이 터진 동네, 즉 세상에 살다가 지금은 십자가 사건, 부활 사건, 승천 사건이 터진 동네로 이사를 와서 보니까, '진즉 알았더라면 얼마나 좋았을까?' 라는 생각이 들었다. 하나님을 다시 만나 하나님의 모든 것을 누리고 살게 되었기에 이런 엄청난 복을 여러분들과 같이 누리고 싶어서 이렇게 얘기해 주는 것인데 사람들이 이런 얘기를 아예 들으려 조차 안한다.

그리고는 자기 동네(세상) 얘기만 자꾸 내세운다. 승려가 된 내

동생도 마찬가지다. 이런 엄청난 복을 누릴 수 있는 방법이 있는데...그런 고행, 그런 종교문제를 비롯한 인생의 모든 문제의 답이 '예수'인데...예수가 '답'이라는 것을 모르기 때문에 답을 얻지 못한 사람들은 도덕이나 교리나 율법을 따지며 이래야 된다, 저래야 된다며 각종 고행과 각종 종교행위를 할 수밖에 없는 것이다.

그러나 그런 방법으로는 절대로 문제를 해결하지 못한다. 그런 방법으로 애쓰다가 죽어 지옥문제까지 만날 수밖에 없는 우리를 구원해 주신 분이 '예수'라는 것을...구원해 주신 증거가 십자가 사건(피)이라는 것을...그러기에 그분이 지옥 문제를 비롯한 인생의 모든 문제의 답 그 자체라는 것을 믿으라는 말씀에 순종하면 임마누엘동산으로 들어오게 된다는 것을 제발 알게 되기를 바란다.

죄 문제를 비롯한 인생의 모든 문제에서 자유하지 못하면, 즉 선악과 사건이 터진 동네(세상)에서 해방되지 못하면 감사하기보다는 원망, 불평, 신경질, 짜증나는 지옥 같은 삶을 산다. 불안한 마음에 늘 염려, 근심, 걱정 속에 산다. 말을 해도 긍정적인 말보다는 부정적인 말을 많이 한다. 걸핏하면 죽겠다는 소리를 잘 한다.

나의 선친은 암으로 돌아가셨다. 아버지는 위생관념이 투철하셔서 항상 청결하게 사셨다. 그런데 주변 사람들이 암으로 죽어가는 것을 보고, 텔레비전을 통해 의사들이 하는 얘기를 들으면서 '혹시 암에 걸려 죽지 않을까?...'라고 늘 염려하며 사셨다. 그러더니 진짜 염려한 그대로 암에 걸려 돌아가셨다. 염려하면 염려했던 그것이 어느 날 자기에게 임한다는 하나님의 말씀처럼 내 아버지에게도 그렇게 임했던 것이다(욥3:25).

텔레비전을 보고 있으면 맘 놓고 먹을 수 있는 것이 없을 정도다. 의사들의 이렇게 해라, 저렇게 해라, 그렇게 하지 않으면 무슨 병에 걸리게 되고, 이렇게 하지 않으면 무슨 병에 걸리게 되고...등등의 얘기를 듣고 있노라면 불안해서 살 수가 없을 정도다. 그런 말이 잘못됐다는 것이 아니라 그런 말을 듣고 염려하는 사람들이 많기에 하는 말이다. 그렇게 복잡하고 불안한 세상을 살아가기 때문에 가만히 있어도 스트레스를 받을 수밖에 없다.

그런 말을 들으면 듣는 순간 마음이 어두워지고 몸이 어두워진다. 몸 안에서 안 좋은 물질이 분비되어 몸을 더 상하게 한다. 유전자에 불이 꺼져 병에 걸릴 수밖에 없다. 이런 얘기를 듣고 염려하는 것은 안 좋은 것이니까 이제부터는 염려하지 말아야지라고 작정을 해도 어느새 염려하게 된다. 그렇게 염려하지 말아야지라고 마음을 먹는다고 해서, 작정을 한다고 해서 되는 것이 아니다. 예수가 그리스도라는 것을 믿으라는 말씀에 순종하면 된다. 순종하면 하나님께서 '긍정적인 세상'으로 우리를 옮겨주시기에 부정적인 생각은 자동으로 사라지고 긍정적이게 된다. 그렇게 되는 것이 하나님의 역사다. 그러기에 예수가 그리스도라는 것을 믿으라는 말씀에 순종하는 것이 그렇게 중요한 것이다.

좀 더 구체적으로 얘기해 보겠다. 선악과 사건이 터진 동네(세상)에 태어난 인간(죄인)들은 이미 죽음문제를 비롯한 인생의 모든 문제 속에 빠져 있기에 자동으로 염려하고, 자동으로 걱정하게 된다. 그러니까 어떤 문제를 만나게 됐을 때 걱정을 '먼저' 하고, 속상하기를 '먼저' 하고, 성질내기를 '먼저' 하고, 원망, 불평, 신경질,

짜증내기를 '먼저' 한다는 말이다.

　그런 것이 '먼저'여서는 안 되는데...그리하면 자기 자신만 더 상하게 되고 지치고 병들게 된다. 그러기에 그럴 수밖에 없는 우리를 건져내(구원해) 주신 분이 '예수'라는 것을...구원해 주신 증거까지 있기에 그분이 구세주(메시아=그리스도)라는 것을...즉, 예수가 그리스도라는 것을 믿으라는 말씀에 '먼저' 순종해야 하는 것이다. 그러니까 어떤 문제를 만났을 때 성질내거나 걱정하는 것을 '먼저' 하지 말로 그 문제의 답이 예수라는 것을 믿으라는 말씀에 순종하는 것이 '먼저'여야 된다는 말이다(마6:33/요6:29).

　이 말을 가볍게 여기지 말고 꼭 그렇게 하기 바란다. 그리하면 반드시 하나님의 놀라운 역사를 체험하게 된다. 내 육신의 아버지 얘기를 좀 더 하겠다. 내 아버지는 정신력이 상당히 강하신 분인데도 방송을 통해 그런 불안한 얘기들을 반복해서 들으므로 인해 그런 말을 너무나 강하게 믿고 사셨다. 인간은 자기가 믿는 것에 지배당하게 마련이기에 우리 아버지도 그런 말들에 지배를 받으셨던 것이다.

　그런 말들이 아버지의 주인이었고, 아버지는 그런 말들의 종이 된 것이다. 그러니까 아버지라는 자기 자신은 온데간데없고 그 말들이 아버지의 주인이 되었던 것이다. 자기 자신을 그런 말들에게 내어주고 빈껍데기로 살다가 그렇게 가셨다. 그러니까 염려하지 말아야지 해서 염려가 안 되는 것이 아니라 예수가 그리스도라는 것을 믿으라는 말씀에 순종해야 염려는 자동으로 하지 않게 되는 것이다.

염려는 인간들에게 있어서 치명적인 것이다.

그러기에 암보다도 더 치명적인 것이 염려다. 사람들이 암은 엄청나게 무서운 병이라는 것은 알면서 그 암을 유발하는 염려는 무서운 것인지 모른다. 늘 염려하며 또한 염려하는 말을 하고 산다. 그러다보면 그 말대로의 일을 당하게 된다.

"미련한 자의 입술은 다툼을 일으키고 그의 입은 매를 자청하느니라. 미련한 자의 입은 그의 멸망이 되고 그의 입술은 그의 영혼의 그물이 되느니라"(잠18:6-7).

"사람은 입에서 나오는 열매로 말미암아 배부르게 되나니 곧 그의 입술에서 나는 것으로 말미암아 만족하게 되느니라. 죽고 사는 것이 혀의 힘에 달렸나니 혀를 쓰기 좋아하는 자는 혀의 열매를 먹으리라" (잠18:20-21).

이러다가 병에 걸리지나 않을까라는 염려가 작동되는 순간 스트레스를 받고 있는 상태이며, 벌써 그런 병을 불러들이고, 만드는 순간이라는 것을 알아야 한다. 이미 스트레스는 만병의 근원이라는 말이 생겨났지 않은가. 인간은 어떤 말이나 어떤 사건으로 인해 염려하게 되는데 이렇게 염려가 반복해서 작동되면 인체가 많은 스트레스를 받게 된다.

그러기에 염려는 인간을 상하게 하는 보이지 않는 암덩어리라고 생각하면 된다. 이렇게 보이지 않는 암덩어리(생각 속의 암덩어리)가 눈에 보이는 암덩어리(실제 현상)로 나타나기도 하는 것이다. 그러니까 염려는 아주 안 좋은 것이다. "염려(불안한 생각)는 마귀가 인간에게 가져다 준 선물이다." 인간은 선악과 사건이 터진 동네, 즉 세상에 살고 있기 때문에 마귀와 함께 하는 존재이며, 그 마귀에게로부터 늘 선물을 받게 된다. 그것이 염려다.

그러나 그리스도이신 예수를 통해 해방된 그리스도인들은 이미 인생의 모든 문제에서 해방돼버렸다는 믿음을 가지게 되므로 늘 감사와 평안을 누리게 된다. 이것이 하나님의 능력이요, 은혜다. 그런데 사람들이 이 믿음을 아무것도 아닌 것처럼 생각한다. 아무리 교회를 오랫동안 다니고, 장로가 되고, 목사가 되고, 신학박사가 되었다 해도 그러는 경우가 있다. 예수가 그리스도라는 것이 믿어지는 믿음이 확실하지 않으면 아무리 신기한 기적을 체험했다 해도 말짱 헛된 것이다.

> 예수가 그리스도라는 것이 믿어지는 믿음이 확실하지 않으면 아무리 신기한 기적을 체험했다 해도 말짱 헛된 것이다.

예수 이름으로 귀신을 쫓아내고, 앉은뱅이를 일으키고, 죽을병에 걸린 자를 치료시켜 주었다 해도 예수가 그리스도라는 것을 안 믿는다면 지옥행이다. 구원을 받지 못한 것이다. 그러기에 예수가 그리스도라는 것을 알게 됐다는 것과 믿어지는 '믿음'을 갖게 되었다는 것이 최고의 기적이며, 이것이 하나님의 능력이요, 은혜인 것이다. 최고의 선물을 받은 것이다. 이렇게 되어진 것이 우리의 능력이 아니다.

우리는 예수가 그리스도라는 것을 제대로 알 수도 없고, 그것을 믿을 수도 없는 자들이다. 그런데 알게 되고, 믿어지는 믿음을 가지게 되어 하나님께서 주신 평안을 누리게 되었으니 이것만큼 큰 기적이 어디 있겠으며, 이것만큼 큰 복이 어디 있겠는가. 이 평안, 이 행복은 세상이 주는 것과는 비교할 수 없는 평안이요, 참 행복이다(요14:27). 그래서 '참 평안'이고 '참 행복'이다. 참으로 엄청난 선물을 받은 것이다. 그 은혜에 그저 감사할 수밖에 없는 것이다.

그러니까 예수가 그리스도라는 것을 믿으라는 하나님의 말씀(복음)에 순종하는 것이 제사보다 낫고, 자기 자신을 하나님께 제물로 드리는 것보다 낫고(삼상15:22), 인간의 그 어떤 방법, 그 어떤 행위보다 나은 것이다. 복음에 순종하는 것만큼 아름다운 행위는 없다. 하나님께서 그렇게 여겨 주신다.

그런데도 사람들이 예수가 그리스도라는 것을 제대로 알지도 못하고, 알아도 믿으라는 말씀에 순종하지도 않고 마치 이스라엘 백성들이 자기 생각대로 산 것처럼 그렇게 살고 있다(삿21:25). 그러기에 염려, 근심, 걱정하게 되고, 그로 인해 안 해도 될 고생까지 하게 되는 것이다.

이스라엘 백성들이 애굽에서 430년 동안 노예생활을 했었다. 그들이 그렇게 오랫동안 노예생활을 했던터라 노예근성이 몸에 배어 있었기에 애굽에서 해방되고 난 후에도 문제만 만나면 염려하고 원망, 불평을 했다. 하나님께서 그렇게 많은 기적을 보여주기까지 하여 하나님이 누구신지를 보여주셨는데 말이다.

즉, 하나님은 그들에게 여러 가지의 엄청난 기적들을 보여 주기까지 하여 '전능의 하나님, 구원의 하나님'이라는 사실을 믿을 수밖에 없게 했건만 그들은 애굽에서의 노예근성을 버리지 못하고 문제만 발생하면 염려하고 원망, 불평, 신경질, 짜증을 냈다. 그로 인해 안 해도 될 고생을 엄청나게 했던 것이다.

그들의 생각(말)이 부정적인 생각(말)이었다. 하나님이 어떤 하나님인지를 잊어버린 말(생각)이었다. 하나님을 믿지 못한 말(생각)이었다. 불신 상태였다. 안 된다는 생각에 지배당한 상태였다. 불안한 생각(염려)이었다. 그런 생각, 그런 말을 하는 것을 하나님께서는 다 보고 계셨고, 다 듣고 계셨다.

그런 생각, 그런 말을 한 그대로 이스라엘백성들이 당했다. 당하되 40일의 하루를 1년씩으로 계산해서 40년 동안 광야생활을 했다(민14:34). 이미 하나님께서는 가나안 땅을 주시기로 작정하셨고, 작정하신대로 이스라엘 백성들을 애굽에서 해방시켜 가나안 땅으로 인도하고 계셨는데 그들은 그런 하나님의 심정(작정, 예정, 계획, 마음, 생각, 약속)도 모르고 어찌하여 우리를 여기서 죽게 하느냐는 부정적인 말(원망, 불평, 신경질, 짜증)을 하고 말았던 것이다.

그러니까 그들은 하나님의 언약을 안 믿었다(불신)는 말이고...안 믿은 결과로 그런 생각(염려)을 했다는 말이고...그런 생각(염려)을 했기에 그런 말(염려스런 말)을 하게 된 것이고...그런 말을 한 그(믿음)대로의 역사를 체험하게 된 것이다. 그들이 그런 부정적인 말을 하기 전에 이미 하나님께서는 그런 부정적인 생각을 하고 있는 것을 보고 계셨고...그런 부정적인 생각을 입으로 말하는 그들을 보고 계셨고...그런 말을 한 그들에게 하나님께서는 "너희 말이 내 귀에 들린 대로 하겠다"고 하셨고...그 결과 그들은 안 해도 될 고생을 40일이 아닌 40년 동안 하게 되었고...결국 애굽에서 해방된 1세대들 중 여호수아와 갈렙과, 그리고 2세들을 제외하고는 모두 다 약속의 땅(가나안)에 들어가지 못하고 광야에서 다 죽고 말았던 것이다.

그렇게 생각이, 말이 중요한 것이다. 그러기에 아무렇게나 말을 해서는 안 된다. 말씀의 본체이신 하나님, 창조주이신 하나님, 전능하신 하나님, 생사화복을 주관하시는 하나님께서 인간들이 내뱉은 그 말을 다 듣고 계신다. 듣고 계시다가 때를 따라 그런 생각, 그런 말을 한대로 역사하신다는 것을 알고 생각을, 말을 잘 해야 된다. 즉, 부정적인 생각(말)보다는 긍정적인 생각(말)을 해야 한다. 그래야 하나님의 복을 누릴 수 있다(잠12:14, 13:2).

그런데 이런 내용을 알고 '이제부터는 긍정적인 생각(말)을 해야지...'라는 마음(생각, 각오, 다짐)을 먹지만 삶의 현장에서는 그렇게 안 되는 자기 자신을 발견하게 된다. 이것이 선악과 사건이 터진 동네(세상)에 빠져 있다는, 살고 있다는 증거다. 그러기에 아무리 그렇게 하지 말아야지라고 마음을 먹어보지만 그대로 안 되고 만다.

그러나 되는 방법이 있다.

선악과 사건이 터진 동네(죄와 마귀와 죽음 문제를 비롯한 이런 저런 문제들이 파도처럼 밀려오는 세상, 그러기에 염려하며 부정적인 생각과 말을 하며 그 말대로의 열매를 따먹으며 고생할 수밖에 없는 세상)에서 해방되면 된다. 그러나 인간의 힘으로는, 그 어떤 방법으로도 벗어날 수 없다. 이 세상의 주인인 마귀는 오히려 우리가 벗어나려고 하면 할수록 더 옭아맨다.

그는 도덕이나, 율법이나, 수양이나, 고행이나, 선행이나, 각종 종교행위를 통해서 된다고 속삭인다. 공자사상이나 석가사상을 따라가면 세상에서도 존경받고 위대한 인물이 된다고 속삭인다. 그렇게 살면 죽어서도 성인으로 추앙받게 된다고 속삭인다. 그런 것이 선악과처럼 아주 먹음직하고, 보암직하고, 지혜롭게 할 만큼 탐스럽기까지 하기 때문에 인간들이 속을 수밖에 없다. 마귀는 속이는데 있어서 귀신같은 존재다. 귀신같은 존재가 아니라 귀신 그 자체다. 마귀 자체가 속이는 자, 거짓말쟁이다(요8:44).

그러기에 인간들이 속지 않을 수 없다. 그리고 그에게 속한 자들이기에 거짓말을 밥 먹듯이 하고 산다. 에덴동산에서 선악과를 먹어도 죽지 않는다는 마귀의 거짓말에 속았던 인간들! 지금은 하나님을 다시 만날 수 있는 방법을 주셨는데, 즉 예수가 그리스도라는 것을 믿으라는 말씀에 순종하기만 하면 되는데 마귀는 그렇게 해서 되는 것이 아니라 도덕이나, 율법이나, 수양이나, 고행이나, 선행이나 각종 종교행위를 아주 잘 해야만 된다고 속이고 있다.

쉽게 말해서 말과 뜻과 행실을 깨끗하고 착하게 해야만 된다고 속이고 있다는 말이다. 그런 모든 것들이 아무리 보암직하고 지혜롭게 할 만큼 탐스럽다 할지라도 제2의 선악과라는 것을 알고 오직 예수가 그리스도라는 것만 믿으면 된다는 하나님의 말씀에 순종해야 한다.

이것이 사는 길이다! 이것이 영생을 얻는 길이다! 이것이 무슨 일을 만나든지 만사형통하는 길이다! 이것이 선악과 사건이 터진 동네에서 해방되는 길이다! 이것이 마귀에게서 벗어나는 길이다! 이것이 하나님을 다시 만나는 길이다! 이것이 천국을 비롯한 하나님의 모든 것을 누리게 되는 길이다! 이것이 '구원'이다!

이렇게 우리를 구원하신 분이 '예수'다. 구원해 주신 증거가 있다. 그게 '십자가 사건(피)'이다. 예수께서 십자가 사건을 통해 선악과 사건이 터진 세상에 살고 있던 우리들을 구원해주셨기에 그 분이 우리의 '구세주'다. 그러기에 우리는 예수가 그리스도라는 것만 믿으면 된다. 다른 것은 아무리 보암직해도, 그럴듯해도 쳐다봐서는 안 된다. 쳐다보는 순간 마귀의 거짓말에 속기 쉽다.

마귀는 처음에도 사람을 그렇게 속였고, 지금도 세상 것들을 가지고 속이고 있다는 것을 알아야 한다. 속지 말라고, 이런 내용을 알라고 하나님께서 우리들에게 성경을 주신 것이다. 성경을 통해 이런 엄

> 마귀는 처음에도 사람을 그렇게 속였고, 지금도 세상 것들을 가지고 속이고 있다는 것을 알아야 한다.

청난 말씀을 주셨는데도 사람들이 성경을 우습게 여기고, 아예 한 번도 읽어보지도 않고 텔레비전이나 세상 책들은 밤을 새워가며 보고 읽어댄다.

세상 책이 무슨 책이겠는가?

누구의 말이 담겨 있겠는가? 거기에 하나님의 말씀이 있겠는가? 다 썩어 없어질 배설물(똥)과 같은 말들인데…죽은 자들의 입에서 나온 죽은 말들인데…선악과 사건에 빠져 있는 더러운 죄인의 입에서 나온 말들인데…그런 말들만 머릿속에 가득 채워져 있으니 어찌 이런 귀한 말씀이 들어갈 틈이 있겠는가.

성경말씀을 이렇게 풀어서 설명해주면 잘 듣고 답을 찾으면 좋으련만 이것을 고리타분하게 여기거나, 현실과 관계가 없는 얘기로만 받아들이고 있으니 어찌 세상에서 살아남을 수 있겠으며, 어찌 성공할 수 있겠으며, 어찌 세상(문제)을 이길 수 있겠는가.

성경(책) 속에는 눈에 보이지 않는 영적인 얘기가 들어 있기도 하지만 또한 지극히 현실적이고, 또한 그런 현실적인 문제들에게서 자유할 수 있는, 이기고 나갈 수 있는, 정복할 수 있는 것들이 담겨 있는데 아예 듣지도 않으려고 하니 어찌 이런 내용을 알 수 있겠는가. 그렇게 사는 것은 진정한 삶이 아니다. 어떻게 짐승이 아닌 인간으로 태어나서 인간에 대한, 인생에 대한 설명서인 성경도 한번 읽지 않고 살 수 있단 말인가. 성경은 인간에 대한, 인생에 대한 설명서다.

인간으로 태어난 이상 적어도 선악과 사건과 십자가 사건에 대해서는 알아야 한다. 그런데 그런 설명서도 읽어보지 않고 썩어 없어질 세상 책이나, 죽은 자들의 세상사상이나, 세상 것들에만 눈이 팔려 있으니 어찌 힘든 인생길을 걸어가지 않을 수 있겠는가. 이런 얘기를 해줘도 이런 말에 관심도 없는 사람들이 많다. 설명서도 없이, 있어도 읽어보지도 않고 그동안 배운 세상 지식과 경험만으로 살아간다. 그게 인생인줄 알고...그건 죽는 길이다.

죽는 길로 가다가도 사는 길이 있다고 이렇게 말해주면 사는 길로 들어서야 되지 않겠는가. 하나님께서는 과거에서부터 현재에 이르기까지, 그리고 미래의 영원까지의 것에 대해 자세히 알려주고 계시는데 사람들이 그런 줄도 모르고 세상 것들에만 빠져 살고 있으니 참으로 안타까운 일이다. 지금도 문제를 만나고 있으면서 그리고 문제 때문에 염려하고 속상해하고 있으면서...사는 것 자체가 염려라면 그건 지옥과 같은 삶이다.

돈이 많이 있거나 대궐 같은 집이 있으면 뭐하겠는가? 마음이 늘 염려로 가득차 있는데...마음이 늘 어두운데...그런 삶은 심령을 상하게 하고 뼈를 마르게 한다. 그러기에 그건 사는 것이 아니라 생지옥일 뿐이다(잠15:13, 17:22). 그러기에 인간으로 태어났으면 인간에 대한, 인생에 대한 설명서인 성경은 읽어봐야 한다. 이것은 기본이다. 기본적인 것도 안하고 세상 교과서나 세상 책들만 공부하고 있으니 어찌 되겠는가?

인간은 먼저 선악과 사건에서 빠져 나와야 한다(마6:33). 이 것을 '구원'이라고 한다. 구원받지 못하면 죽도록 마귀의 종노릇을 하다가 마귀와 함께 지옥으로 간다. 그렇게 몰고 가는 놈이 마귀인데 마귀는 눈에 안보이고 그렇게 몰아붙이는 부모나 선생님들, 즉 그렇게 하는 사람들만 눈에 보이니까 사람들이 그렇게 하는 줄 알고 있다.

정치적으로도 마찬가지다.

백성들을 억압하고 죽음으로 몰고 들어가는 정치인들이 있다. 자기 신분과 권세를 빼앗기지 않으려고, 그런 권세를 더 오래도록 누리기 위해 백성들의 목숨을 파리 목숨으로 여기는 자들이 있다. 자기들의 권력을 위해 자기들이 잘못한 것을 시인하지 않고 오히려 그 잘못을 지적해주는 사람들을, 백성들을 잡아 가두고 죽인다. 그들이 그렇게 하는 것 같지만 마귀가 그렇게 하는 것이다.

마귀가 그렇게 사람을 몰고 가는 것이다. 그게 마귀의 주특기다. 인간보다 힘이나 머리가 좋은 마귀가 그렇게 주특기를 사용하고 있는데 어찌 인간이 당하지 않을 수 있겠는가. 선악과 사건에 빠져있는 인간은 마귀의 포로요, 마귀의 종이기 때문에 그 마귀의 주특기에 놀아날 수밖에 없는 것이다.

그러기에 인간은 먼저 선악과 사건이 터진 동네에서 빠져 나와야 한다(마6:33). 이것을 '구원'이라고 한다. 구원받지 못하면 죽도록 마귀의 종노릇을 하다가 마귀와 함께 지옥으로 간다. 그러나 예수가 그리스도라는 것을 믿고 받아들이면 하나님의 종으로, 왕 같은 제사장으로, 하나님의 자녀로서의 엄청난 신분과 권세를 누리게 된다.

내가 이렇게 글(복음편지)을 적어 보내는 것이 왕 같은 제사장임과 동시에 하나님의 종이라는 증거다. 이 세상에서의 나에게 주어진 시간과 물질과 몸을 사람 살리는 일에 던지게 된 것도 하나님의 종이라는 증거다. 또한 미국시민권을 가진 정도가 아니라 그것과 비교할 수도 없는 천국시민권을 가지고 그 어디서나 하늘나라를 누리며(빌3:20), 미국대사와 비교할 수 없는 천국대사로 일하고 있음이 하나님의 종이라는 증거다(고후5:20).

이제는 세상대학 비교학과, 세상대학 우울학과를 졸업하고 천국대학 기쁨학과, 천국대학 감사학과에 다니고 있기에 범사에 감사하며(살전5:18), 항상 찬미의 제사를 드리는 행복한 삶을 살게 돼버린 것이다(사43:21/히13:15). 이렇게 엄청난 복을 누리며 많은 사람을 살리는 멋진 삶을 살게 되었으니 어찌 행복하지 않을 수 있겠는가. 말로 형용할 수 없는 엄청난 복이다. 완전 복된 인생이 돼버렸다. 진짜 행복한 사람이 돼버렸다(신33:29/롬4:6-9).

이렇게 사실적으로, 구체적으로, 현실적으로 행복하게 되는 방법이 성경 속에 있는데 사람들이 성경(책)을 우습게 생각하고 보지도 않는다. 자기와는 아주 거리가 먼 얘기인줄 알고, 현실과는 거리가 먼 얘기인줄 알고, 자기들이 생각하기에는 확실하지도 않는 천국 얘기만 들어 있는 줄 알고 제대로 읽지도, 듣지도 않으려고 한다. 그게 마귀의 손아귀에 잡혀 있다는 증거인데 그런 줄도 모르고...그게 선악과 사건이 터진 동네에 살고 있다는 증거인데 그런 줄도 모르고 말이다.

우리는 선악과 사건이 터진 동네(세상)에 살고 있다가 해방됐기 때문에, 즉 임마누엘동산에 들어왔기 때문에 이런 엄청난 내용을 알고 있지만 아직도 선악과 사건이 터진 동네(세상)에 살고 있는 사람들은 이런 내용도 모르고 그저 먹고, 싸고, 자고, 놀고, 일하고, 집 짓고, 암수 짝지어 섹스하고, 새끼 낳고, 살아가는 방법 교육시키고...그게 행복인줄 알고...짐승들도 그렇게 살고 있는데...그러기에 하나님께서 선악과 사건이 터진 동네에서 해방되지 않으면 짐승과 같다고 하신 것이다(벧후2:12/유1:10).

"그러나 이 사람들은 본래 잡혀 죽기 위하여 난 이성 없는 짐승 같아서 그 알지 못하는 것을 비방하고 그들의 멸망 가운데서 멸망을 당하며"(벧후2:12).

이런 말을 들으면 기분 나빠 할 줄은 알면서 그 기분 나쁜 상태에서 빠져 나올 생각은 안한다. 그렇게 하는 놈의 이름이 마귀다. 마귀는 인간을 자기 수중(手中)에 넣고 이 모양, 저 모양으로 가지고 놀고 있는데...인간들이 장난감을 만들어 가지고 노는 것처럼 마귀도 인간들을 장난감처럼 가지고 놀고 있는데 인간들이 그런 줄도 모르고 그렇게 살고 있다.

그런 불쌍한 인간들을 살리시려고, 구원하시려고 예수께서 오셨는데...거기서 건져내시려고 살을 찢고 피를 흘리셨는데...그게 십자가 사건인데...그런 십자가 사건이 무슨 사건인줄도 모르고 세상일에만 열심을 내고 있다. 마귀는 지금도 '선악과 사건(죄=죽음 문제를 비롯한 인생의 모든 문제의 원인)'과 '십자가 사건(피=죽음 문제를 비롯한 인생의 모든 문제의 답)'을 모르도록 온갖 방해를 하고 있다는 것을 알아야 한다.

> 마귀는 예수가 그리스도라는 이 엄청난 하나님의 비밀을 모르도록 온갖 방법으로 방해하고 있다는 것을 알아야 한다.

마귀는 예수가 그리스도라는 이 엄청난 하나님의 비밀을 모르도록 온갖 방법으로 방해하고 있다는 것을 알아야 한다. 선악과 사건이 터진 동네(세상)에서 해방될 수 있는 방법(길)은 예수가 그리스도(선악과 사건이 터진 동네의 죄인들을 임마누엘동산으로 옮겨주신 구세주=메시아)라는 것을 믿으라는 하나님의 말씀에 순종하는 방법밖에 없는데...그런데도 마귀는, 그리고 그 마귀에게 속한 종교지도자들은 이 방법 외에 다른 방법도 있다고 가르친다.

그렇게 말하는 자들도 선악과 사건에 빠진 사람들이다. 그런 상태에서 종교지도자들이 되었기에 그런 소리를 하는 것이다. 그들은 영적으로 소경이다. 지금 세상에 많은 소경들이 그런 소경들의 말을 듣고 따라가고 있다. 그러기에 둘 다 지옥불구덩이 속으로 들어간다(마15:14). 소경들은 예수가 그리스도라는 것 외에 다른 것도 해야만 된다고 말한다.

하나님께서는 예수가 그리스도라는 것을 믿으면 생명(구원)을 얻게 된다고 성경을 기록한 목적을 분명히 밝혀 두셨는데도(요

20:31) 그 말씀이 어디에 있는지도 모르고, 또한 그 말씀을 봤더라도 그 말씀을 가볍게 여긴다. 지금도 자기에게 어떤 문제가 있다면 그 문제를 문제로 바라볼 것이 아니라 그 문제가 생겨난 근본 원인인 선악과 사건을 바라봐야 하는데 사람들이 영안이 어두워서 그걸 바라보지 못한다.

그러기에 지금 자기에게 주어진 문제만 문제인줄 알고 그 문제를 해결하기에 급급해 하고 속상해 한다.

문제의 근본원인이 선악과 사건인데, 그로 인해 죽음문제를 비롯한 인생의 모든 문제를 만날 수밖에 없게 되었고, 그렇게 만날 수밖에 없는 문제를 시간표에 따라 만나면서 환경 탓, 사람 탓을 하고, 속상해하며, 원망, 불평, 신경질, 짜증나는 지옥 같은 삶을 살 수밖에 없게 된 것인데 말이다.

옛날의 이스라엘 백성들도 그랬고, 오늘날의 영적 이스라엘백성이라고 하는 교인들도 그렇다는 말이다. 앞에서도 말했지만 이스라엘백성들이 가나안 땅 정탐꾼들 중의 여호수아와 갈렙의 말을 들었으면, 즉 하나님께서 이미 주시기로 약속하신 가나안 땅을 믿고 나갔으면 그 믿음대로 가나안 땅에 들어갔을 것이다. 그 약속의 말씀(언약)을 믿지 않고 열 명의 말(불신의 말)을 듣고, 그 말을 믿음으로 인해 마음상태가 곧 불안한 상태(염려)로 물들게 되었고...그렇게 염려로 가득 찬 상태가 되니까 그 증상(원망, 불평, 신경질, 짜증, 환경 탓, 사람 탓)이 나타나게 되었던 것이다.

그들이 모세를 향해 원망불평하며 모세 탓을 하고, 가나안 땅이라는 환경을 생각하며 환경 탓을 하면서 차라리 애굽에서나 광야에서 죽었더라면 좋았을 것이라는 말을 내뱉게 되었고, 그 말을 들으신 하나님께서는 그들의 말대로 광야에서 고생하게 하셨고, 죽게 하셨다. 그러기에 마귀가 주는 불안한 생각(염려)을 해서는 안 된다. 그런 생각을 가지고 살면 어느 때인가는 그렇게 생각했던 것이 자기에게 임한다(욥3:25).

그러기에 하나님을 어떤 하나님으로 바라보고(믿고) 사느냐가 중요하다. 하나님을 무서운 하나님으로 바라보면(믿으면) 무서운 일을 당하게 되고, 하나님을 죄 문제를 비롯한 인생의 모든 문제를 해결하신 구세주로, 사랑의 하나님으로 바라보면 문제가 해결되고, 사랑받게 된다(롬11:22). 그러기에 하나님 앞에 예배를 드리면서, 즉 신앙생활을 하는 중에 행여나 이러다가 하나님께 잘못한 것으로 인해 '내가, 내 가족이, 내 재산이 하루아침에 사라지지나 않을까?'… '구원받지 못한 것은 아닐까?' 라는 불안한 생각(염려)을 가지고 있으면 안 된다.

비록 율법대로 살지 못해도, 수많은 말씀대로 살지 못해도 예수가 그리스도라는 것만 믿으면 된다는 이 한 말씀에만 순종하면 영생을 얻게 되니까 반드시 그 말씀대로 해야 한다. 그래야 그 율법에서도 해방될 수 있다. 선악과 사건과 율법에서 해방되기 때문에 하나님 앞에 죄인이 될 수 없다. 선악과 사건과 율법에서 해방됐기 때문에 율법대로 살지 못했다 할지라도 죄가 성립이 안 되며, 죄가 성립이 안 되기 때문에 죄인이 될 수 없으며, 죄인이 될 수 없기 때문에 징계를 받을 수 없는 것이다. 이렇게 완벽하게 죄에서 해방된 '참 자유인'이 되었다는 것을 믿는 것이 진짜 예수 믿는 것이다.

4 순종의 예배

한번 생각해보라. 죄가 성립이 돼야 죄인이 되는 것이고, 죄인이 돼야 벌을 받게 되는데 하나님을 믿어 구원을 받게 되면 선악과 사건과 율법에서 완전히 해방된 상태인데 어찌 우리가 하나님으로부터 징계를 받을 수 있겠는가. 우리는 벌을 받으려고 애를 써도 받을 수 없는 것이다.

그런데도 교회에 다니는 사람들 중에, 즉 예수 믿는다는 사람들 중에 아직도 율법문제, 죄 문제 때문에 괴로워하고 힘들어하며, '이러다가 하나님께로부터 벌을 받게 되지 않을까?'...'지옥에 가지 않을까?'하며 두려워하는 사람들이 있다. 자기 자신을 책망하며 죄인이라고 여기고 있는 사람들도 있다. 자기 자신을 죄인으로 여기고 괴로워하며 이 죄인을 용서해 주십시오...라고 매일같이 회개의 눈물을 흘리며 기도한다. 그것은 그냥 교회를 다니는 것이지 진짜 예수가 그리스도를 믿는 것이 아니다.

하나님께서는 이미 이천여 년 전에 우리의 모든 죄(선악과 사건이라는 오리지널 죄와 율법대로 살지 못한 모든 죄)를 다 용서(해결)해주셨는데...선악과 사건과 율법에서 우리를 해방시켜 주셨는데...그렇게 해주신 증거가 있는데...그게 십자가 사건(피)이다. 그러기에 우리가 죄에 대해 죽은 자요, 끝난 자요(롬6:7, 11), 율법에 대해 벗어난 자요, 끝난 자인데(롬7:6)...그런 것에서 졸업한 졸업생임과 동시에 이미 천국백성인데...빛나는 졸업장을 타신 언니(정원기)께라고 천군천사들이 축하노래까지 불러주었는데...이미 우리는 빛나는 졸업장을 받은 사람들이다.

　우리는 그런 모든 것에서 졸업 할 수 없는데 우리 대신 우리를 졸업시켜 주신 분이 계신다. 그 분이 '예수'다. 그렇게 해주신 증거가 있다. 그게 '십자가 사건(피)'이다. 그러기에 우리가 율법대로 살지 못했다 할지라도 죄인이 될 수 없는 것이다. 이렇게 확실하게 알고 믿어야 이 믿음대로의 역사를 맛보게 된다. 믿으면 믿음대로 되기 때문에 어떤 믿음을 가지느냐가 중요하다.

　아직도 죄 문제가 해결되지 않았다는 믿음이냐? 이미 다 해결됐다는 믿음이냐? 이 두 개 중에 어느 것이냐에 따라 지금부터 그 어디에서나 천국을 누릴 수도 있고, 지옥 같은 삶을 살 수도 있다. 그래서 믿음이 중요한 것이다. 하나님께서는 예수님의 십자가 사건(피)을 통해 이미 다 해결해 주셨다. 하나님께서 우리에게 죄에 대해서 죽은 자로 여겨라(믿어라)고 말씀하신대로 그렇게 여기면(믿으면) 되는 것이다(롬6:11).

　그러나 우리가 그렇게 여기고 믿지 않으면 해결되지 않은 상태에서 살게 된다. 그러므로 하나님께서 징계하시지나 않을까라는 불안한 생각, 즉 염려를 늘 하게 된다. 그렇게 살다보면 어느새 율법주의자가 된다. 이것이 현대판 바리새인이다. 이런 사람들이 복음을 통해 자유한 사람들보다 더 경건해 보이고 믿음이 좋은 사람으로 보인다. 이런 사람들은 그리스도를 누리며 자유하게 사는 사람들을 향해 '믿음이 없는 사람들'이라고 말한다.

　사실 그런 사람들은 믿음이 좋은 것이 아니라 열심이 좋은 것이다. 그들은 그렇게 열심히 사나 구원이 없다.

믿음이 좋은 사람이란 예수가 그리스도라는 것을 진짜 제대로 알고 믿는 사람, 즉 예수가 그리스도라는 것을 믿으라는 말씀에 순종하는 사람을 말한다.

나도 예전에 예수를 믿는다면서도 예수가 뭔지 모르고 율법주의자로서의 삶을, 즉 현대판 바리새인으로서의 삶을 열심히 살다가 나온 사람이다. 그때는 완전 율법주의자였다. 예수를 믿는다며 열심히 교회생활을 했으면서도 예수가 그리스도라는 것을 믿는 믿음이 좋은 사람이 아니었다. 정말 열심이 좋은 사람이었다. 그렇게 열심이 좋은 사람, 즉 현대판 바리새인으로 살다가 영육 간에 골병이 들어 죽을 뻔했는데 하나님의 은혜로 예수가 그리스도라는 것의 의미를 깨닫게 되었고, 그 분을 나의 그리스도로 진짜 영접했더니 성령이 임하셔서 이런 엄청난 영적인 비밀을 알게 되었다.

그래서 목사가 되어 이렇게 말해주는 것이다. 이 글을 읽는 여러분들도 그냥 대충 예수 믿는다며 교회만 다니지 말고 진짜 제대로 알고 다니기 바란다. 그래야 진짜 성령체험을 하게 되고 영혼 깊숙한 곳에서부터 예수님을 향한 감사가 나오게 되고, 그 분을 찬양하게 된다. 예수가 그리스도라는 말은 예수님께서 십자가 사건(피)을 통해 선악과 사건과 율법에서 우리를 해방시켜 주신 구원의 하나님이라는 말이다. 그러기에 죄 문제나, 세상일이나, 인생의 이런저런 문제 때문에 속이 상하거나, 상처를 받거나, 기가 죽어 살 필요가 없다.

이전에는 그렇게 살아서 정신적으로나 육신적으로 지치고 병들

하나님은 치료하는 하나님이시기 때문에 반드시 치유가 일어나게 되어 있다

었다고 해도 이젠 그런 저주 받은 인생에서 해방됐다는 사실을 잊지 말고 살아야 한다. 그래야 그동안 지치고 병들었던 것이 치유된다. 분명히 그렇게 하면 치유가 일어난다. 하나님은 치료하는 하나님이시기 때문에 반드시 치유가 일어나게 되어 있다(출 15:26). 그러기에 창조주이신 그 분을 찬양할 수밖에 없는 것이다. 찬양할 이유가 너무나도 분명하게 있기 때문에 노래할 수밖에 없는 것이다.

찬송이라는 뜻의 헬라어 '율로게토스'는 사람에게나 우상에게는 쓰는 말이 아니다. 온전히 살아 계신 유일한 하나님에게만 사용되는 단어다. 이런 찬송을 우리가 부르게 되었다는 사실 그 자체만해도 얼마나 큰 영광인가. 우리가 이런 큰 영광을 입은 존재들이다. 영광의 본체이신 하나님과 함께 하게 되었으니까 우리도 당연히 영광스런 존재다. 이런 존재임을 알고 세상을 당당하게 멋지게 살아야 한다.

우리가 나가는 길에 귀신들도 떨며, 또한 그들이 우리 발밑에 밟히게 된다. 이런저런 문제들도 밟히게 된다. 귀신문제, 죄 문제를 비롯한 모든 문제들이 이미 다 끝난 문제들이다. 예수님께서 십자가 사건을 통해 이미 다 끝내놓으셨다. 그러기에 그렇게 되어 있다는 사실을 믿는 믿음으로 살면 된다. 이것이 '믿음의 삶'이다.

이 세상에 머무는 동안 이런 믿음으로 살게 되면 문제 앞에 낙심하거나 좌절하거나 자살하지 않게 된다. 오히려 당당하게 그 문제들을 팍팍 밟고 나가게 된다(히11:38/요일5:4). 만약에 어떤 문제가 문제로 보인다면, 그래서 염려하고, 상해하고, 원망, 불평, 신경질, 짜증을 내고 있다면 그것 자체가 예수가 그리스도(그런 모든 것에서 우리를 자유케 해주신 구세주=메시아)라는 것을 안 믿어서 그런 것이니까 언제 어디서나 예수가 나의 그리스도라는 것을 믿는 믿음의 생활을 해야 한다.

쉬지 말고 기도하라는 말은 이것을, 즉 예수가 나의 그리스도라는 것을 늘 믿는 믿음의 고백을 하라는 말이다.

정말 이것은 쉬지 말고 해야 한다(살전5:17). 그래야 완전한 복음을, 완전한 그리스도를 누릴 수 있다. 그리하면 더 빨리 그리스도체질이 된다. 그러기 위해서는 계속해서 교회에 와서 예수가 그리스도라는 말씀을 들어야 하며, 교회 밖에서는 이것을 늘 고백(기도, 노래)해야 하고, 전해야 한다.

모이면 예수가 그리스도라는 것을 듣고, 흩어지면 예수가 그리스도라는 것을 쉬지 말고 기도하고 또한 전해야 한다(행5:42). 이것은 우리가 콧구멍으로 숨을 쉬듯 해야 한다. 이것이 영적인 호흡이다. 이 호흡을 중단하면 어찌 되겠는가? 고생한다. 그러기에 늘 예수가 나의 그리스도이심을 노래하고 전하자. 그런 인생이 된 것에 감사하자.

"그들이 날마다 성전에 있든지 집에 있든지 예수는 그리스도라고 가르치기와 전도하기를 그치지 아니 하니라"(행5:42).

나는 늘 '예수가 나의 그리스도이시니 내게 문제 될 것이 없으며 부족함이 없으리로다'라고 기도하고 노래한다. 이렇게 기도하고 노래하므로 나는 '늘 예수가 그리스도라는 것을 믿으라는 말씀에 순종'하는 상태로 산다. 그러므로 그 어디서나 하늘나라를 누리고 산다. 예수가 그리스도라는 것을 믿으라는 말씀에 늘(24시간) 순종하면 순종한 그대로의 하나님의 역사를 늘 누리게 된다.

예수가 그리스도라는 것을 믿으라는 말씀에 늘(24시간) 순종하면 그렇게 되는데도 사람들이 이 말을 너무나 가볍게 여기고...또한 교인들이 예수가 그리스도라는 것을 알아도 순종을 하지 않기에 순종을 강조하기 위해 '운동'이라는 말을 쓰게 된 것이다. 즉, '예수가 그리스도라는 것을 믿으라는 말씀에 순종하기 운동'을 하자고 말이다. 이 운동은 새마을 운동, 도덕 재무장 운동, 마음 수련운동보다도 더 시급하고, 더 중요하고, 더 큰 하나님의 역사를 체험하게 되는 운동이다.

다른 운동은 못 해도 이 운동은 해야 한다. 다른 그 어떤 운동보다도 이 운동이 중요하다. 이것은 생명(영생)운동이며, 선악과 사건이 터진 동네(세상)에서 임마누엘 동산으로 들어올 수 있는 운동이며, 율법을 비롯한 말과 뜻과 행실을 깨끗하고 착하게 하지 못했다 할지라도 하나님을 다시 만날 수 있는 운동이며, 천국을 비롯한 하나님의 모든 것을 소유할 수 있는 운동이며, 인생의 모든 문제에서 해방되어 자유할 수 있는 운동이다.

그러기에 운동 중의 최고의 운동이다. 또한 이 운동을 하다보면 선악과 사건이 터진 동네(세상)의 체질이 임마누엘동산 체질로 변한다. 이 말이 무슨 말이냐 하면 자기 자신(영혼)이 그리스도를 통해 임마누엘동산에 들어왔으나 아직 몸이 썩어지지 않아서 선악과 사건이 터진 동네(세상)에 발을 딛고 있기 때문에 자기 자신이 그

동네(세상)의 사람인줄 알고 그 동네(세상)의 생각을 가지고 살기 때문에 하는 말이다.

육신이 아직 선악과 사건이 터진 동네(세상)에 머물고 있기 때문에 예수가 그리스도라는 것을 믿으라는 말씀에 늘(24시간) 순종하지 않으면 선악과 사건이 터진 동네(세상)의 문제(인생의 모든 문제)들이 문제들로 보여 다시 염려하고 속상하게 된다. 그러므로 또 원망, 불평, 신경질, 짜증을 내게 된다. 그기에 '예수가 그리스도라는 것을 믿으라는 말씀에 늘(24시간) 순종하기 운동'이 너무너무 중요하다. '순종하면 천국을 누리게 되지만 불순종하면 지옥 같은 삶을 살게 된다.'

이스라엘 백성들이 애굽에서 구원을 받았지만 광야에서 불순종하므로 안 해도 될 고생을 했던 것처럼, 그리스도를 통해 세상(선악과 사건이 터진 동네)에서 구원받은 하나님의 백성들인 우리들도 예수가 그리스도라는 것을 믿으라는 말씀에 불순종하면 안 해도 될 고생을 하게 되기 때문에 하는 말이다. 순종체질이 되기까지 이 운동을 해야 한다. 이 운동 속에 하나님이 함께 하신다. 진짜 하나님께서 기뻐하시며 진짜 하나님께서 역동적으로 역사하신다.

자기가 직접 순종(내적행위)해보면 그렇다는 것을 알게 된다.

하나님은 동사(動詞)의 하나님이라서 동사 그 자체다.

그러기에 말씀대로 하면 말씀대로의 역사가 일어난다. 우리 말 성경에는 하나님이 어떤 분이신지에 대해 "스스로 있는 자"로 기록되어 있다(출3:14). 그러나 영어 성경을 보면 좀 더 구체적으로 실감나게 "나는 ~~이다(I am who I am)"라고 기록되어 있다.

'나'는 주어라면 '~~이다'는 동사다. 동사는 사물, 즉 사람이나 물체의 움직임이나 작용을 나타내는 품사다. 그렇다면 '~~이다'라는 동사는 앞에서 말한 '나'라는 주어를 움직이게 해주는 품사다. 그러니까 "나(하나님)"는 "~~이다"라는 말은 '하나님은 움직이는 분'이라는 말이다. 하나님은 그냥 하나님이 아니라 '동사(動詞)'의 하나님이라는 말이다. 한 마디로 하나님이라는 분은 역동적으로 살아 움직이시는 분이라는 말이다. 역동적으로 살아 움직이는 그것의 이름이 '하나님'이라는 말이다.

계속해서 성경을 읽어보면 God said to Moses, I am who I am. This is what you are to say to the Israelites:' I AM has sent me to you.' 라고 기록되어 있다. 하나님께서 자기가 누구인지를 이렇게 소개하셨다. "I am who I am" 이라고 말이다. 그리고 그 뒤를 이어 "I AM" 라고 하셨다. 우리말로 하면 "나는 ~~이다"라는 뜻이다. "나는 ~~이다"라는 이 말씀 속에 엄청난 뜻이 숨어 있다. "나는 ~~이다"라는 글자 사이에는 여러 가지 말이 들어 갈수 있다.

예를 들어 나는 (창조주)이다! 나는 (전능자)이다! 나는 (너의 농부)이다! 나는 (너의 목자)이다! 나는 (너의 피난처)이다! 나는 (너의 방패)이다! 나는 (너의 죄와 마귀와 죽음문제를 비롯한 인생의 모든 문제의 해결자=선악과 사건의 해결자)이다! 나는 (네가 지금 만나고 있는 그 문제의 해결자요, 답 그 자체)다! 나는 (네 인생의 모든 문제의 답)이다! 라고 얼마든지 여러 가지 말이 들어 갈수 있기 때문에 하나님께서는 "나는 ~~이다"라고 하신 것이다.

이처럼 하나님은 어느 하나로 특정지어서 말할 수 없는 너무나도 광대하신 분이기에 그렇게 말씀하신 것이라는 말이다. 그분은 전능하신 분이기에, 즉 모든 것을 다 하실 수 있는 무한한 능력을 가지신 분

하나님은 어느 하나로 특정지어서 말할 수 없는 너무나도 광대하신 분이기에 그렇게 말씀하신 것이라는 말이다.

이기에 "나는 ~~이다"라고 말씀하실 수밖에 없는 것이다. 스스로 있는 자라는 말은 누구의 도움이 없이 스스로 존재하시는 분이라는 말이다. 그러기에 스스로 존재하시는 분에게서 나온 모든 인간을 포함한 이 세상 우주 만물들은 스스로 존재하신 분의 도움을 필요로 한다.

그러기에 사람은 사람 스스로의 힘으로 살 수 없다. 공기의 도움도, 먹거리들의 도움도 있어야 한다. 이것들 모두가 다 하나님의 것이다. 그러니까 하나님의 도움으로 이런 것들이 생겨났고, 생겨난 그것을 인간이 취함으로 살고 있는 것이다. 결국 사람은 하나님의 도움으로 살고 있는 것이다. 이런 것은 일반적인 은총이다. 그러기에 이 세상에 태어난 사람은 누구나 다 그런 일반적인 은총을 받고 산다. 그리고 그리스도를 선물로 받은 자는, 즉 예수가 그리스도라는 것을 믿고 영접한 자는 특별한 은총을 받는 사람이다.

하나님은 스스로 존재하시는 분, 즉 자존자이시기에 누구의 도움도 필요 없이 스스로 존재하신다. 스스로 만들고, 스스로 공급하며, 스스로 살아계시는 분이다. 그 스스로의 자체가 하나님이다. 스스로 존재하며, 스스로 이끌고 계시는 그 분이 '하나님'이라는 말이다. 그러기에 영원부터 영원까지 스스로 존재하시며, 스스로 이끄시는 그 힘의 본체, 그 힘의 원천이 '하나님'이라는 말

이다.

그런 하나님의 형상을 입은 우리가 선악과 사건으로 인해 그런 하나님을 떠나버렸으니 어찌 이런 하나님을 제대로 알 수 있겠으며, 어찌 바보처럼 살지 않을 수 있겠는가. 그러기에 죽는 것이며, 그러기에 바보처럼 마귀에게 속아서 종노릇만 하다가 비참하게 인생이 끝나는 것이다. 이런 우리들을 구원하러 오신 분이 '예수'다.

예수님의 초림도 어느 날 갑자기 생겨난 것이 아니다. 말씀이 육신이 되어 우리 앞에 나타난 것이다. 무슨 말이냐 하면...선악과 사건이 터지자마자(창3:1-6) 하나님께서 '여자의 후손'을 보내주시겠다고 말씀(약속)하셨는데(창3:15) 그 말씀이 육신(눈에 보이도록 사람의 모습)이 되어 우리 앞에 나타나신 것이다(요1:14).

그러니까 여자의 후손을 보내주시겠다는 말씀이 주어진 때부터 여자의 후손이 오시기 전까지는 그 여자의 후손이 말씀으로만 존재하고 있었는데 하나님의 시간표에 따라 그 말씀대로의 역사(마리아에게서 우리의 모습으로 나타나신 여자의 후손, 즉 예수)가 일어났다는 말이다. 그러기에 하나님의 말씀은 동사 그 자체다.

그러니까 예수가 그리스도라는 것을 믿고 영접하라는 말씀대로 하면 그 말씀이 우리 속에서 동사가 된다는 것을 알고 그 말씀에 순종해야 한다. 그리하면 분명히 다시 살아나서 나처럼 이런 내용에 대해 알게 되고, 말하게 된다. 이렇게 된 내가 그 증거다. 그리고 예수님께서 이천년 전에 이 세상에 나타나신 것은 사망의 세력을 잡은 자, 곧 마귀를 멸하시기 위해서다(히2:14).

우리 눈앞에 보이도록 나타나셔서 우리 눈에 보이는 사건을 통해 우리를 구원하셨으니 그 분이 우리 눈에 보이는 구원의 하나님이 아니고 무엇이겠는가. 그렇게 눈에 보이도록 나타나셔서 눈에 보이는 증거들로 우리를 구원하셨기에 그 분을 그리스도로 안 믿을 수 없는 것이다. 우리에게 그렇게 믿어지게 해주시려고 그렇게까지 하신 것이다. 말로만 듣던 하나님을 우리가 실제로 보게 된 것이다.

그러기에 사실 믿으라, 마라 할 필요도 없이 믿어져버리는 것이다. 그런데도 하나님이 없다고 하면 어찌 되겠는가? 증거를 보여주면서 믿으라고 하시는데도 그렇게 부정적인 말만 하고 있으면 그 말을 듣고 계시는 하나님께서 그 말대로 역사하신다. 그래서 계속 저주(문제) 가운데 살게 되는 것이다.

이미 인간은 선악과 사건이 터지면서 죄와 마귀와 죽음문제를 비롯한 인생의 모든 문제를 시간표에 따라 만나게 되었기에 문제 한복판에 들어서 있는 상태인데다가 부정적인 말을 하게 되므로 계속해서 부정적인 역사(일)가 일어나는 것이다.

예수를 믿어도 예수를 그리스도로 믿지 않으면 불신자들과 같은 삶, 즉 문제를 만나면서 염려하고, 속상해하고, 원망, 불평, 신경질, 짜증내는 삶을 살다가 지옥에 가게 된다. 그러기에 예수가 누구인지를 제대로 알고, 제대로 믿는 것이 너무나도 중요한 것이다. 즉, 예수가 그리스도라는 것을 믿으라는 말씀에 순종하는 것이 너무나도 중요한 것이다. 순종하는 것이 믿음의 행위이기 때문이다. 그런데 이것이 사람이 보기에는 아무것도 아닌 것 같지만 하나님 보시기에는 너무너무 중요한 일이다. 인간이 할 수 있는 행위 중 최고로 아름다운 행위가 예수가 그리스도라는 것을 믿으라는 말씀에 대한 순종이다. 우리가 이 세상에서 하나님 앞에 하는 일 중에서 이 일보다 아름다운 일은 있을 수가 없다. 이 일보다 큰일은 없다. 자신의 전부를 하나님 앞에 제물로 드리는 일보다 더 큰 일이, 더 귀한 일이 복음에 대한 순종이다. 하나님께서 이 일을 너무나도 기뻐하신다.

사람들이 이런 내용을 모르기 때문에 예수 이름을 우습게 생각하고, 또한 순종하라는 말씀을 아주 우습게 생각하는데 그러다가는 문제 속에 살다가 영원한 문제(지옥) 속으로 들어가고 만다. 이런 말을 농담으로 여기면 진짜 죽는다. 롯의 사위들처럼 죽는다. 둘째 사망(지옥)을 당한다. 소돔과 고모라 사건을 아는가? 그 성안에 살고 있던 롯의 사위들이 롯의 말을 농담으로 여겼다가 불구덩이에 파묻혀 죽었다(창19:14).

롯이 그들에게 이곳에 있으면 하나님으로부터 불 심판을 받게 된다고 했으나 그들은 그럴 리가 없다며 농담으로 여기다가 결국 죽었다. 그 소돔과 고모라의 불바다는 장차 있을 불바다를 보여준 맛보기다. 그 뜨거운 불 맛을 보기 전에 예수가 그리스도라는 것을 믿으면 영생(구원)을 얻게 된다는 하나님의 말씀에 순종해야 한다. 이 말이 아무 말도 아닌 것 같지만, 우습게 들릴 수도 있겠지만 그 말씀대로 순종해보면 알게 된다.

그리하면 '동사'의 역사가 자기 영혼에 실제로 일어난다. 순종해보면 알게 될 텐데…하나님의 역사를 체험하게 될 텐데 사람들이 순종을 안 한다. 세상 사람들이 아담 때부터 지금까지 몇 천년 동안 선악과 사건이 터진 세상에서 먹고, 듣고, 배우고, 자랐기 때문에 생각 자체가 부정적이고, 된다는 생각보다는 안 된다는 생각으로 굳어져버렸다. 진리를 따르기보다는 거짓을 따르는데 발이 더 빠르다.

진리가 뭔지 알기 쉽게 말해 보겠다. 1+1=2다. 즉, 하나에 하나를 더한 문제의 답은 두 개(2)다. 3, 4, 5, 6, 7, 8, 9, 10, 100, 1000이라는 숫자들이 많이 있어도 답은 오직 '2'다. 2 이외에 다른 것들은 답이 될 수 없다. 그러기에 이것을 진리라고 한다. 진리란 오직 그것밖에 없을 때, 그리고 영원불변한 것일 때 쓰는 말이다.

그렇다면 우리의 죄 문제의 답은 무엇일까?

그 문제의 답이 '예수'다. 증거가 있다. 그게 십자가 사건(피)이다. 공자, 맹자, 노자, 석가, 소크라테스 등등의 많은 사람들이 있어도, 하나님의 말씀인 율법과 그런 사람들이 남기고 간 많은 사상들이 있어도 죄 문제의 답은 오직 '예수'밖에 없다. 죄 문제를 해결할 수 있는 방법은 선악과 사건이 터진 동네에서 태어난 그런 인간들을 통해서 되는 것이 아니라 거룩한 예수님의 피로만 해결된다.

그러기에 죄 문제의 답은 '예수'밖에 없다.

이 진리를 아는 자만큼 자유하고 행복한 사람은 없다(신33:29/요8:32). 예수가 우리를 자유하게, 행복하게 해주신 구세주라는 것을 믿으라는 말씀에 순종하면 하나님께서 약속하신 그대로 진짜 자유하고 행복하게 된다. 율법이 있어도, 그 율법대로 살지 못해도 정죄당하지 않는다. 죄가 있어도

> 죄가 있어도 정죄당하지 않는 사람이 최고로 행복한 사람이다.

정죄당하지 않는 사람이 최고로 행복한 사람이다(신33:29/롬4:6-8). 이렇게 쉽게 죄에서 자유하고 행복할 수 있는 방법, 구원받는 방법, 영원히 사는 방법, 고생하지 않는 방법, 염려하지 않는 방법, 속상하지 않는 방법, 원망, 불평, 신경질, 짜증나지 않는 방법, 평안을 누리는 방법, 성공하는 방법, 승리하는 방법, 한마디로 죽음 문제를 비롯한 인생의 모든 문제에서 해방되어 자유할 수 있는 방법, 어디서나 하늘나라를 누릴 수 있는 방법이 있는데...예수가 그리스도라는 것만 믿으라는 말씀에 순종하면 그렇게 되기에 너무나 쉬운데도 그럴 리가 없다는 생각, 즉 부정적인 생각을 가지고 사는 교인들이 많다.

나도 예전에 그런 사람이었다. 그런데 그런 나를 하나님께서 예수가 그리스도라는 것만 믿으면 선악과 사건이 터진 동네에서, 즉 죄에서 마귀에게서, 죽음문제를 비롯한 인생의 모든 문제에서 해방된다는 것을 알게 해주셨고, 그래서 예수가 그리스도라는 것을 믿으라는 말씀에 순종했더니 실제로 그렇게 되는 '동사'의 역사가 일어나게 된 것이고, 그래서 이렇게 전하게 된 것이다(행1:8).

그런 능력의 하나님, 그런 동사의 하나님이 내게 임하므로 더 이상 문제 될 것도 없고, 더 이상 부족함이 없는 새 동네의 새 사람으로 살게 된 것이다(고후5:17). 부정적인 생각이 긍정적인 생각으로, 눌림의 생각이 누림의 생각으로, 불만족의 생각이 참 만족의 생각으로, 미워하는 생각이 사랑의 생각으로, 원망, 불평의 생각이 감사의 생각으로, 안 된다는 생각이 된다는 생각으로, 스스로를 못난 놈이라고, 죄인이라고 자책하던 생각에서 예수님과 같은 존귀한 신분과 권세를 가진 사람이라는 생각을 저절로 갖게 된 것이다.

그래서 몸이 썩어 없어질 그 순간까지 이 세상에서의 주어진 시간, 물질, 몸을 사람 살리는 일에 쓰게 돼버린 것이다. 사람이 그렇게 돼버린다. 이전에는 내가 예수가 그리스도라는 것만 믿으면 이렇게 된다는 하나님의 생각을 알 수도 없었고, 할 수도 없었는데 이렇게 하나님의 생각을 내가 알게 되었고, 또한 그런 생각을 할 수 있게 되었다는 이것이 하나님의 능력이지 내 힘(능력)으로 된 것이 아니다. 이것이 너무나도 엄청나서 말로 다 형용할 수 없다.

예수가 그리스도라는 것만 믿으면 인생의 모든 문제에서 자유하게 되고, 하나님의 모든 것을 소유한 천국백성이 돼버리는 이 엄청난 역사가 일어나는 이것이 하나님의 도(道)요, 십자가의 도(道)다. 도(道)를 깨달으려면 이 도(道)를 깨달아야 한다. 그래야 내가 살고, 이웃이 산다. 살아도 천국에서 영원히 산다. 이 도를 깨달았다면 참으로 엄청난 도를 깨달은 것이다.

공자가 말하기를 아침에 도(道)를 듣고 깨닫게 되면 저녁에 죽어도 좋다고 했지만 그가 깨달은 도(道)는 죽는 도(道)였다. 그러기에 죽었다. 석가도 마찬가지다. 그들은 선악과 사건이 터진 동네(세상)의 사람들이었기에 그런 길을 만들어 그 길을 따라 갔고, 그런 말을 하고 갔다. 그것을 듣고 후대의 사람들이 그들의 뒤를 따라 가고 있다. 그들이 하나님의 자녀들이 아니었다는 증거가 있다.

그들이 하나님을 다시 만나 하나님을 알았더라면, 하나님의 자녀들이었다면 지금의 나처럼, 사도 바울처럼 하나님의 얘기(진리)를 하고 갔을 것이다. 그러나 하나님을 만나지 못한 사람이었기에 우리처럼 이런 얘기를 할 수 없었고 결국 마귀의 가르침을 따라 그렇게 살다가 간 것이다.

위인들도 그런 삶을 살고 싶어서 그렇게 살다가 간 것이 아니라 본디오 빌라도처럼 진리에 속한 자들이 아니었기에, 즉 선악과 사건이 터진 동네에서 태어난 사람이었기에 인생의 모든 문제로 인해, 특히 죄 문제로 인해 심한 내적 갈등이 있었을 것이고, 그런 갈등과 싸움을 하다가 결국은 이길 수 없었기 때문에 마귀가 가르쳐주는 방법을 따라 그렇게 살다가 간 것이다.

지금 이런 얘기를 하는 것은 소설을 쓰는 것이 아니라 내가 하나님을 만났기 때문에 지금까지 밝혀진 그들의 삶을 볼 때 그렇다는 것이 보여서 하는 말이다. 이런 얘기를 해주면 영적으로 심각하게 생각하고 뭔가가 있기 때문에 이런 말을 하는 것이 아닌가 하여 관심을 가지고, 간절한 마음으로 들어봐야 하는데(행17:11)...솔로몬처럼 듣는 마음을 하나님께 달라고 하여 들어봐야 할 텐데(왕상3:9) 인간들이 또 예수 얘기 하는가 싶어 아예 들으려고 조차 안한다.

그러기에 진짜 길을 놔두고 딴 길로 가게 되는 것이다.

예수께서는 "내가 길이다"라고 하셨는데 그 길을 마다하고 딴 길로 가고 있으니 어찌 이런 영적인 내용을 알 수 있겠는가(요14:6).

이 세상에 "내가 길이다"라고..."내가 도(道) 자체다"라고 말한 분이 누구인가? 그분이 예수님이다. 상천하지에 "내가 길(道)이다"라고 말씀하실 수 있는 분은 예수님밖에 없다. 그분이 길 그 자체니까...예수가 바로 도(道)다! 도(道)가 바로 예수다! 예수가 도(道)고, 도(道)가 예수다!

그러기에 예수가 누군지 알게 되면 도(道)를 발견한 것이다. 이도(道)를 발견하게 되면 아하! 내가 그렇게 찾았던 길(道)이 예수였구나!...이 길이 나를 살리는 길, 죄 문제뿐만 아니라 이런저런 인생의 모든 문제에서 해방되어 자유케 되는 길, 생명의 길, 천국 가는 길, 구원의 길, 하나님을 다시 만나는 길, 하나님아버지께로 가는 길이라는 것을 알게 되고 그 길을 따라 가게 된다.

이 도를 깨달으면 공자 말대로 오늘 저녁에 죽어도 좋다. 왜냐하면 오늘 죽어도 천국(하나님 품)이기 때문이다. 이미 그리스도 안(천국)에 들어와 있기 때문에 죽음문제도 문제가 아니기 때문이다. 이미 죽음과 상관없이 새 생명(영생)을 가진 존재이기 때문이다. 이미 천국에서의 영생을 가진 존재이기 때문이다. 죽음 문제뿐만 아니라 인생의 모든 문제가 이미 그리스도 안에서 다 해결된 문제일 뿐이니까...이미 그런 문제에서 해방되어 그리스도 안에 들어와 버린 새로운 피조물이 돼버렸기 때문이다(고후5:17).

우리들에게 이렇게 멋진 길이 되시고 또한 멋진 참 선생님이 되신 분이 '예수'다. 예수가 바로 우리를 이렇게 구원해 주신 '구원의 하나님'이었다. 예수가 바로 우리가 그렇게 찾았던 '하나님'이었다.

하나님을 만났으니까 이젠 더 이상 문제 될 것이 없고, 더 이상 부족함이 없는 행복한 사람이 돼버렸고, 그러기에 죄를 짓기보다는 자기에게 주어진 시간, 물질, 몸을 사람 살리는 일에 쓰게 되는 멋진 사람이 돼버렸으니 어찌 이렇게 해주신 예수님을 찬양하지 않을 수 있겠는가. 그래서 그 분을 찬양하는 것이다.

예수 이외의 다른 그 누구도 우리의 참 선생님(그리스도)이 아니다. 예수 이외에 그 누구라도 우리의 선생님이 아니다. 우리의 참 선생님은 오직 '예수' 한 분뿐이다. 예수 이외에 다른 것을 참 선생으로 여기고 그 앞에 경배하는 자는 우상을 섬기는 행위를 하는 것이다. 물론 예수 이외에 다른 것들을 섬기고 있다면 섬김의 대상은 우상이다. 그런 우상을 섬기는 행위가 종교행위다. 그런 종교행위를 하면 저주를 받게 된다(출20:4-5).

지금도 그런 행위를 하고 있다면 틀림없이 그 사람뿐만 아니라 그 가문이 영적인 문제로 시달리고 있다. 그런 종교 행위가 영적인 간음행위이기 때문에 문제를 안 당할 수가 없다. 그리 안 해도 이미 선악과 사건으로 인해 마귀와 영적으로 간음한 상태인데 계속해서 마귀가 가르쳐 주는 대로 그런 우상들과 간음행위를 해서 되겠는가. 그런 영적 간음행위를 하면, 즉 그런 종교행위를 하게 되면 마귀의 사슬에서, 저주의 시간표에서 빠져 나올 수 없다.

그러기에 자기뿐만 아니라 자기 자식들에게도 그대로 넘어간다. 이게 3, 4대까지 넘어간다(출20:5). 그러다가 어느 날 그 자식들 중에 예수가 그리스도라는 것을 믿으면 구원받는다는 말을 듣고 믿는 자식이 생기게 되는데, 그러면 그 자식은 마귀의 사슬, 저주의 시간표, 그 가문의 전통인 종교행위에서 빠져 나오게 되는 것이다. 그때 마귀가 굉장히 세게 활동한다.

눈에 안 보이는 마귀가 눈에 안 보이게 방해를 하기도 하지만 사람들, 특히 가족들을 통해서 방해하기도 한다. 마귀가 가족들을 총동원해서 인정(人情)을 무기로 삼아 공격해 오기도 한다. 때로는 강압적인 방법으로, 때로는 아주 부드러운 방법으로, 때로는 인간적인 방법으로...온갖 방법을 다 사용해서 예수가 그리스도라는 것을 믿지 못하도록, 신앙생활을 하지 못하도록 방해한다.

심지어 부모형제의 관계를 험악하게 만들어 원수처럼 만들기도 한다. 나도 그런 경험이 있기 때문에 하는 말이다.

나의 육신의 아버지께서 예수 믿는 나를 너무나 심하게 핍박했다. 한 때는 나를 원수로 여기고 인사도 안 받으셨다. 다른 것으로는 그동안 아무렇지도 않았는데 예수 믿는 일, 이것 하나 때문에 부자 관계가 원수처럼 돼버렸다.

나는 그러는 아버지가 불쌍해서 더 다가가려고 했으나 아버지는 그러는 나를 욕하고 등을 돌리셨다. 아버지를 그렇게 하는 놈이 마귀인데 아버지는 마귀가 그렇게 하는 줄도 모르고 계속 그렇게 하셨다. 나중에는 나를 아버지 집에 발도 들여놓지 못하게 하셨다. 마귀는 아버지를 계속해서 그렇게 사용했다. 아버지는 돌아가실 때까지 마귀가 그렇게 하고 있었다는 것을 몰랐다.

이렇게 하나님으로부터 택함 받지 못한 영혼은 죽을 때까지 마귀가 그렇게 하는 줄도 모르고...마귀에게 계속해서 속고 살다가 가는 것이다. 내 육신의 아버지의 선생은 마귀였다. 그 선생이 가르쳐주는 대로 그렇게 살다가 가셨다. 공자사상, 석가사상과 아버지 본인의 사상이 혼합이 되어져서 혼합(짬뽕)사상으로 인생을 살다가 가셨다.

아버지뿐만 아니라 이 세상에 살고 있는 많은 사람들이 짬뽕사상을 가지고 산다. 이런 짬뽕사상이 머릿속에 꽉 차있기 때문에 뭐가 뭔지 제대로 분간도 못하고 어두운 안개 속을 헤매다 가는 것이다. 마귀는 사람이 태어나면 예수 이외의 것들로 채운다. 사람의 머리, 가슴, 마음속을 어쩌든지 예수 이외의 것들로 채운다. 가장 중요한 것이 '예수'인데, 가장 중요한 예수만 빼놓고 예수 이외의 것들로 채운다.

사람들에게 세상에서 출세의 목적을 가지게 한 후 그것을 위해 어쩌든지 예수 이외의 것들로 부지런히 채우게 한다. 인간들이 마귀가 그렇게 하고 있는 것을 모르고...인간으로 태어나면 당연히 그래야 된다는 생각으로 모두가 출세를 향해 예수 이외의 것들을 많이많이 챙겨 넣는다. 그것이 배설물(똥)이라는 것도 모르고...그러나 나중에 예수가 그리스도라는 것을 깨닫게 되면 그런 것들이 똥이라는 것을 알게 된다(빌3:8).

나도 그랬다. 나도 예수가 그리스도라는 것을 몰랐을 때는 그런 것들이 똥인 줄도 모르고 많이 챙겼다. 그런 똥들이 내게 많아지면 많아질수록 더 골치가 아팠다. 그 더러운 냄새나는 똥에 파묻혀 죽을 뻔했다. 하나님의 은혜로 거기서 빠져 나왔기 때문에 이렇게 다시 살 수 있었고 또한 그런 것들이 똥이라는 것을 알게 되었고, 그래서 이렇게 말하고 있는 것이다. 그러기에 예수가 그리스도라는 이 말이 무슨 말인지 깨달아야 한다.

하나님의 비밀인 그리스도!(골2:2)...

하나님으로부터 택함을 받은 사람이라면 반드시 그리스도를 깨닫게 되어 있다. 이스라엘백성이 됐든, 헬라인이 됐든 백인, 흑인, 황인 할 것 없이 그 누구라도 하나님의 택함을 받은 사람이라면 반드시 깨닫게 되어 있다. 그러나 이스라엘백성이라 할지라도, 율법주의자들이었던 바리새인들이나 예수님과 3년간 합숙을 했던 가룟 유다라 할지라도 하나님의 택함을 받지 못했기 때문에 그들은 예수가 그리스도라는 것을 알지 못했던 것이다.

예수님과 3년 동안 합숙을 했어도 예수 그 분이 바로 그리스도였다는 사실을 모르고 끝내 예수를 배신하고 자살했던 운명의 사나이 가룟 유다처럼(마27:5), 지금도 가룟 유다와 같은 사람들이 많다. 당시 이스라엘 총독으로 있었던 본디오 빌라도도 자기 앞에 재판받기 위해 서 계시던 그 예수가 진리 그 자체라는 것을, 즉 예수가 그리스도라는 사실을 모르고 십자가에 매달아 죽게 했다.

지금도 빌라도와 같은 사람들이 많다. 지금 자기 옆에 있는 그리스도인(진리인)들이 그리스도(진리)를 전하고 있는데도 그리스도(진리)에 대해 알려고 하지도 않고, 오히려 그러는 그리스도인(진리인)들

> 지금 예수가 그리스도라는 것을 전하는 그리스도인들은 그리스도와 같은 영광을 입은 사람들이다.

을 욕하고 핍박하고 있다면 바로 그 사람이 가룟 유다와 빌라도 같은 사람이다. 그러나 지금 예수가 그리스도라는 것을 전하는 그리스도인들은 그리스도와 같은 영광을 입은 사람들이다.

겉보기에는 예수가 그리스도라는 것을 믿기 전의 어제 그 모습(사람)이나 믿은 후의 오늘 그 모습(사람)이나 그 사람이 그 사람 같지만 속사람은 완전히 다른 사람, 즉 그리스도의 영광을 입은 거룩한 사람(聖徒)들이다. 그러기에 그리스도와 같은 존귀한 사람들이다. 하나님의 자녀들이다.

그런데 그런 그리스도인들이 그리스도를 전해서 선악과 사건에 빠져 죽어가는 사람들을 살리는 일을 하는데 그 일을 방해 한다면

그것은 그리스도를 방해 하는 일이다. 하나님의 일을 방해하는 자들이다. 그러기에 그들은 율법주의자들인 바리새인들이나 가룟 유다나 본디오 빌라도와 같은 사람들이다.

5 순종으로 시작되는 변화

나는 지금 목사로서도 일을 하고 있지만 학교 현장에서 교사로 일하고 있다. 학생들 중에 문제 있는 학생들이 많다. 그런 학생들을 보면 그런 문제에서 얼른 벗어나게 해주고 싶어진다. 그래서 때로는 학생들에게 인간이 어떤 존재인지, 인생이 무엇인지, 왜 인생을 살면서 문제를 만날 수밖에 없는지, 어떻게 하면 그런 문제에서 벗어날 수 있는지에 대해 얘기 해줄 때가 있다. 그리고 학생들이 가진 문제를 해결해 주기도 했다.

A라는 학생은 날마다 귀신에 사로잡혀 두려움 속에 살았다.

귀신 때문에 대낮에도 화장실에 못갈 정도였다. 말씀을 들려주고 기도했더니 귀신이 그 학생을 엄청나게 괴롭혔다. 귀신이 그 학생에게서 나가지 않으려고 몸부림을 쳤기 때문이다. 그러나 그렇게 그를 괴롭히던 그 귀신이 결국 떠나갔다.

B라는 학생은 정신적인 문제를 당해 너무나 힘들어했다.

정신적인 문제뿐만 아니라 머리까지 아파 미칠 지경에 놓여 학업을 제대로 수행하지 못할 정도였다. 한의원을 찾아가거나 대학병원 정신과에 가서 치료를 받았지만 해결되지 않아서 그의 부모님도 걱정이 태산이었다. 이런저런 방법을 다 동원해도 안 되자 포기할 지경이었는데 나를 만나게 되었다. 하나님의 말씀을 들려주면서 기도했다.

공부는커녕 정신병원 신세를 지고 있어야 할 그가 정신문제가 치유되고 S대학교에 합격해서 다니고 있다. 내가 학교 안에서 남들이 하지 못하는 이런 일들을 하고 있는데도 교장과 정부에서는 무조건 예수 얘기를 하지 못하게 한다. 이런 나에게 상을 주지는 못할망정(상을 받으려고 하는 말이 아님) 방해는 하지 말아야 되는 게 아닌가.

이렇게 사람을 살리는 일을 했으면 잘한다고 해도 부족할 판에 제발 예수 얘기를 하지 말라고 하니...예수 얘기를 해야 문제가 해결되는데 예수 얘기를 하지 말라고 하니 참으로 안타까운 일이다. 무식하면 용감하다는 말이 있듯이 영적으로 정말 무식하면서 무식한 줄도 모르고 이스라엘의 바리새인들처럼, 본디오 빌라도처럼 용감하게 하나님의 일을 방해한다. 그런 사람들은 빌라도와 같은 사람들이다.

예수님의 십자가 사건 당시 그 빌라도는 지금 어디에 가 있을까?...천국일까?...지옥일까?...

아직도 이 세상에는 작은 빌라도들이, 작은 가룟 유다들이 판을 치고 있다. 참으로 불쌍한 사람들!...가룟 유다처럼 차라리 태어나지 말았으면 좋았을 것을(마26:24)...예수님의 십자가 사건이 없었던 사건이라면 예수를 안 믿어도 되지만 그러나 역사가 증거하고 있으니 어찌 할 것인가.

이 땅의 빌라도와 같은 사람들이여!...그러는 자기에게 지금 당장 아무런 일도 일어나지 않으니까 겁도 없이 하나님의 일을 방해하고 있지만, 그러나 하나님께서 계속 참고 계시지는 않으신다. 인생을 사는 동안도 문제를 당하게 되겠지만 지옥에 가서 그 죄 값을 다 감당해야 하는데 그걸 어떻게 다 감당하려고 그러는가?

예수님의 성육신 사건도, 십자가 사건도, 부활 사건도, 승천 사건도 장난이 아닌데...소설이 아닌데...역사 그 자체인데...역사의 주인(하나님)이 그렇게 역사를 나타내셨는데..."나는 ~~이다"라고 말씀하신 그 하나님이 바로 역사 그 자체인데..."나는 ~~이다"라는 그 말속에 '나는 역사 그 자체다'라는 뜻이 숨어 있는데 사람들이 그런 줄도 모르고 역사 그 자체이신 그 분을 욕하고, 그 분의 일을 방해하고 있으니 어찌 살아남을 수 있겠는가.

세상에서 왕의 일을 방해해도 살아남지 못하는데 하물며 만왕의 왕이신 하나님의 일을 방해하고 어찌 살아남을 수 있겠는가 말이다. 이제 예수님의 재림 사건만 남아 있는데...이 땅의 빌라도와 같은 사람들이여!...그대들 중에도 예수가 그리스도라는 것을 믿고 구원 받을 사람들이 있을 터이니 지금 이런 얘기를 들으면서 내가 그런 사람이 아닌가 생각해보고 회개하기 바란다.

나도 한 때 작은 빌라도였다. 나도 사도 바울처럼 예수 믿는 사람들을 욕하고 미워했다. 그런데 어느 날 예수가 그리스도라는 것을 믿고 영접하면 구원받게 된다는 하나님의 말씀을 듣고 그 말씀에 순종(내적 행위=회개=믿음의 행위)했더니 지금의 내(그리스도인)가 되었다. 사도 바울도 처음에는 그리스도인들을 잡아 죽이고 다니다가 하나님의 은혜로 예수가 그리스도라는 것을 알게 되어 그 예수를 전하는 삶을 살다가 갔다.

예수님께서도 이 세상에 머무는 동안 "내가 길이요, 진리요, 생명이요, 내가 바로 너희들이 기다리던 메시아(그리스도)다"라고 말씀하셨고, 사도 베드로나 바울도 예수가 그리스도라는 것을 말했고, 나도 지금 예수가 그리스도라는 것을 말하고 있다. 그런데 그 때나 지금이나 예수가 그리스도라는 것만 믿으면 구원받게 된다는 이 엄청난 복음을 말해주면 사람들이, 특히 복음이 뭔지도 제대로 모르는 목사나 교인들이 그러는 우리들을 향해 욕하고 이단이라고 정죄하며 핍박한다. 출교시켜버리기까지 한다(요9:22).

참으로 신기하지 않은가. 어쩌면 이천년 전이나 지금이나 사람들이 그렇게 똑 같은지...이것이 선악과 사건(죄와 마귀)에 빠져 있는 사람임을 증거 하는 것이다. 그러기에 예수가 그리스도라는 것을 제대로 깨닫고 믿는 믿음의 사람이 아니면 교회를 다니든, 안 다니든, 그 어떤 종교행위를 하든, 안 하든 똑 같은 사람(죄인)일뿐이다. 그러기에 세계 모든 종교는 하나가 될 수도 있다.

그래서 뉴 에이지(New Age) 운동이 일어나는 것이다. 뉴 에이지 운동의 목표는 '세계 경제를 하나로 묶는 단일체제와 세계의 정신과 이념을 하나로 묶는 단일종교체제를 구축하는 것'이다. 벌써 경제는 세계화의 물결을 타고 서서히 단일체제로 가고 있다. 종교도 그 뒤를 따라 얼마든지 그럴 수도 있다. 이미 그렇게 되어져 가고 있다. 그러나 그리스도교와는 절대로 단일화가 될 수 없다.

뉴 에이지 운동을 하는 사람들도 이런 내용을 알고 있어서인지 이 운동에 반대하는 그리스도인들은 모두 말살시켜서라도 단일화를 하겠다고 벼르고 있다. 그들이 그럴 수밖에 없는 이유가 선악과 사건(마귀에 의한 인간의 오리지널 죄)에 빠져 있기 때문이다. 선악과 사건에 빠져 있기 때문에, 마귀에게 속한 자들이기에 그리스도와 대적하는 것이다. 인류 역사는 선악과 사건이 터지면서 그리스도 편이냐?...그리스도와 대적하느냐?...즉, 하나님편이냐?...마귀 편이냐?...로 나뉜다.

역사는 이렇게 두 개를 놓고 달려왔고, 또한 달리고 있고, 달려가고 있다. 어느 누가, 어느 박사들이 이런 얘기를 듣고 너무 이분론적인 얘기이며, 독선적이라고 해도 이건 어쩔 수 없는 것이다. 그렇게 말하는 자들도 선악과 사건에 빠져 있는 인간(죄인=마귀에게 속한 마귀의 자녀)들이기에 그런 말을 하는 것이다.

세상의 그런 박사들의 얘기를 듣지 말고, 그런 세상 박사들보다 더 뛰어난 진짜 박사이신 하나님의 말씀을 들어야 한다. 사실 세상 박사들은 조물주이신 하나님께서 만들어 놓으신 세계를 하나씩 연구해서 박사학위를 받아 박사 노릇을 하고 있는 것이다.

그리스도인들이여! 행여 그런 자들로부터 독선적이라는 말을 들어도 절대로 그런 말에 흔들리지 말라. 반응하지 말라. 이미 그런 말에 대해서 죽은 자라는 것을...그 정도가 아니라 죄에 대해, 세상에 대해, 인생의 모든 문제에 대해 이미 죽은 자라는 것을...한마디로 아담 안에서 태어난 첫(옛) 사람과 그 첫(옛) 사람이 가진 문제들은 이미 죽었다는 것을 잊어서는 안 된다.

예수가 그리스도(십자가 사건을 통해 세상에 대해, 또한 그런 말들에 대해 반응하다가 죽어 지옥으로 갈 수밖에 없는 우리를 이미 죽게 해주시고, 하나님께 대하여는 다시 살게 해주신 구원의 하나님)라는 것을 믿으라는 말씀에 늘(24시간) 순종하고 있다면 그런 말들에 흔들리지, 반응하지 않게 된다.

그들이 그렇게 말하는 것이 그들이 하는 것 같지만 마귀가 그들을 그렇게 사용하고 있는 것이며, 그게 마귀의 고도의 전략적인 말(사람을 넘어지게 하는 말)이라는 것을 알고 절대 속지 말기 바란다. 민주주의가 판을 치는 세상이기에 그런 사상으로 물든 사람들이 복음도 여론몰이로 몰고 가려고 한다. 그런 사람들 속에 마귀가 역사하고 있다는 것을 알고 절대 속지 말기 바란다.

> 민주주의가 판을 치는 세상이기에 그런 사상으로 물든 사람들이 복음도 여론몰이로 몰고 가려고 한다.

우리가 예수가 그리스도라는 것을 믿으라는 말씀에 늘(24시간) 순종하지 않으면, 그래서 잠시 틈을 주면 그 틈새를 노리고 있던 마귀가 그런 말(생각)을 가지고 파고 들어와 우리를 무너지게 한다. 그러다보면 그들의 말처럼 내가 너무 독선적이지 않는가?...라는 생각을 하게 되고, 그러다보면 그래 맞아, 기독(그리스도)교는 너무 독선적이야...라는 생각이 마음속에 자리잡아버린다. 이렇게 되면 이미 무너져버린 것이다.

마귀는 언제든지 그렇게 사람을 무너지게 한다. 인간을 무너뜨리는 것이 마귀의 주특기니까...마귀라는 놈은 밥만 먹고 나면 늘 그런 짓을 한다. 그렇게 무너진 자들이 마귀의 밥이니까 그런

밥을 먹고 나면 또 다시 그런 짓을 한다. 그러기에 마귀의 밥이 되지 말아야 한다. 그러기 위해서도 '24시간(늘) 예수가 그리스도라는 것을 믿으라는 말씀에 순종해야 한다.' 그리하면 하나님께서 다시 일으키신다.

하나님은 일으켜 세우는 것이 주특기니까 그렇게 넘어져도 다시 일으키신다. 마귀는 세상에 똑똑하다는 인간들, 박사라는 인간들을 전면에 내세워서 사람들을 속이고 있다는 것을, 넘어지게 하고 있다는 것을 알고 그런 뚱 박사들의 얘기에 빠져 들면 안 된다. 선악과 사건이 터진 동네(세상)에 살다가 그리스도를 통해 임마누엘 동산으로 들어온 사람들이라 할지라도 그런 사람들의 말에 잘 속기 때문에 영적으로 정신을 바짝 차려야 한다.

마귀는 정신을 놓치고 있는 자들을 노린다.

그리스도의 체질이 덜 되어 있는 그리스도인들의 발목을 잡고 자꾸만 선악과 사건이 터진 동네(세상=애굽)로 잡아당기려고 애를 쓴다. 사람에 따라 그 동네로 내려가지 않는 사람들도 있지만 걸핏하면 그 동네로 내려갔다가 고생을 하는 사람들도 있다.

믿음의 조상이라고 하는 아브라함도 하나님께서 약속하신 가나안 땅에 머물러 있지 않고 애굽으로 내려갔다가 안 해도 될 고생을 한 것처럼, 즉 자기 아내까지 빼앗기는 일을 당한 것처럼(창12:5-20), 지금도 사람들이 그리스도를 통해 임마누엘동산에 들어왔으니까 이 동산에 머물고 있으면 될 텐데 어느새 마귀에게 속아, 그런 진리를 모르는 박사들의 말에 속아 선악과 사건이 터진 동네로 내려가서 고생을 한다.

예수가 그리스도라는 말속에는 '예수가 박사'라는 뜻도 들어 있다. 그러기에 세상박사들이 아무리 뭐라고 해도 우리의 박사는 '예수'밖에 없다는 강한 믿음으로 서 있어야 그런 박사들의 말에 말려들지 않는다.

그런 박사들이 기독교를 향해 독선적이라고 말하거나, 진화론을 말하면 그런 말에 빨려 들어가지 말고 오히려 그런 박사들보다 자기 자신이 더 위대한 박사(그리스도인)라는 것을 알고 그들이 왜 그런 말을 할 수밖에 없는지에 대해 얘기해줘야 한다.

그들이 그런 말을 하는 것 자체가 선악과 사건이 터진 동네에 있기 때문이라는 것과, 즉 마귀의 자녀이기 때문이라는 것과, 거기서 빠져 나올 수 있는 방법은 오직 예수가 그리스도라는 것을 믿으라는 말씀에 순종하는 길밖에 없음을 당당하게 말해줘야 한다.

예를 들어 당신들이 여태껏 해봐서 알겠지만 아무리 도덕이나 율법이나, 그 어떤 종교행위를 해봐도 당신들 속에 도사리고 있는 죄 문제가 해결되더냐?...'말씀(법)대로 살아야지'라는 생각을 하고 있는 자기와 어느새 '그 말씀대로 살아지지 않는 자기'를 발견할 때가 있지 않더냐?...죄를 안 지으려고 하는데 죄를 짓고 마는 자기 자신을 바라보면서 왜 그렇게 되고 마는 것인지에 대해 고민하고 있지 않으냐?...인간의 그 어떤 방법으로도 해결되지 않는 그것을 하나님께서 해결해 주셨다. 해결해 주신 증거가 있다. 그게 십자가 사건(피)이다.

그런 증거까지 주시면서 믿으라고 하셨다. 그것이 독선인가...좋다!...당신들이 말하는 대로 독선이라고 하자. 독선이라고 해도 이건 받아들여야 된다. 그래야 영생을 얻게 된다. 세상 약에도 특효약이라는 것이 있다. 사람이 어떤 병에 걸렸을 때 그 병에는 오직 한 가지 약밖에 없다고 하자. 그런데도 사람들이 그것 말고도 다른 약이 있다며 다른 약들을 소개한다고 하자.

그러면 환자가 오직 한 가지밖에 없다는 그 약을 먹어야 치유되는 것이지 다른 약을 먹으면 치유되겠는가? 치유되기는커녕 고생만 더 하게 된다. 그 병에는 오직 한 가지 약, 즉 '특효약' 하나밖에 없다고 할 때 그것을 주장하는 사람을 향해 독선적이라고 할 수 있겠는가? 영적으로도 마찬가지다. 선악과 사건(죄)에 빠져 있는 인간들을 살릴 수 있는 방법은 '예수님의 피'밖에 없다. 이것이 '특효약'이다.

그동안 해봐서 알겠지만 아무리 도덕, 율법, 고행, 선행, 각종 종교행위를 해봐도...아무리 말과 뜻과 행실을 깨끗하고 착하게 해도, 그런 약으로는 선악과 사건(마귀에 의한 인간의 오리지널 죄)이라는 깊은 병에 걸려 있는 인간들을 절대로 다시 살릴 수 없다. 그러기에 다시 살 수 있는 길은 '예수님의 피'밖에 없는 것이다.

병든 영혼에 특효약은 '예수의 피'밖에 없다는 말씀을 하시는 하나님이 독선적인가? 아니면 '다른 방법들도 있다'라고 말하는 인간들이 독선적인가? 우리가 다시 살 수 있는 방법은, 그것도 영생을 얻을 수 있는 방법은 '예수의 피'밖에 없다. 이것이 특효약 중에 특효약이다. 그러니까 당신들이 이런 내용도 모르면서 그런 소리 하지 말라고 당당하게 얘기해주면 된다. 그러다보면 믿고 나올 사람도 있을 테니까...그러나 이런 얘기를 해줘도 안 통하는 사람들이 있다.

그러면 그런 사람들을 붙잡고 얘기한다고 시간 낭비, 에너지 낭비 하지 말고...그들과 멀리 하고 다른 사람들에게 전해주면 된다 (딛3:9-11). 이런 얘기는 하나님으로부터 택함을 받은 사람, 진리에 속한 사람들만 알아듣고 나오게 되어 있지 아무나 다 알아듣고 나오는 것이 아니기에 거부하는 사람을 붙잡고 아쉬운 소리 해가면서 애쓸 필요가 없다.

우리가 뭐가 아쉬워서 그들에게 굽실거리고 아쉬운 소리를 해가면서 이런 얘기를 해줄 것인가. 듣기 싫어하면 당당하게 그만 두고 다른 사람에게로 가라. 그리스도인은 그렇게 항상 당당해야 한다. 아쉬우면 자기들이 아쉬운 것이다. 그러다가 어느 날 다시 한 번 얘기를 듣고 싶다고 연락이 오면 가서 전해주면 된다.

그리고 그리스도인들을 향해 "너무 이분론적으로 몰아붙인다"고 말하는 사람들을 만나게 되면 그런 사람들 앞에서도 당당하게 이렇게 말하면 된다. 빛과 어둠이 있기에 빛과 어둠이 있다고 말하는데 이것을 보고 이분론적이라고 말할 수 있는가? 당연히 두 개로 나뉘어져 있다. 빛은 빛이고, 어둠은 어둠인 것이다. 이미 빛은 빛으로, 어둠은 어둠으로 존재하고 있는 것이다.

그것을 우리가 일부러 이분론적으로 몰아가서 이분론적으로 말하는 것이 아니다. 이미 그렇게 이분화 되어 있기에 이분론을 주장하는 것이다. 그런 것처럼 하나님(참 빛) 편에 속하느냐, 마귀(흑암) 편에 속하느냐, 즉 하나님의 자녀냐, 마귀의 자녀냐 하는 것도 마찬가지다. '선과 악' 이것도 분명하게 둘로 나뉘고, '참(진실)과 거짓' 이것도 분명하게 둘로 나뉘며, '생명과 사망' 이것도 분명하게 둘로 나뉜다.

또한 하나님(성령)과 마귀(악한 영)도 분명히 둘로 나뉜다.

하나님은 빛이시며 마귀는 어둠이다. 사람이 빛의 자식이냐?, 어둠의 자식이냐?...이 둘 중 자기가 어디에 속하는지 점검해보기 바란다. 인간이 빛에 속하든지, 어둠에 속하든지 둘 중에 하나다. 생명에 속하든지, 사망에 속하든지 둘 중에 하나다. 아담 안에 속하든지, 예수 안에 속하든지 둘 중에 하나다.

이렇게 이분론적일 수밖에 없다...라고 당당하게 얘기하면 된다. 이런 이분론적인 얘기를 듣기 싫다거나, 자기 생각과 맞지 않는다고 해서 그리스도인들을 향해, 하나님을 향해 욕하는 사람들도 있는데 그런 사람들은 진리에 속한 자가 아니기 때문에...거짓에 속한 자들이기 때문에...어둠에 속한 자들이기 때문에...마귀에게 속한 자들이기 때문에 그러는 것이다.

또 어떤 사람들은 '모든 종교 하나 되기 운동'을 하기도 하는데 그들이 아무리 그리스도교(기독교)까지 하나로 합치려고 해도 하나가 될 수 없다. 마치 기름과 물 같아서 아무리 합치려고 해도 합쳐지지 않게 되어 있다. 물이 담긴 병속에 기름을 넣고 아무리 세게 흔들어도 물과 기름은 섞이지 않는 것처럼 기독교와 세상 종교들과는 절대로 하나가 될 수 없다.

그리고 모든 종교는 피조물을 섬기는 것이기에 하나가 될 수 있지만, 기독교는 조물주이신 하나님을 섬기기 때문에 절대로 그들과 하나가 될 수 없다. 그들도 그리스도교(기독교)는 세상 모든 종교들과 합쳐지지 않을 것을 알고 있다. 그래서 그리스도교(기독교)인들을 말살시켜야 된다는 말을 하고 있다. 이런 말은 사람의 생각에서 나오는 말이 아니다. 어찌 사람을 자기 종교와 합치지 않는다 해서 죽일 수 있단 말인가.

그렇게 하는 것은 처음부터 뱀을 통해 인간을 선악과 사건에 빠지게 하여 인간을 죽음문제 속으로 밀어 넣은 마귀가 지금은 사람들을 통해 그렇게 하고 있는 것이다. 그런데 그들은 그게 자기들의 정당한 생각, 좋은 생각인 줄 알고 그러는 것이다. 선악과 사건 때부터 지금까지 마귀에게 붙잡혀 마귀가 불어넣어주는 생각으로 그렇게 살고 있다는 것을 모른 채…

우리는 그런 운동하기보다는 '예수가 그리스도라는 것을 믿으라는 말씀에 순종하기 운동(복음순종운동)과 전하는 운동'을 펼쳐야 한다. 이것만이 내가 살고 다른 사람을 살리는 길이기 때문이다. 그래야 그들도 이분론적이니, 독선적이니 하는 그런 말을 안하게 될 것이 아닌가. 우리가 이런 말을 해줘도 자꾸만 못 알아듣고 따지고 덤벼들면 그런 사람들은 그런 사람들대로 고생하고 살다가 진짜 어둠(지옥)속으로 갈 사람들이라 생각하고 더 이상 논쟁하지 말고 피하기 바란다(딛3:10).

이미 인간은 처음(선악과 사건 때)부터 마귀에게 속아 죽는 길을 선택해서 가고 있는 중이다. 인간은 그 때부터 이미 어둠을 선택했고 사망을 선택했다. 빛(하나님)보다 어둠(마귀)을 더 사랑(좋아)하여 그것을 좇았더니 사망에 이르게 되었다. 그런 인간을 살리시려고 빛이신 하나님께서 친히 찾아 오셨다. 그 분이 예수다. 저 공중의 햇빛으로는 우리가 새 생명을 얻을 수 없기에 하늘 보좌로부터 참 빛이 우리에게 임했다. 그 참 빛이 '예수'다.

그렇게 귀하고 엄청난 '참 빛'이 임하였으나 어둠(선악과 사건에 빠져 있는 죄인)이 깨닫지를 못하고 그 빛을 외면했다(요1:5). 그 안에 생명(영생)이 있는데 사람들이 이 생명을 외면했다(요1:4). 지금도 많은 사람들이 외면하고 있다. 이 빛을 받아들이지 않으면 어둠속에 살다가 진짜 어둠(지옥)속으로 들어간다.

이 빛을 받아들여야(영접해야) 어둠이 물러가고 빛의 자녀가 된다(요12:36/엡5:8/살전5:5). 마귀의 자녀에서 하나님의 자녀가 된다(요1:12).

그런데도 선악과 사건에 빠진 어둠(마귀)의 자식(죄인)들이 빛이신 예수를 욕하고 십자가에 매달아 죽이기까지 했다. 언제?...이천년 전에...그때 어둠이 잠시 빛을 이긴 줄 알았다(예수님께서 죄인들에게 맞아 죽으심은 그런 죄인들인 우리를 살리시기 위해 피를 흘려야 했기에 그렇게 당하신 것인데...). 그러나 사흘 후에 그 빛은 우리 앞에 다시 나타나셨다. 그게 예수님의 '부활 사건'이다.

사람들이 그런 줄도 모르고 아직도 예수를 욕하고 외면한다. 그리고 또한 어둠의 자녀들이 예수가 참 빛(그리스도)이라는 것을 믿고 영접한 빛의 자녀들을 향해 욕하고 죽이기까지 한다. 그러기에 지금도 어둠이 빛을 이긴 것처럼 보인다. 그러나 그것은 이긴 것이 아니다. 이미 이천년 전에 빛의 승리로 결론이 났다.

그 승리의 깃발 아래에 있는 승리의 군사(그리스도인)들을 욕하고 죽인다 해도 그런 것과 상관없이 이미 빛 안에, 생명 안에 들어와 버렸다. 그리스도인들을 죽인다 할지라도 그런 죽음문제가 문제가 아니라는 말이다. 이게 무슨 말이냐 하면 이미 예수님의 십자가 사건 때 아담 안에서 태어난 첫 사람인 나(우리)는 예수님의 십자가 사건 때 예수님과 함께 죽고, 지금의 나(우리)는 예수 안에서 거듭난 둘째 사람이기 때문이다. 이미 빛의 자녀요, 영원한 생명(영생=하나님)을 가진 존재이기 때문이다.

지금 이 세상(선악과 사건이 터진 동네)에 발을 딛고 있는 이 몸은 아담 안에서 태어난 첫 사람의 몸이기에 썩어 없어질 순간을 기다리고 있을 뿐이다. 예수님께서 다시 오실 때 새로 몸을 입게 되는 그게 진짜 내 몸이다. 그러니까 이 몸, 즉 이 껍데기를 보고 '나'라고 생각하지 말고...이 껍데기는 썩어 없어질 것인데 썩어 없어질 그 순간까지 어디든지 다니면서 복음을 전하는데 사용될 몸(껍데기)일 뿐이라는 것을 알고...그러기에 이미 죽음과 상관없는 영생의 존재이기에 몸이 썩어 없어지는 그 순간까지 부지런히 복음을 전하면 된다.

> 예수님께서 다시 오실 때 새로 몸을 입게 되는 그게 진짜 내 몸이다.

이런 내용에 대해 이렇게 제대로 알게 되면 세상일을 하기 위해 존재하는 것이 아니라 천국 일(복음전도운동=사람 낚는 일)을 하기 위해 존재하는 것임을 알고 천국 일을 하게 된다. 사도 베드로나 바울처럼, 그리고 나처럼 영적 어부(영혼을 살리는 어부=사람 낚는 어부)로서의 삶을 살게 된다. 즉, 예수 안에서 새 사람 된, 거듭난 속사람이 아담 안에서 태어난 첫(옛) 사람인 이 몸을 통해 복음을 전하는 아름다운 삶을 살게 된다는 말이다.

그러기에 아직 썩어지지 않은 이 몸은 복음을 전하는 도구로 사용되고 있는 것이다. 그러기에 또한 이 몸이 소중한 것이다. 복음을 전하는 귀한 몸이기에 잘 먹어야 하고, 운동도 해서 잘 돌봐야 한다. 그러니까 세상적으로 잘 돼보려고 잘 먹고, 운동하는 것이 아니라 복음을 전할 귀한 몸이기에 잘 먹고 또한 운동도 해야 한다는 말이다.

그러기에 예수가 그리스도라는 것을 제대로 알고 그것을 믿으라는 말씀에 순종하면 이렇게 생각 자체가 달라진다. 삶의 방향, 목표가 달라진다. 자기 시간, 자기 물질, 자기 몸을 사람을 살리는 일에 사용하게 되는 일(이웃 사랑, 인류사랑 운동)이 일어난다. 이것이 하나님의 역사다. 복음에 순종하면 하나님께서 그렇게 하신다.

이런 내용에 대해 알지 못하면 외형적인 일이나, 외모에 대해 너무나 많은 신경을 쓰게 된다. 지금 이 세상이 온통 외모에 신경을 쓰고, 그 외모를 통해 세상적으로 잘 돼보려고 난리들이다. 그게 선악과 사건에 빠져 있다는 증거다. 사람들에 의해 세상이 그렇게 되고 있으니까 사람들이 그렇게 하고 있는 것 같지만 영안을 뜨고 바라보면 마귀가 인간들의 생각 속을 파고 들어가 그렇게 몰고 가고 있다는 것을 알 수 있다.

선악과 사건이 터진 동네(세상)에서는 선악과처럼 먹음직하고, 보암직하고, 지혜롭게 할 만큼 탐스럽기까지 한 외형적인 것에 신경을 많이 쓰게 되어 있다. 에덴동산의 선악과 자체가 그런 것이었고, 그런 선악과를 따 먹은 사람에게서 난 사람들이기에 더더욱 그렇게 될 수밖에 없는 것이다. 선악과 사건이 터진 동네(세상)에서 사람들의 왕 노릇하는 놈이 마귀이기에 그 마귀의 지배하에 있는 인간으로서는 어쩔 수 없이 그렇게 되고 마는 것이다.

세상을, 사람을 그렇게 몰고 가는 마귀에게 속는 줄도 모르는 인간들이기에 계속 그렇게 몰려버린다. 마귀가 그렇게 하는 것은 인간들이 예수가 그리스도라는 것에 대해 아는 것과, 그것을 믿으라는 말씀에 순종하는 것이 얼마나 중요하고 시급한 일인지를 모르도록 하기 위함이다. 사람들의 생각을, 정신을 그런 쪽으로 쏘옥 빠지게 해서 어쩌든지 사는 길을 모르도록 한다.

아무리 성형을 잘하여 양귀비 같이 되었다 해도, 아무리 화장을 잘해서 아름답다는 소리를 들어도 천국에 들어가지 못한다(렘 4:30). 하나님을 다시 만나지 못한다는 말이다. 그런 성형이나 그런 화장으로는 절대로 하나님께서 아름답다고 인정하지 않으신다. 그런 화장보다 진짜 화장을 하는 방법이 있다. 예수가 그리스도라는 것을 믿고 받아들이면 영혼에 화장이 된다. 아주 아름답게 된다. 하나님께서 예쁘다고 인정해주신다.

그러니까 화장을 하려거든 '예수님의 피'로 해야 한다. 이 피는 그 어떤 화장품보다도 좋다. 이 화장품은 얼마나 신기한지 죽은 영혼도 살리는 화장품이다. 그러기에 예수가 그리스도(영혼의 화장품)라는 것을 깨닫고 사는 인생이 참으로 복된 인생이다.

지금 내가 이런 얘기를 하는 것도 예수가 그리스도라는 것을 깨달았기 때문에 이렇게 하고 있는 것이다. 그렇지 않으면 이런 내용을 알 수도 없고, 이런 얘기를 할 수도 없다. 내가 무슨 재주로 이런 내용을 알 수 있겠으며, 이런 얘기를 계속 할 수 있겠는가. 어떤 원고를 작성해서 그것을 보고 이런 얘기를 하고 있는 것도 아닌데... 지금 원고 없이 이렇게 계속 얘기 하고 있다.

예수가 그리스도라는 것을 믿기만 하면 된다는 하나님의 말씀에 순종했더니 지금도 성령께서 이렇게 나를 사용하고 계신다. 그러기에 이렇게 얘기를 전개해나가고 있는 것이다. 마귀에 의한 선악과 사건으로 인해 하나님을 떠난 인간들이 지금도 마귀에게 속아 계속 각종 종교행위를 하고 있고, 또한 뉴 에이지 운동을 하고 있다는 것까지 다 알게 되었기에 그런 것에 속지 말라고 말해주는 것이다. 선악과 사건 때 이미 하나님을 떠나 마귀와 바람이 나버린(간음한) 인간(죄인)들이 아직도 하나님 앞에서 그런 죄를 짓고 산다. 이런 얘기를 듣고 마귀에게 그만 속았으면 좋으련만 아직도 마귀에게 붙잡혀 계속 속고 있다. 그렇게 죄를 짓고 살 수밖에 없는 불쌍한 인간들을 구원하시려고 예수님께서 십자가에 달려 죽기까지 하셨는데 그런 예수님을 대적해서야 되겠는가. 그런 일에서 돌아서기 바란다.

오늘도 하나님께서는 그런 일에서 돌아서기를 바라고 계신다. 그런 죄를 지었다 할지라도 그런 죄 문제까지 용서해주신 하나님 품으로 돌아오기 바란다. 그게 진짜 참 회개다. 하나님께서는 그 어떤 죄를 지었다 할지라도 돌아오면(회개하면) 용서하신다. 예수님을 십자가에 못을 박은 사람(엄청난 죄인)이라 할지라도 예수가 그리스도라는 것을 알고 믿는 사람(돌아온 사람=회개한 사람)은 그런 죄도 용서받게 된다.

그러기에 더 이상 하나님을 대적하지 말고 돌아서기 바란다. 마귀는 선악과 사건이 터지는 순간부터 인간들의 선생(선배) 노릇을 하고 있다. 마귀는 인간에게 처음부터 거짓말로 죽는 길을 가르쳐 주었고, 지금도 죽는 길을 가르쳐 주고 있다. 그러기에 거짓 선생이다. 그는 거짓 선생의 아비다(요8:44). 인간들을 속이되 철저하게 그럴듯한 거짓말로 속인다.

하나님께서 예수님의 십자가 사건(피)을 통해 인간이 사는 길, 행복의 길을 만들어 놓으셨는데도 마귀는 그 길을 가지 못하도록 사람들의 생각을 앞에서도 말한 것처럼 다른 곳으로 돌려 놓고 있고, 또한 위인들을 선생님으로 여기게 하여 그들의 가르침을 따르게 하고 있다.

그러니까 영적으로 들여다보면 우리의 진짜 참 선생님은 하나님이시고 거짓 선생은 마귀라는 것을 알 수 있다. 거짓 선생인 마귀에게 속지 말고, 그리고 각종 종교인들이나 뉴 에이지 운동하는 사람들에게 속지 말고 얼른 예수가 그리스도라는 것을 믿으라는 말씀에 순종해버리기 바란다. 그러지 않으면 마귀뿐만 아니라 그 마귀에게 속한 거짓 지도자들에게 계속 당한다.

그런 거짓 지도자들을 거짓 선지(선생)자들이라고 한다.

거짓 선지자들이 지금 이 세상에 너무나 많다. 세상 사람들은 물론이고 교회 안에도 있다. 종교 지도자들 중에도 있다. 이들은 성경(책)을 손에 들고 서서 사람들을 속이고 있기 때문에 사람들이 속는 줄도 모르고 속는다. 이들은 진짜 거짓 선지자들이다.

마귀는 조물주이신 하나님을 대적하는 아주 더러운, 아주 고약한 놈이기 때문에 우리들의 진짜 참 선생님이신 하나님을 모르도록 세상 학교에는 인간들을 선생님으로 만들어 세워 놓기도 했다. 교회에 거짓 지도자들을 세워서 하나님께로 나가는 길을 모르도록, 헷갈리도록 하고 있다.

그러기에 세상 학교의 선생님들을 통해 진짜 참 선생님이 있다는 것을 알고 얼른 진짜 선생님이신 하나님을 다시 만나야 한다. 선악과 사건 때 우리가 참 선생님이신 하나님을 떠났기에 이젠 그 선악과 사건을 해결하고 다시 하나님을 만나면 된다. 우리 힘으로 해결할 수 없는 그 엄청난 선악과 사건을 해결해주신 분이 '예수'다. 선악과 사건을 해결하신 증거가 있다. 그게 '십자가 사건(피)'이다.

우리가 해결할 수 없는 선악과 사건을 예수께서 십자가 사건(피)을 통해 해결해 주시므로 인해 우리가 다시 참 선생님이신 하나님을 만날 수 있게 됐다. 그래서 예수를 그리스도라고 한다. 그러니까 예수를 믿되 예수가 우리를 그렇게 해주신(참 선생님을 만나게 해주신) 구원의 하나님(구세주=그리스도)이라는 것을 믿고 받아들이면(영접하면) 된다.

그리하면 참 선생님이신 하나님을 다시 만나게 된다는 것이 하나님의 약속이다. 이것이 새 언약(복음)이다. 그 말씀대로 하면, 즉 그 복음에 순종하면 참 선생님이신 하나님을 다시 만나게 된다. 만나게 되므로 이렇게 확실하게 알고 말하게 된다. 이것이 하나님을 다시 만났다는 증거다. 어찌 이런 내용을 인간의 머리로서 알 수 있겠는가. 하나님을 다시 만났기에 이렇게 말하는 것이다.

그러니까 세상 사람들이 자기들의 생각(거짓 선생인 마귀의 가르침)을 가지고 말하듯이, 사도 바울을 비롯한 우리는 우리들의 생각(참 선생님이신 하나님의 가르침)을 가지고 말하는 것이다. 우리가 참 선생님이신 하나님을 만났기에 인간이 어떤 존재인지, 인생이 뭔지, 왜 인생을 사는 동안 종교 문제들을 비롯한 이런저런 수많은 문제들을 만나게 되는지, 어떻게 하면 그런 문제들에서 해방될 수 있는지에 대해 알게 되어 이렇게 말해 주는 것이다.

학교에 가서 선생님들로부터 세상 지식을 배울 줄은 알면서 정작 중요한 이런 내용에 대해 배우는 것은 소홀히 해서야 되겠는가. 어차피 인간은 자기 생각대로 살든지, 누군가로부터 주어진 말(지식)을 믿고 살 수밖에 없는 존재들이기에 이왕이면 피조물인 인간의 말을 믿기 보다는 조물주이신 하나님의 말씀을 믿으면 너무나도 쉽게 인생의 모든 문제에서 해방되는데...그러므로 불교에서 말하는 해탈보다 더한 해탈을 얻을 수 있는데...또한 극락세계(천국)도 아주 쉽게 얻을 수 있게 된다.

원효 대사가 당나라로 유학을 가던 중 해골에 괸 물이 상황에 따라 다르게 느껴지는 것을 알고 모든 깨달음은 마음속에 있다고 했다. 얘기를 좀 더 하겠다. 원효가 661년 당나라로 유학을 가던 중 당항성(唐項城:南陽)의 한 고총(古塚)에서 잠을 자다가 잠결에 목이 말라 곁에 있던 물을 마시게 된다.

다음날 아침에 그 물이 해골에 괸 물이었음을 알고 사물 자체에는 정(淨)도 부정(不淨)도 없고 모든 것은 마음에 달렸음을 깨닫고는 가던 길을 멈추고 그냥 돌아왔다. 보통 사람이라면 "에이, 더러워..." 하고 넘어갈 수도 있었으나 원효는 종교심이 많은 사람인지라 그런 일도 그냥 넘어가지 않고 생각해보게 되었던 것이다.

가만히 생각해보니 어젯밤에 만난 물이나, 오늘 아침에 만난 물이나 물은 같은 물인데...어젯밤에 그 물이 해골에 고여 있던 물인 줄 모르고 마셨을 때는 그렇게 시원하고 달콤할 수가 없었지만, 아침에 일어나서 해골에 고여 있던 물을 바라봤을 때는 어젯밤에 마신 그 물을 토하고 싶었을 것이다.

이게 도대체 뭔가?...똑 같은 해골바가지의 물인데 어젯밤과 오늘 아침은 왜 이렇게 다르게 느껴지는 걸까?...사물 자체에는 정(淨)도 없고 부정(不淨)도 없는데 마음에서 그런 것이 일어나는 것이로구나!...그러기에 해골(사물)에 고인 물이 문제가 아니라 자기 마음이 문제라는 사실을 알게 된 원효는 더 이상 '도(道)'를 얻기 위해 당나라에 갈 필요가 없었던 것이다. 가던 길을 안 가게 됐다.

왜 원효대사 이야기를 하고 있었느냐하면, 이렇게 사람이 뭔가를 깨닫게 되면 가던 길, 하던 일도 그만 두게 되듯이 예수가 그리스도(진리 그 자체)라는 것을 깨닫게 되면 모든 문제에서 해방되기 때문에 불교에서 말하는 해탈과 극락세계보다도 더한 것을 얻을 수 있는 것이며(어쩔 수 없이 내가 쉽게 애기해보려고 불교 용어를 쓰고 있다는 것을 그리스도인들은 이해해주기 바란다), 그렇다면 하던 일을 그만 두고 나오게 되는 것이라는 말이다.

그리고 사실 원효대사가 그렇게 깨달은 것은 예수가 그리스도라는 것을 깨달은 우리들에 비하면 아무것도 아니다. 왜냐하면 원효대사가 해골바가지에 담긴 물을 보고 그런 깨달음을 얻었어도 하나님을 다시 만날 수 없기 때문이다. 새 생명을 얻을 수도 없고, 죄와 마귀와 죽음 문제를 비롯한 인생의 모든 문제에서 벗어날 수 없다. 자유로울 수 없다. 천국에 입성할 수 없다. 사람이 마음먹기에 달렸다는 그런 깨달음으로 가다보면 한계를 만나게 된다.

왜냐하면 어느 부분에서는 그렇게 될 수도 있지만 어느 부분에서는 안 되는 경우도 있기 때문이다. 자기 마음이지만 자기 마음대로 안 되기 때문이다. 마음의 세계는 의식과 무의식의 세계가 있다.

자기 마음이지만 자기가 모르는 마음의 세계가 있다는 사실을 아인슈타인과 더불어 20세기 최고의 사상가요, 신경과 의사이며 정신분석의 창시자인 프로이트가 밝혔다.

그가 1889년 낭시(프랑스)의 베르넴과 레보 밑에서 최면술을 통해 인간의 마음에는 본인이 의식하지 못하는 과정, 즉 무의식이 존재한다는 것을 알게 되었고, 히스테리 환자에게 최면술을 걸어 잊혀져가는 마음의 상처(심적 외상)를 상기시키면 히스테리가 치유된다는 사실을 발견하였다. 그러나 최면술 치유법의 결함을 깨닫고 자유연상법을 사용하여 히스테리를 치료하고 1896년 이 치료법에 '정신분석'이라는 이름을 사용하게 된다.

그는 무의식속에 잠재되어 있는 것들이 정신질환이나 신경질환으로 나타난다는 사실을 알았으며, 그것을 최면술을 통해서나 연상법을 통해 말하게 하므로 치유가 된다는 것을 밝혀냈다. 이렇게 사람의 마음은 의식과 무의식 세계가 있다는 것이 분명하며, 그러기에 사람이 마음먹은 대로 다 되는 것이 아니라는 것도 알 수 있게 되었다.

좀 더 구체적으로 설명하자면 인간은 인생을 사는 동안 이런저런 문제들을 만나게 된다. 이런저런 문제들을 만나면서(의식) 그 문제들이 어느새 그 사람 속에 깊이 감추어지게 되는데(무의식) 그 감추어진 것(무의식속의 것들)이 그 사람을 히스테리(정신질환)나 신경증을 유발시켜 고통을 당하게 한다는 사실과 그 무의식 속에 잠재되어 있던 것(예전의 어떤 문제로 인해 충격을 받은 어떤 내용)을 말하게 하므로 치유가 되었다는 사실을 프로이트가 밝혀 냈다는 말이다.

그래서 이것을 '말하기 치료법'이라고 이름을 붙였다. 무의식 속에 잠재된 것을 말을 통해 토해냄으로 치유가 일어났기 때문이다. 그러기에 원효대사의 말처럼 사람이 마음먹기에 달린 것이 아니다. 그리고 원효가 사물 자체에는 정(淨)도 없고 부정(不淨)도 없는데 마음에서 그런 것이 일어나는 것이라고 했는데 그 말도 맞는 말이 아니라고 본다.

사물 중에 부정한 것이 있다. 그것이 인간이다. 선악과 사건(마귀에 의한 인간의 오리지널 죄)으로 인해 인간은 이미 더러워져 있다. 그러기에 더러운 존재(죄인)다. 더러운 마귀와 함께 한(한 몸 된) 인간이기에 더러운 존재요, 부정한 존재다. 부정한 존재이기에 하나님을 만날 수 없다. 하나님을 만나지 못하므로 자기 생각대로 산다. 무엇을 통해 뭔가를 깨닫고 그것이 맞는 줄 알고 그렇게 살다가 지옥으로 간다.

마귀는 그렇게 뭔가를 깨달으려고 나가는 사람들에게 어느 정도까지는 깨닫게 한다. 뭔가 대단한 것을 깨달은 것처럼 여기게 하여 그것을 외치고 가르치게 한다. 그러면 또 하나의 종교가 탄생하게 된다.

나도 그런 적이 있다. 세상을 살면서 도덕적으로 완벽해보려고 했다. 아무리 애를 써도 그렇게 살지 못하는 나 자신을 바라보게 되었다. 석가처럼 처자식을 버리고 세상을 떠나 깊은 산속에 들어가서 도를 닦고 싶었다.

그러던 어느 날 종교가 무엇인가에 대해 깊은 생각을 하던 중 모든 종교는 하나라는 도(道)를 깨달았다. 이게 무슨 말이냐 하면...지리산 정상이 천왕봉인데 그 천왕봉에 올라가는 길은 여러 개다. 구례 화엄사 쪽에서 올라가는 길이 있고, 대원사 쪽에서 올라가는 길이 있고, 법계사 쪽에서 올라가는 길이 있다. 그렇게 올라가다보면 결국 정상(천왕봉)에서 다 같이 만나게 된다.

그러니까 천왕봉이라는 정상에 올라가는 길은 여러 개지만 결국 정상에 올라서보면 다 같이 만나게 될 테니까 서로가 이 길로 가야만 정상에 올라가게 된다거나, 저 길로 가야만 정상에 올라가게 된다고 고집 부릴 필요가 없다는 말이다. 즉, 대원사 쪽에서 정상을 향해 올라가는 사람이 법계사 쪽으로 올라가는 사람을 향해 그 길로 가면 정상에 못 간다거나, 법계사 쪽에서 정상을 향해 올라가는 사람이 대원사 쪽으로 올라가는 사람을 향해 그 길로 가면 정상에 못 간다고 말할 필요가 없다고 생각했다.

대원사 쪽으로 올라가거나, 법계사 쪽으로 올라가거나 결국은 정상(천왕봉)에 가보면 다 만나게 될 테니까...

이와 마찬가지로 종교도 이 종교를 믿어야 천국(극락)에 갈수 있다거나, 저 종교를 믿어야 천국에 갈수 있다고 고집 부릴 필요가 없다고 생각했다. 이 종교를 믿든, 저 종교를 믿든, 그 어떤 종교 행위를 해도 결국은 모두가 다 천국에서 만나게 될 테니까...

이런 내용을 모르는 어리석은 인간들이 내 종교가 진짜 종교고, 네 종교는 가짜 종교라느니 하면서 싸우고 있다고 생각했다. 그러면서 때로는 종교전쟁까지 하면서...

이게 무슨 짓이냐 말이다. 다 같이 잘 되자고, 다 같이 나중에 좋은 세상(천국)에서 만나자고 하는 짓이 종교행위인데 이런 내용을 제대로 깨닫지 못한 어리석은 인간들 때문에 종교전쟁까지 하면서 서로를 미워하고 죽여서야 되겠는가 라고 생각했다. 장차 다 같이 좋은 세상에서 만나게 될 사람들인데...

그러니까 더욱 사랑하며 살아야 한다고 생각했다. 천국은 하나이지만 천국에 가는 길은 여러 개라는 것을 알고 싸우지 말아야 한다고 생각했다. 지리산 정상(천왕봉)에 올라가는 길이 여러 개이기에 올라 갈 때는 가는 길이 달라보여도 끝까지 다 올라가보면 정상에서 만나게 되듯이, 천국으로 가는 길도 여러 개이기 때문에 가는 중에는 달라보여도 결국은 천국에서 다 같이 만나게 될 테니까 네 종교가 맞니, 내 종교가 맞니...라고 지지고 볶으며 싸울 필요가 없다고 생각했다.

알고 보면 '모든 종교는 하나다. 모든 종교가 하나라면 모든 종교인들도 하나다. 세계의 모든 종교를 하나로, 세상의 모든 사람들을 하나로 어우를 수 있는 방법은 이 같은 내용을 온 세상에 전하는 방법밖에 없다. 내 종교, 네 종교 따지지 말고 모두가 사랑하며 화목하게 살아갈 수 있는 방법은 내가 깨달은 이 도(道)를 온 세상에 전해야 하는 것이다'라는 결론을 얻게 되었다.

이렇게 깨닫고 나니까 속이 시원했다. 정말 살 것 같았다. 너무나 엄청난 도를 깨달은 것 같아서 너무나 좋았다. 그동안 살면서 어떤 종교를 가져야 되는지에 대한 고민도 사라졌다. 그래서 만나는 사람마다 내가 깨달은 이 도(道)를 전했다. 그랬더니 이 종교인이나, 저 종교인이나 다들 좋아했다.

'바로 이것이다!...'라는 생각이 들었다.

세계 모든 종교와 종교인들을 하나로 묶을 수 있는 유일한 방법이라는 생각으로 원효대사처럼 들떠서 나도 내가 깨달은 도를 전하고 있었다.

그런데 이게 웬 일인가? 갑자기 하나님께서 교회로 불러들이셨다. 교회에 가지 않으면 안 될 것만 같은 생각, 죽을 것 같은 생각에 불안해서 견딜 수가 없었다. 하나님께서 "네가 깨달은 도는 죽는 도(道)다"라고 하셨다. "너도 죽고, 네가 전한 사람들도 죽는다"고 하셨다. "공자도 석가도 자기 생각대로 하다가 죽었다"고 하셨다.

그래서 내가 하나님께 말씀드리기를 '나는 공자나 석가보다도 한 걸음 더 나아가서 모든 종교를 하나로 어우를 수 있는...그러기에 너무나도 좋은 방법을 외치고 있었는데 왜 그러시냐?'고 했더니... "너는 내 백성이다. 너는 내 백성이기에 그 길로 가서는 안 된다"고 하셨다. 그래서 '어떤 교회로 가야 됩니까?'라고 했더니 "「말씀대로 하는 교회」로 가라"고 하셨다. 그래서 말씀대로 하는 교회를 찾아다니다가 어느 교회로 가게 되었다.

정말로 성경 말씀(율법)대로 하는 것 같았다. 마음이 놓였다. 편안했다. 성경에 기록된 말씀(율법)대로 하는 것을 보니까 이 교회가 진짜 참 교회인 것 같았다. 어린 시절 잠시 잠깐씩 교회에 갔던 것과, 미션스쿨(순천 매산 고교)을 거쳐 대학생 때 교회 생활이나 C.C.C. 활동을 통해 어느 정도 교회사정을 알고 있었기 때문에 교회에 가서도 서먹하지는 않았다.

대학졸업 후에는 아예 교회와 담을 쌓고 있었고, 그러다가 앞에서 말한 그런 도(道)를 깨닫고 세상의 모든 종교를 하나로 통합할 생각을 하고 있었는데 어느 날 하나님께서 「말씀대로 하는 교회」로 가라고 해서 그런 교회를 찾았으니 얼마나 기분이 좋았겠는가. 그래서 정말 열심히 교회 생활을 했다. 새벽기도, 철야기도, 헌금생활…등, 교회 생활에 있어서 모범생으로 살았다.

주일(主日)에 친동생이 결혼을 한다고 해도 가지 않았다.

그랬더니 아버지께서 "너는 자식이 아니라 원수"라고 선포하셨고, 내가 근무하는 학교 교장에게 전화를 해서 당장 쫓아내라고까지 하셨다. 주일(主日)에는 어떤 경우에도 물건을 사지 않았으며 텔레비전도 보지 않았다. 불신자인 아버지의 회갑이 주일이었기에 그 잔치도 제대로 해드리지 못했다.

당시 세상 분위기가 밴드까지 동원해서 동네가 떠나갈 정도로 회갑잔치를 거창하게 했던 터라 정말 거창하게 해드리고 싶었다. 그런데 주일이 회갑 날이었던 관계로 내가 아버지께 하루 앞당겨 토요일에 하자고 말씀드렸더니 "일생에 한번뿐인 회갑을 네 맘대로 앞당겨서 치루자는 말이냐"고 노발대발하시는 바람에 거창하게 해드리지 못했다.

그러니까 주일에는 어떤 일이 있어도 등산이나, 낚시나, 내 개인을 위한 일이나, 오락이나, 여가활동을 하지 않았다는 말이다.

성경에 그렇게 기록된 것을 목사님께서 찾아 주면서 그렇게 해야만 한다고 하셨기에 그래야만 되는 줄 알고 무조건 말씀(율법)대로 했다. 방학 중에 교직원들과 멀리 여행을 가더라도 1차 회식(식사)으로 끝냈다. 2차, 3차 행사에 가지 않고 여관방에 들어와서 성경책을 읽고 기도했다.

세상에 살고는 있었지만 세상과는 거리를 두고 살았다. 나는 그렇게 살아야 천국에 갈수 있기 때문에 그런 정도는 감당할 수 있어야 된다는 생각으로 그렇게 살았다. 오히려 나같이 하지 못하는 사람들을 볼 때 그들이 불쌍해보였다. 그래서 그들을 위해 기도했다. 저 사람들이 이런 내용을 몰라서 저렇게 살고 있으니 하나님께서 용서해주시고 나처럼 교회에 와서 열심히 예배드릴 수 있게 해달라고, 그래서 다 같이 천국에 갈수 있게 해달라고 기도했다.

그렇게 온갖 경건을 다 떨며 살았다. 세상적으로 살 때는 안으로는 부모형제간에 우애도 좋았고, 밖으로는 인간관계도 좋았는데 어느 날부터 내가 그렇게 오해된 경건을 떨고 살다보니(율법주의자로 살다보니) 사람들과 멀어졌다. 부모 형제들과도 멀어졌다. 진짜 세상과 멀어졌다. 그럴수록 나는 더 신이 나서 열심히 했다. 성경말씀

어느 날부터 내가 그렇게 오해된 경건을 떨고 살다보니(율법주의자로 살다보니) 사람들과 멀어졌다.

(율법)대로 함으로써 그렇게 되어 진 것이니까 당연하다고 생각했

다. 집안 식구가 원수라는 말씀이 있기 때문에 당연히 그럴 수 밖에 없다고 생각했다(마10:36).

　그렇게 열심히 교회(신앙)생활을 하던 중 어느 날부터인가 영적으로 목이 말라 가만히 있을 수가 없었다. 아무리 말씀(율법)대로 살아보려고 애를 써도 완벽하게 살아지지 않는 나를 발견하면서 왜 이렇게 되고 마는 것일까?...고민하게 되었다. 그 뭔가 잡힐 듯, 잡힐 듯 하는 데도 잡히지 않는...그 뭔가가 있을 것 같은, 있는 것 같은, 있다는 그런 기분(생각)이 오래도록 가시지 않았다.

　그러던 중 목사님을 통해서만 성경을 공부할 것이 아니라 내가 끝까지 한번이라도 읽어보자는 생각이 들었다. 그런 생각을 갖게 하신 하나님께서 결국 성경을 체계적으로 공부하게 하셨다. 그렇게 시작한 성경공부가 너무나 재미있었다. 목사님께서 말씀하신 내용들이 성경에 있는 내용들임을 다시 한 번 확인하며 '역시 우리 교회(목사)가 말씀(율법)대로 하는 교회로구나'라는 생각이 들었다.

　그래서 더더욱 교회 생활을 열심히 했다. 그러나 앞에서도 얘기했지만 세상에 살 때는 도덕적으로 완벽하게 살아보려고 애를 썼지만 그렇게 살아지지 않는 내 자신을 발견할 때가 있었듯이, 교회에 들어와서는 말씀(율법)대로 살아보려고 열심히 살았으나 그렇게 살아지지 않는 내 자신만 더 발견되어졌다. 그런 내가 발견될 때마다 나는 너무나 괴로웠다. 목사님께 물어봤더니 회개기도를 열심히 하면 된다고 하셨다.

그래서 새벽기도, 철야기도 중에 회개기도 하면서 눈물도 많이 흘렸다. 그렇게 눈물을 흘리고 나면 용서를 받은 것 같은 기분에 마음이 편했다. 그런데 어느 날 '그렇다면 이런 일을 언제까지 해야 된다는 말인가?'라는 생각이 들었다. 매일 같이 회개기도를 하며 눈물을 흘려야 한다면 이건 슬픈 일이지, 기쁜 일이 아니라는 생각이 들었다. 복음이라는 말은 다른 말로 '기쁜 소식'이라는 말인데 '기쁜 소식을 내가 전달 받았다면 이렇게 매일 슬퍼해야할 이유가 없지 않은가?...'라는 생각이 들었다.

일본에게 나라를 빼앗긴 우리들!...미국이 일본 땅에 원자 폭탄을 던진 사건으로 인해 일본의 천황이 항복하고, 그로 인해 우리가 해방됐다는 기쁜 소식을 전해 듣고 우리가 기뻐 날뛰게 되었듯이 예수님의 십자가 사건(피)으로 인해 이 세상에 왕 노릇 하고 있던 마귀(죄)가 항복을 하고, 그로 인해 우리가 해방이 됐다는 기쁜 소식(복음)을 전해 듣고 기뻐 날뛰어야 하는데 왜 나는 기뻐 날뛰지 못하고 이렇게 죄 문제 앞에 늘 울고 있어야 하는가?

'왜 죄 문제(율법) 앞에 늘 기가 죽어 있는가? 도대체 나는 왜 죄를 짓게 되며, 왜 죄 문제를 두려워하고, 왜 그런 죄 문제 앞에, 율법문제 앞에 항상 울고 있어야 하는가? 이러는 나는 도대체 누구인가? 도대체 죄는 무엇인가? 예수를 믿으면 영혼의 목마름이 해결된다고 했는데 나는 왜 이렇게 목이 마르단 말인가? 그렇다면 도대체 십자가 사건(피)은 무엇인가? 도대체 예수는 누구인가?'라는 생각들이 끝없이 밀려왔다. 도저히 목이 말라 견딜 수가 없었다.

그래서 성경을 다시 읽기 시작했다. 몇 번을 읽어도 목사님들이 가르쳐주는 내용들이었다. 말씀(율법)대로 해야 된다는 결론밖에 나지 않았다.

그런데 이게 웬일인가? 어느 날 눈이 번쩍 뜨였다. 내가 그렇게도 말씀(율법)대로 살아야 된다는 생각에 어쩌든지 말씀(율법)에 어긋나는 일, 즉 죄를 안 짓고 살려고 몸부림을 쳤으나 100% 그렇게 살아지지 않는 내 자신을 발견할 때마다 내 자신을 책망하고 눈물로 회개하며 괴로워했었는데...도대체 죄가 무엇이며, 나는 왜 죄를 짓고 마는가를 놓고 고민하고 있었는데 글쎄 이게 웬일인가?...그렇게 고민하던 것이 성경에 있었다.
그것이 바로 로마서 7장 15절-8장 4절이다.
그렇게 몇 년 간에 걸쳐 수십 번을 읽어도 안 보였던 것이 그 날 보였다. 그 내용을 여기 옮겨 놓을 테니 눈을 크게 뜨고 잘 읽어보기 바란다. 정말 정신 똑 바로 차리고 읽기 바란다. 마귀가 방해할 것이 분명하기에 정말 정신 똑 바로 차리고 읽어야 한다. 이것이 복음을 깨닫게 되는 너무나도 중요한 부분이니까...준비됐는가?...그러면 꼭꼭 씹으면서 읽기 바란다.

"내가 행하는 것을 내가 알지 못하노니 곧 내가 원하는 것은 행하지 아니하고 도리어 미워하는 것을 행함이라. 만일 내가 원하지 아니하는 그것을 행하면 내가 이로써 율법이 선한 것을 시인하노니 이제는 그것을 행하는 자가 내가 아니요, 내 속에 거하는 죄니라. 내 속 곧 내 육신에 선한 것이 거하지 아니하는 줄을 아노니 원함은 내게 있으나 선을 행하는 것은 없노라. 내가 원하는 바 선은 행하지 아니하고 도리어 원하지 아니하는 바 악을 행하는도다.”

(잠시 숨을 고르고 나머지를 읽어보자. 자아, 정신 똑 바로 차리고...
됐으면 읽어보라.)

“만일 내가 원하지 아니하는 그것을 하면 이를 행하는 자는 내가 아니
요 내 속에 거하는 죄니라. 그러므로 내가 한 법을 깨달았노니 곧 선
을 행하기 원하는 나에게 악이 함께 있는 것이로다. 내 속사람으로는
하나님의 법을 즐거워하되 내 지체 속에서 한 다른 법이 내 마음의 법
과 싸워 내 지체 속에 있는 죄의 법으로 나를 사로잡는 것을 보는도
다. 오호라! 나는 곤고한 사람이로다. 이 사망의 몸에서 누가 나를 건
져내랴. 우리 주 예수 그리스도로 말미암아 하나님께 감사하리로다.
그런즉 내 자신이 마음으로는 하나님의 법을 육신으로는 죄의 법을
섬기노라.”

(여기까지 정신 똑 바로 차리고 읽었는가? 그러면 다음으로 넘어가
자. 역시 정신 똑 바로 차려야 한다.)

“그러므로 이제 그리스도 예수 안에 있는 자에게는 결코 정죄함이 없
나니 이는 그리스도 예수 안에 있는 생명의 성령의 법이 죄와 사망의
법에서 너를 해방하였음이라. 율법이 육신으로 말미암아 연약하여 할
수 없는 그것을 하나님은 하시나니 곧 죄로 말미암아 자기 아들을 죄
있는 육신의 모양으로 보내어 육신에 죄를 정하사 육신을 따르지 않
고 그 영을 따라 행하는 우리에게 율법의 요구가 이루어지게 하려 하
심이니라”(롬7:15-8:4).

어떤가?...답이 보이는가?...이것을 행하는 자가 내가 아니라 내 속에 거하는 죄라는 말이 보이는가. 이것이 정말 중요한 말이다. 이것이 죄가 무엇인지를 말해주는 말씀이다. 그러니까 나는 죄를 안 짓고 싶어 하지만 죄를 짓고 만다. 즉, 나는 말씀(율법)대로 완벽하게 살고 싶지만 완벽하게 살아지지 않는다. 이것이 죄다. 이 죄를 안 짓고 싶지만 어느새 죄를 짓고 만다.

이 죄는 내가 짓는 것이 아니라는 말이다. '내 속에 거하는 죄가 죄를 짓는 것'이라는 말이다. 내(사람) 속에 거하는 그 죄가 나(사람)를 통해서 분출되는 것이라는 말이다. 그러면 이 죄라는 놈이 언제부터 내(사람) 속에 거하고 있었는가?...그것이 바로 그 유명한 선악과 사건이다. 이 사건 때 내(사람) 속에 들어와서 똬리를 틀고 앉아 있다가 때를 따라 나를 통해 분출한다. 이 죄라는 놈이 사람의 마음속에서 생각으로만 있을 때는 우리 눈에 안 보이지만, 그러기에 그 생각을 죄라고 여기지 않을 수도 있겠지만 그것이 바로 죄다.

그리고 그것이 바깥으로 드러나면 그때는 우리 눈에 보이기 때문에 사람들이 그 죄를 알아보고 "내가 죄를 지었다" 또는 "저 사람이 죄를 지었다"라고...즉, "죄인"이라고..."더러운 놈"이라고 말하는 것이다. 그러나 그 사람이 죄를 지은 것이 아니다. 그 사람 속에 담겨 있던 죄라는 놈이 그 사람을 통해 바깥으로 분출되었을 뿐이다. 분출되되 여러 모양으로 분출된다.

앞에서도 언급했듯이 명예훼손죄, 절도죄, 강간죄, 폭행죄, 살인죄 등등의 여러 모양으로 분출된다. 자세히 보라. 명예훼손, 절도, 강간, 폭행, 살인이라는 글자 뒤에 무슨 글자가 붙었는가?...그렇다.

'죄'라는 글자가 붙었다. 그러니까 이름만 다를 뿐이지 모두가 다 죄다. 이 죄라는 놈이 사람 속에 담겨 있다가 때를 따라 여러 모양으로 분출되는 것이다.

 죄라는 놈이 내(사람) 속에 담겨 있기에 그 죄가 나를 통해 생각으로나 행위로 분출되고 있었는데 나는 그동안 이런 내용도 모르고 죄를 안지어보겠다고 그렇게 몸부림을 치며 괴로워했던 것이다. 내 자신을 미워하며, 내 자신을 책망하며 새벽기도, 철야기도를 하면서 눈물을 흘리는 회개운동만 열심히 했던 것이다. 그러기에 눈물 마를 날이 없는 슬픈 나날이었던 것이다.

 내가 죄를 짓는 것이 아니라 내 속에 거하고 있는 죄가 나를 통해 분출되고 있었는데 나는 그것도 모르고...그러기에 죄 짓는 나를 미워할 것이 아니라 죄를 미워해야 되는데...죄 짓는 사람을 미워할 것이 아니라 죄를 미워해야 하는데...그래서 "죄는 미워하되 사람은 미워하지 말라"는 말이 있었구나를 알게 된 것이다. 그동안 말로만 들었던 그 말이 왜 생겨났는지 실제로 알게 되었다.

 우리는 선악과 사건 때 우리(사람) 속에 들어온 죄라는 놈과 싸워서 이길 수 없다. 이것을 이겨보려고 도덕이나 율법이나 고행이나 각종 종교행위를 통해 애를 써보지만 절대로 이길 수 없다. 절대로 해결할 수 없다. 이미 인간은 선악과 사건 때 죄(마귀)에게 진 상태다.

 이미 선악과를 먹으면 죽는다는 법(선악과의 언약=첫 언약, 창 2:17)을 지키지 못하여 엎어져 있는 인간(죄인)에게 하나님께서 또 다시 율법을 주신 것은 엎어진 사람(죄인)에게 더 많은 짐으로 눌러버린 것이나 마찬가지인데(롬5:20)...그렇다면 하나님께서 인간을 죽이려고 작정하시고 처음부터 인간을 만드셨을까?...그럴 리는 없다.

그렇다면 왜 하나님께서 율법을 주셨을까?...한개(선악과의 언약)의 법도 지키지 못하여 죽음문제를 비롯한 인생의 모든 문제를 만나게 되었는데 또 다시 왜 십계명을 비롯한 수백 개의 율법을 주셨을까? 그 많은 것을 어떻게 다 지킬 수 있겠는가. 율법을 지키지 못할 때마다 죄는 자꾸만 많아지게 되는데...선악과 사건이라는 죄 위에 또 다시 율법을 지키지 못할 때마다 죄가 쌓이게 되므로 그 죄 짐에 눌러 죽을 수밖에 없는 것이다.

> 율법을 지키지 못할 때마다 죄가 쌓이게 되므로 그 죄 짐에 눌러 죽을 수밖에 없는 것이다.

그런데도 왜 율법을 주셔서 죄가 많아지게 하셨겠는가?(물론 하나님께서 죄를 많아지게 하시는 것이 아닌데 쉽게 설명하기 위해 하는 말임)...그렇게 죄를 많이 쌓이게 해서 고생하다가 죽게 하는 것이 하나님의 본심이 아니다(애3:33).

"주께서 인생으로 고생하게 하시며 근심하게 하심은 본심이 아니시로다"(애3:33).

그 분은 우리를 창조하신 창조주다. 그분은 우리에게 저주가 아닌 복을 주신 분이다. 그런 그 분께서 우리를 힘들게 하시겠는가? 죽게 내버려 두시겠는가? 그렇지 않다. 율법을 주신 것도 우리를 살리는 하나의 도구였던 것이다. 이게 무슨 말이냐 하면?...아담은 선악과 사건(오리지널 죄)의 당사자다. 그래서 아담은 죄가 뭔지 안다.

그러나 아담 이후에 태어난 우리들은 죄가 무엇인지 모른다. 그러기에 하나님께서 우리에게 율법을 주셔서 죄가 무엇인지를 깨닫게 하신 것이다(롬3:20). 죄가 무엇인지를 알아야 그 죄 문제에 대해 생각을 해보게 될 것이 아닌가. 율법이 있으므로 그 율법대로 살지 못한 것이 죄라는 것을 알게(깨닫게) 될 것이고...

"그러므로 율법의 행위로 그의 앞에 의롭다 하심을 얻을 육체가 없나니 율법으로는 죄를 깨달음이니라"(롬3:20).

그렇게 알게(깨닫게) 되므로 내(자기)가 죄인이라는 것을 알게 될 것이고...죄인이라는 것을 알게 되므로 어떻게 해야 죄 문제를 해결할 수 있는지에 대해 깊이 생각하게 될 것이고...그 죄 문제를 해결하기 위해 아무리 엄숙하고 경건한 종교 행위를 해봐도, 아무리 도덕적으로나 율법적으로 완벽하게 살아보려고 해도 안 된다는 것을 알게 될 것이고...

아무리 말과 뜻과 행실을 깨끗하고 착하게 해도 안 된다는 것을 알게 될 것이고... 그 어떤 방법을 다 동원 해봐도 안 된다는 것을 알게 될 때, 그렇다면 나는 왜 죄를 짓고 마는가?...이 죄 문제 때문에 미치고 환장할 수밖에 없는, 이러다가 죽을 수밖에 없는 나를 누가 건져내 줄 수 있단 말인가?...라고 사도 바울처럼 심각하게 고민하게 되고(롬7:24)...

그러다가 로마서 7장 15절~20절 말씀을 보게 될 것이고...이 말씀을 발견하게 되는 순간, '아하! 내가 죄를 짓는 것이 아니라 내 속에 죄라는 놈이 거하고 있었기에 내가 죄를 지을 수밖에 없었구나'를 알게 될 것이 아닌가.

그렇다면 이 죄라는 놈이 도대체 언제 내(사람)속에 들어와 있었단 말인가?... '아하! 그렇구나...선악과 사건 때 내(사람)속에 들어왔었구나...그렇다면 선악과 사건은 사람 속에 죄를 불러들인 사건이었구나...그래서 선악과 사건이 무서운 사건이었구나...'를 알게 될 것이다.

왜냐하면 이 사건(죄)으로 인해 죽음 문제를 당하게 되었으니까 말이다. 죽음 문제를 당하기 전까지 아래의 그림에서처럼 인생을 사는 동안 이런저런 수많은 문제들을 만나다가 죽어 지옥까지 갈 수밖에 없게 되었다는 사실을!...아래의 그림은 인간의 출생에서부터, 즉 인생의 시작과 과정과 끝을 한눈에 볼 수 있게 그린 그림이다.

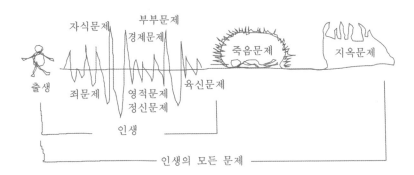

'그러기에 선악과 사건은 도저히 있어서는 안 될 사건이었구나...이것이 아담의 문제가 아니라 바로 나의 문제로구나...에덴동산에서 아담, 하와가 저지른 사건이지만 내가 바로 그 현장에 있었던 사람이로구나(아담의 고환 속에 내가 있었으니까)...그러기에 아담, 하와가 저지른 사건으로 끝나는 사건이 아니라 바로 내가 저

지른 사건이로구나...'를 깨닫게 되었다. 아담이나 나나 똑 같은 사람이기에 말이다.

'아담은 선악과 사건의 당사자이니까 두 눈으로 똑똑히 봤기 때문에 그것이 죄라는 것을 알았고, 나는 아담 안에 있다가 태어났기 때문에 눈으로 보지 못한 연고로 그 사건이 나와 상관이 없는 줄 알고 지금까지 세상을 살고 있었다는 것을...그러기에 하나님께서 율법을 주어서 죄가 뭔지를 깨닫게 해주셨구나...그 죄 문제를 통해 내가 모르고 있었던 선악과 사건이라는 오리지널 죄 문제 속으로 나를 데리고 가시는구나...나는 선악과 사건에 빠져 있는 진짜 죄인이로구나.'를 깨닫게 되었다.

그렇다면 선악과 사건은 보통 사건이 아니라 내(사람) 속에 죄가 담긴 엄청난 사건이라는 것을...율법대로 살지 못한 그것도 죄지만 마귀의 거짓말에 속아 선악과를 먹은 그것이 진짜 오리지널 죄(죄의 본질)라는 것을...결국 하나님은 우리를 선악과 사건이 터진 현장으로 데리고 가셔서 이것이 죄의 본질(오리지널 죄=원죄)이라는 것을 가르쳐 주시기 위해 율법을 주신 것임을...

그러기에 율법은 죄가 뭔지를 깨닫게 해주는 역할을 하는 도구일 뿐이지(롬3:20) 우리를 구원하는 구세주(메시아=그리스도)는 아니라는 것을 알게 해주시려고...그런데도 우리는 율법을 통해 구원받으려고 애를 썼던 것이다. 그러나 율법대로 살지 못하는 자기 자신을 발견하게 되고, 즉, 죄와 싸워 이기지 못하는 자기 자신을 발견하게 될 때마다 그럴 때마다 율법을 비롯한 죄와 마귀, 죽음문제에서 우리를 구원해 주신 증거가 십자가 사건(피)이라는 것을 깨닫게 되었다.

그러기에 그리스도(메시아=구세주=구원의 하나님)는 오직 예수 밖에 없다는 것을 깨닫게 해주시려고…예수가 그리스도라는 것을 믿고 받아들이면(영접하면) 선악과 사건 때 받아들인 마귀와 그 오리지널 죄에서 해방되어 자유케 된다는 것을 깨닫게 해주시려고 율법을 주신 것인데 그것도 모르고 율법을 통해 구원받으려고, 하나님을 다시 만나보려고, 앞의 그림에서처럼 죽음문제를 비롯한 인생의 모든 문제에서 해방되어 자유해 보려고, 하나님의 모든 보화를 비롯한 천국을 누려보려고, 한마디로 그 어디서나 하늘나라(천국)를 누려보려고 그동안 우리가 얼마나 애를 썼는가 말이다.

그런 엄청난 복을 누리고 싶으면 예수가 그리스도(십자가 사건을 통해 우리를 그렇게 해주신 구원의 하나님=구세주=메시아)라는 것을 믿고 영접하기만 하면 되는데 말이다. 영접한 후에도 예수님께서 다시 오시는 그날까지 예수가 그리스도라는 것을 믿으라는 말씀에 순종하면 그 어디서나 하늘나라를 누리게 된다.

그러니까 미래의 천국을 지금 이 현실(현장)로 끌어당겨서 누리는 방법은 오직 예수가 그리스도라는 것을 믿으라는 말씀에 순종하는 길밖에 없다. 순종해야 체질도 바뀐다. 아담의 체질, 세상사상으로 물든 체질이 그리스도의 체질로 바뀌어 이 세상에서의 남은 인생도 멋지게 살게 된다. 순종하지 않으면 문제들이 문제들로 여겨져 괴롭고 힘들게 된다. 즉, 죄 문제도 다시 문제로 여겨지게 되어 죄책감에 시달리게 되고 괴로워진다. 자살까지 하게 된다. 죄는 사람을 그렇게 만들어버린다.

우리의 육신이 지금 이 세상에 머무는 동안 또 다시 죄를 짓는다 할지라도 그 죄 문제와 상관없이 우리는 이미 천국백성이기에 그 죄 문제로 인해 괴로워할 필요가 없다. 자살할 필요가 없다. 죄에서 자유하게 됐기 때문이다. 죄에서 자유하게 됐다는 말은 우리가 죄를 안지어서 자유한 것이 아니라 죄를 짓는다 할지라도 그 죄와 상관이 없는 사람이 돼버렸기 때문에 자유한 것이다.

예수가 그리스도(십자가 사건을 통해 우리를 죄에서 자유케 해주신 구세주=메시아)라는 것을 믿는 자들에게는 예수님의 피가 그 죄를 덮어버림으로 하나님 앞에 그 죄가 가려지게 되고, 또한 하나님께서 그런 죄를 죄로 인정하지 않으시기 때문에 죄에서 자유한 것이다(롬4:6-8). 그러기에 이제 정말 복된 사람이 돼버렸다(롬14:22/신33:29).

솔로몬 왕처럼 세상 온갖 부귀영화를 다 누려서 행복한 것이 아니라 죄에서 자유한 것이 진짜 행복이기에 말이다. 선악과 사건(오리지널 죄)에서 해방된 것이 진짜 행복이기에 말이다. 하나님을 다시 만나 천국을 비롯한 하나님의 모든 것을 소유하고 누리게 된 천국백성이 되었기 때문이다. 이제 더 이상 문제 될 것도 없고, 더 이상 부족함이 없는 새 사람, 새로운 피조물이 돼버렸기에(고후5:17)...이렇게 엄청난 복을 누리게 되었기에 이 세상에서의 우리에게 주어진 시간, 물질, 몸을 사람 살리는 일에 쓰게 된 것이다. 즉, 이렇게 엄청난 복을 누리고 사는 방법을 전해주는 전도자로 살게 된 것이라는 말이다(마4:19/벧전2:9).

> 솔로몬 왕처럼 세상 온갖 부귀영화를 다 누려서 행복한 것이 아니라 죄에서 자유한 것이 진짜 행복이기에 말이다.

아직도 죄 문제 때문에, 율법문제 때문에 괴로워하는 사람은 이런 내용을 모르기 때문이다. 죄 문제도 더 이상 우리에게는 문제가 아니듯이 죽음문제를 비롯한 이런저런 인생의 모든 문제들도 문제가 아니다. 우리의 육신이 죽음문제를 만나게 될 것이지만 그 죽음문제도 문제될 것이 없다. 그 죽음문제도 이미 다 해결된 상태이기에...육신이 세상에 있는 동안은 죄나 죽음문제를 당하게 되겠지만 그런 문제들과 상관없이 하나님의 자녀요, 천국백성이다.

이미 그렇게 돼버린 새로운 존재다. 이미 그렇게 돼버린 자기가 진짜 자기라는 것을 믿는 믿음에 늘 머물러 있어야 한다(행14:22). 아담 안에서 태어난 옛사람인 나는 이미 예수님의 십자가 사건 때 같이 죽었고, 지금의 나는 예수님께서 부활하셨을 때 그 안에서 거듭난 새로운 피조물이다. 아담 안에서 태어난 내가 죽었기에 아담이 가진 저주에 대해서도 죽은 자다.

그렇게 죽은 자로 여기라(믿으라)는 말씀에 순종만 하면(롬6:11) 진짜 죽은 자가 되고, 예수 안에서 거듭난 새 사람이 되는데(고후5:17) 사람들이 예수 믿는다며 교회를 다니면서도 그 말씀에 순종을 하지 않으니까 하나님의 역사를 체험하지 못하는 것이다. 지금 우리는 예수 안에서 거듭난 새사람이다.

그러기에 예수 안에서 예수님의 신분과 권세를 누리는 엄청난 존재다. 그러기에 지금부터 천국도 누리게 되는 것이다. 비록 문제도 많은, 슬픔도 많은 이 세상에 발을 딛고는 있지만 우리 영혼은 이미 천국이기에 그럴 수가 있는 것이다. 이제는 죄 문제로 인해 괴로워하거나 슬픔의 눈물을 흘리지 않아도 된다. 죄 문제뿐만 아니라 이런저런 인생의 모든 문제들로 인해 괴로워하고 슬퍼할 수밖에 없었는데 이제는 그런 모든 문제에서 해방되어, 하나님을 다시 만나 천국을 누리게 되었으니 기뻐할 수는 있으나 슬퍼할 이유는 없는 것이다.

그 어떤 문제나, 그 어떤 처지에서나, 그 어디서나 천국을 누리게 되었기에 말이다. 이것이 보통 복인가. 이런 복을 누리는 길(道)을 깨닫게 되었다는 것이 보통 복인가. 이런 엄청난 복을 누릴 수 있는 이 도(道)는 돈으로도, 권력으로도, 아니 자기 몸을 하나님 앞에 제물로 드려도 구할 수 없다. 하나님께서는 길(道)을 몰라 헤매는 인간들에게 십자가 사건이라는 엄청난 대가를 치르고 생명을 얻는 길, 천국 가는 길, 인생의 모든 문제에서 해방되는 길을 우리에게 주셨는데 그것을 마다하고 다른 방법을 따라 가서야 되겠는가?

비록 다른 길을 걷고 있더라도 이런 말씀을 듣고 돌아서면 하나님께서는 언제든지 환영하고 받아주신다. 이렇게 쉬운 길을 안내해 주는 사람이 진짜 목사요, 전도자다. 이런 내용을 말해주지 못하는 지도자나, 사역자나, 전도자는 진짜가 아니다. 물건도 진짜 귀한 물건이 있으면 가짜가 판을 치는 것처럼 이것도 진짜가 있기에 가짜가 판을 치는 것이다.

진짜 다이아몬드가 귀하고 값이 나가는 물건이기에 가짜 다이아몬드가 판을 치는 것처럼 이것도 마찬가지다. 예수만이 참 그리스도인데 세상에는 자기들이 그리스도인양 외치는 자들도 있고, 가짜들도 있다는 말이다. 그들을 가려내는 방법은 간단하다. 예수가 그리스도라는 것만 믿으면 구원받는다는 하나님의 말씀 이외에 다른 것을 덧붙이는 자들은 가짜다.

예를 들면 예수가 그리스도라는 것만 믿으면 구원받는다는 하나님 말씀 이외에 철야기도, 금식기도, 십일조 헌금이나 주일을 철저히 지켜야 된다는 식으로, 즉 율법대로 해야만 된다는 말을 하는 자들은 가짜 종교지도자들이다.

교회 안에는 세 부류가 있다.

오직 예수가 그리스도라는 것만 믿으면 구원 받는다는 사람이 있고, 예수만 믿어서 되는 것이 아니라 율법대로도 살아야 구원받는다며 예수+율법으로 혼합된 사람도 있고, 오직 율법(말씀)대로만 살면 구원받는다는 사람도 있다.

성경의 핵심은 '오직 예수, 오직믿음'이다(요20:31). 예수가 그리스도라는 것을 믿으면 구원받는다는 것이다. 구원받는데 있어서 이것 이외에 다른 것을 갖다 붙이면 그것은 무엇이든 간에 가짜 진리다.

그런 가짜 진리를 가르쳐 주는 곳에 다니고 있다면 곧바로 나와야 한다. 그런 곳에 있다가는 고생만 실컷 하다가 나중에 진짜 고생하러 지옥에 간다. 나도 예전에 엉터리 목회자들을 만나 그동안 못드린 헌금까지 계산하여 재산의 십일조 헌금까지 바치기도 했다. 물론 헌금을 하지 말라는 말은 아니다. 제대로 알고 하라는 말이다. 진짜 복음을 전하는 교회에 하라는 말이다. 그래야 고생을 안 하게 되고, 헛된 일을 안 하게 될 것이 아닌가.

8장

아담의 외적행위와
예수님의 외적행위의
의미는?

1 예수의 피밖에 없다

구약시대에 성전에서 제사장들이 무슨 일을 했는지를 생각해보자. 그들이 성전에 무엇을 가지고 들어갔는가? '피'다. 만약에 피가 아닌 금과 은, 다이아몬드나 각종 보석들을 들고 간다면 아무리 귀하고 많은 양이라 하더라도 즉사한다. 하나님 앞에서는 그 무엇도 아닌 '피'가 있어야 한다. 선악과 사건에 빠진 인간에게, 율법대로 살지 못한 인간에게 피를 내놓으라는 말은 결국 죽으라는 말이나 마찬가지다.

그러나 사람이 피를 내놓으면 죽기 때문에 하나님께서는 사람 대신 짐승의 피를 내놓으라고 하셨다. 그리하면 죄가 사해지게 되고, 죄가 사해짐으로 죄의 대가인 죽음문제를 면하게 되기 때문이다. 그러니까 하나님께서 사람을 살리기 위한 방법으로 사람 대신 짐승의 피를 받으셨던 것이다. 그러므로 죄에서 자유할 수가 있었고, 죄에서 자유하므로 살아남을 수가 있었던 것이다. 이것이 사람을 살리기 위한 하나님의 방법이었고, 어디까지나 예수님이 오실 때 까지만 허락된 것이었다.

그런 방법으로는 완전하고 영원한 속죄가 이루어지지 않기 때문이다. 그러니까 예수님께서 오시기 전까지 짐승이 피를 흘린 것은 예수님께서 오셔서 피를 흘리실 십자가 사건을 미리서 보여준 예고편이었다. 그리고 본편의 역사가 실제로 이천여 년 전에 이루어졌다. 예수님이 피를 흘리셔서 하나님 아버지 앞에 드리므로 단번에, 영원히 우리의 죄 문제가 해결돼버렸다. 죄 문제로 인한 제사가 단번에, 영원히 끝나버렸다(히9:12). 하나님께서는 이 사실을 믿으라고 하신다.

이 사실을 믿는 자들에게는 죄 문제가 완전히, 영원히 해결되므로 하나님의 진노의 심판에서 제외된다. 죄를 지어도 정죄당하지 않는다. 그러기에 진짜 행복한 사람이다. 그래서 예수님의 피가 그렇게 중요한 것이다.

"염소와 송아지의 피로 하지 아니하고 오직 자기의 피로 영원한 속죄를 이루사 단번에 성소에 들어가셨느니라"(히9:12).

예수님께서 다시 오시기 전까지 인간이라면 누구나 이 피를 가지고 하나님 앞에 나가야 된다. 이 피를 가지고 나가지 않으면 죽는다. 둘째 사망인 지옥 문제를 만나게 된다. 이 피가 아닌 다른 것들을, 즉 세상에 귀하다는 보석이나 선행이나 고행이나 도덕이나 율법이나...그 어떤 엄숙하고 경건한 종교행위를 가지고 나가도 반드시 죽는다.

열심히 착하게 살아도 죽는다. 말과 뜻과 행실을 착하고 깨끗하게 해도 죽는다(롬7:10). 예수가 그리스도라는 것을 믿으면 된다는 이 말씀 외의 그 어떤 말도 죽음에 이르는 말이라는 것을 알아야 한다. 그런 말들은 절대로 선악과 사건에 빠진 인간을 살리지 못한다. 사람이 다시 살 수 있는 방법은 오직 '예수의 피' 밖에 없다는 사실을 알아야 한다(찬252장). 예수님의 피가 바로 영혼의 유일한 해독제다. 하늘에서 내려온 생명의 떡이요, 생명의 물이다(요6:48-58).

지금 이 세상에 살고 있는 사람들이 하늘에서 내려온 생명의 떡과 생명의 물을 먼저 먹고 마셔야 하는데(마6:33) 땅에서 나는 떡과 물만 마시고 있으니, 땅에서 난 사람들의 말만 듣고 있으니 죽는 것이다. 죄를 씻는 방법도, 깨끗하고 거룩하게 되는 방법도, 기도하며 찬송하며 예배드리는 방법도 '예수의 피' 밖에 없다.

근심 걱정에서 벗어나 평안을 누리는 방법도, 병든 영과 혼과 육신이 치유되는 방법도, 환란에서 벗어나는 방법도, 귀신에게서 벗어나는 방법도, 소외감, 열등감, 배신감, 우울증, 대인기피증, 노이로제 등에서 벗어나는 방법도, 한 마디로 인생의 모든 문제에서 벗어날 수 있는 방법은 '예수의 피, 즉 예수가 그리스도라는 것을 믿으라는 말씀에 순종하는 방법' 밖에 없다.

선악과 사건에 빠진 인간들은 인간들의 방법대로, 마귀가 가르쳐준 방법대로 인생의 문제들에서 벗어나보려고 애를 쓰고 있지만 하나님께서는 예수의 피 한 방울로 인생의 모든 문제를 끝내버리셨다. 선악과 사건이라는 한방에 인간이 죄와 죽음문제를 비롯한 인생의 모든 문제를 만날 수밖에 없게 되었는데 예수님께서 십자가 사건 한방으로 그런 모든 문제들을 해결하셨다.

예수님의 피이면 인생의 모든 문제가 끝나버리는데 사람들이 아직도 이 말이 무슨 말인지도 모르고, 또한 듣고 알아도 100% 믿지 않으므로 죄 문제를 비롯한 인생의 이런저런 문제 속에서 늘 염려하며 사는 것이다. 지금도 마귀는 사람들에게 예수님의 피가 아닌 다른 것들을 좇아가게 하고 있고, 종교 지도자들까지 세워 율법의 행함이 없으면 구원받지 못한다는 거짓말을 하게 하고 있다.

이런 자들이 이 세상에서 최고로 음흉하고 악한 자들이다.

이런 자들은 '예수의 피'밖에 없다고 외치는 사람들을 향해 이단이라고 몰아붙이기도 한다. 예수가 그리스도라는 것을 믿는 순간 율법에 대하여 죽은 자, 율법에서 벗어난 자가 돼버리고(롬7:4, 6) 죄에 대해 죽은 자, 죄에게서 해방돼버린 자가 되고, 예수 안에서 새사람이 돼버리는데 말이다(롬6:11, 22/고후5:17). 그런데도 아직도 율법타령, 죄 타령을 하고 있으니 참으로 안타까운 일이다. 이천여 년 전에도 그랬다.

이천여 년 전 예수님께서 오셨을 때 성경을 손에 들고 율법대로 하나님을 열심히 섬기고 있던 바리새인들과 제사장들이 그 성경에 예언된 메시아(그리스도)이신 예수가 오셔서 "내가 성경에 예언된 여자의 후손이다."라고 해도 그런 예수를 핍박하고 죽였던 것처럼, 지금도 세상 사람들보다는 일부 교인들을 비롯한 종교 지도자들이 복음전도자들을 향해 이단이라고 정죄하고 핍박을 한다.

이것이 선악과 사건에 빠져 있는 사람들의 특징이요, 마귀에게 붙잡혀 있다는 증거다. 그러니까 그 때나 지금이나 성경을 들고 율법대로 하나님을 열심히 섬기는 자들은 예수가 그리스도라는 것만 믿으면 구원받는다는 말을 하는 자들을 향해 비판한다. 어떻게 사람들이 그렇게 그때나 지금이나 그렇게 똑같을 수 있는지 참으로 신기하지 않은가. 에덴동산에서부터 지금까지 마귀는 계속 하나님의 일을 방해하고 있다. 마귀가 하나님의 말씀인 율법까지 동원하여 그 율법을 통해 구원받을 수 있다고 속이고 있는데 사람들이 그런 줄도 모르고 율법을 따라 가고 있다. 그게 죽는 길이라고 하

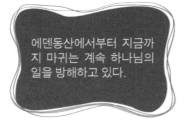

에덴동산에서부터 지금까지 마귀는 계속 하나님의 일을 방해하고 있다.

나님께서는 가르쳐 주셨는데도 말이다(롬7:10). 마귀가 그렇게 아주 지능적으로 하나님의 말씀인 율법까지 동원하여 그럴듯하게 속이고 있기 때문에 사람들이 눈치를 채지 못하고 속는 것이다. 마귀가 그렇게 광명한 천사처럼 사람들을 속이고 있기 때문에 모르는 것이다.

"그런 사람들은 거짓 사도요, 속이는 일꾼이니 자기를 그리스도의 사도로 가장하는 자들이니라. 이것은 이상한 일이 아니니라. 사탄도 자기를 광명의 천사로 가장하나니 그러므로 사탄의 일꾼들도 자기를 의의 일꾼으로 가장하는 것이 또한 대단한 일이 아니니라. 그들의 마지막은 그 행위대로 되리라"(고후11:13-15).

그리스도이신 예수께서 "내가 길이요, 진리요, 생명이니 나로 말미암지 않고는 아버지께로 올 자가 없다"고 하셨는데도(요14:6), 이렇게 확실하게 말씀하셨는데도 사람들이 이 말씀을 우습게 여기고 자기 생각대로 산다. 이방인들은 세상사상에 사로잡혀 살고, 교인들은 율법에 사로잡혀 산다. 예수가 그리스도라는 것만 믿으면 구원받게 된다는 이 말씀 외에 다른 것들을 갖다 붙여서 사람을 힘들게 하는 그런 음흉한 사람들에게 절대로 속아서는 안 된다. 내가 사느냐, 죽느냐하는 중대한 문제이기 때문이다.

눈에 보이는 총칼로 자기를 죽이려고 하면 저 사람이 자기를 죽이는가보다 싶어 얼른 피하기라도 하고, 또한 자기를 죽이려고 하는 자들을 신고하여 경찰의 도움이라도 받을 수 있겠지만, 눈에 보이지 않는 거짓 복음들은 눈에 보이지 않은 사람의 생각, 사람의 마음, 사람의 영혼을 파고들어서 사람을 죽이기 때문에 주의하지 않으면, 정신 바짝 차리지 않으면(예수가 그리스도라는 것을 믿는 믿음에 머물러 있지 않으면) 제대로 피할 수 없다.

세상을 사는 동안 신문이나 책이나 방송을 통해, 거짓 선지자들을 통해 거짓 복음을 많이 듣게 된다. 그런 모든 것들이 사람들에 의해서 만들어지고, 전해지고 있다. 그러나 영안을 뜨고 바라보면 이것이 마귀에 의해 진행되고 있음이 보인다. 이 세상, 그리고 이 세상에 살고 있는 사람들 위에서 그렇게 조종하고 있는 권세자(마귀)가 있다는 것을 하나님께서는 우리에게 알려 주셨다(엡2:2-3).

마귀는 창조주이신 하나님과 또한 하나님의 창조역사와 인간 구원의 역사를 모르도록 온갖 방법을 다 동원해서 속이고, 방해하고 있다는 것을 알아야 한다. 조상들에게 드리는 제사도 마귀가 인간들에게 가르쳐준 방법(생각)이다. 그런데 사람들은 그것이 조상을 섬기는 '효의 문화'라고 아주 좋게 생각한다.

제사행위를 하지 않으면 사람들로부터 불효막심한 인간으로 취급받기 때문에 옛날에는 부모가 돌아가신 후 삼년 동안이나 묘 옆에 움막을 짓고 제사를 지내기도 했다. 그렇게 하는 사람을 아주 효성이 지극한 사람으로 칭찬했고 그런 행위를 인간다운 행위로 여겼다. 그러나 제사는 귀신과 교제하는 것이다. 그런 삶 자체가 고생일 뿐만 아니라 그것으로 인해 개인과 가문이 저주를 받게 된다.

"무릇 이방인이 제사하는 것은 귀신에게 하는 것이요, 하나님께 제사하는 것이 아니니 나는 너희가 귀신과 교제하는 자가 되기를 원하지 아니하노라. 너희가 주의 잔과 귀신의 잔을 겸하여 마시지 못하고 주의 식탁과 귀신의 식탁에 겸하여 참여하지 못하리라"(고전10:20-21).

마귀가 제사를 지내는 사람을 아주 효성이 지극한 사람으로 그 럴듯하게 속이고 있는데 사람들이 마귀가 그렇게 속이고 있다는 것을 알지 못하기 때문에 그렇게 하는 것이다. 선악과 사건으로 인 해 영안이 어두워서 그런 것이다. 영안을 뜨고 싶으면 선악과 사건 에서 해방되어야 한다. 그러기 위해서는 먼저 예수가 그리스도(십 자가 사건을 통해 우리를 죄와 마귀에게서 해방시켜 주시고 영안 을 열어주신 구세주)라는 것을 제대로 알고 제대로 믿어야 한다.

그래야 영적인 소경의 눈이 뜨이게 되고, 뜨이게 되므로 마귀의 전략을 알게 되고, 알게 되므로 마귀에게 속지 않게 된다. 하 나님께서는 이방인의 제사는 마귀에게 하는 행위라고 하시며 그런 일을 하는 것은 귀신과 더불어 먹고 마시는 것이라고 하셨다. 그런 사람은 하나님과 함께 할 수 없다고 하셨다.

하나님의 말씀을 들을 것인가? 마귀의 말을 들을 것인가? 거짓 과 진실 중에 어느 것을 택할 것인가? 분명히 두 개 중 하나가 진실 이라면 하나는 거짓이다. 마귀는 거짓의 아비라는 것을 잊어서는 안 된다. 마귀는 처음부터 살인한 악한 존재, 즉 에덴동산에서부터 거짓말로 사람을 속여서 죽게 만든 악한 존재라는 것을 잊어서는 안 된다.

"너희는 너희 아비 마귀에게서 났으니 너희 아비의 욕심대로 너희도 행하고자 하느니라. 그는 처음부터 살인한 자요, 진리가 그 속에 없으 므로 진리에 서지 못하고 거짓을 말할 때마다 제 것으로 말하나니 이 는 그가 거짓말쟁이요, 거짓의 아비가 되었음이라"(요8:44).

「조상제사와 신앙과의 갈등」(신영균 지음)이라는 책을 보면 우리 민족에게 있어서 제사 제도가 생겨난 것은 불법으로 정권을 잡은 이성계가 이반된 민심을 가라앉히기 위해 무학 대사의 말을 듣고 만든 것이라고 했다. 제사상에 대추와 밤과 곶감을 필히 놓게 했던 속 깊은 뜻이 있다. 대추 속에 씨가 하나임으로 조선이라는 나라의 왕은 하나라는 것을 상징하며, 밤은 씨가 세 개이므로 삼정승을 상징하며 곶감 속의 씨가 6개이므로 육조판서를 상징하는 것으로서 이들이 왕의 명을 받들어 섬기는 것을 상징하는 것이라고 말이다.

백성들은 이런 내용을 모르고 제삿날만 되면 대추와 곶감을 상에 올려놓고 그 제사상 아래에서 절을 한다. 과연 누구에게 절을 하는 것인가? 바로 이성계와 육조판서에게 절을 하는 것이다. 백성들이 은연 중에 그들의 종노릇을 하고 있었던 것이다. 이성계가 그렇게 해놓았다. 이성계가 이반된 민심을 사로잡을만한 비법을 무학 대사에게 물었을 때 무학 대사가 제사제도를 만들도록 했기 때문이다. 무학 대사가 그렇게 한 것이 아니라 영적인 눈으로 들여다보면 마귀가 그렇게 했다는 것을 알 수 있다.

마귀에게 속은 인간들이 제사 문제로 스트레스를 받아 골병이 든다. 형제들이 많으면 그 제사를 누가 주관할 것인지, 그 제사에 누가 수고를 많이 하고 또한 적게 했는지, 누가 돈을 많이 내고 또한 적게 냈는지로 다투고 그러다가 살인 사건이 벌어지기도 한다. 제사를 지내면 더 잘될 줄 알았는데 오히려 분쟁과 살인 사건까지 일어나는 문제덩어리가 돼버린 것이다. 이것은 너무나도 당연한 것이다. 이미 하나님께서 그렇게 된다고 하셨기에 그렇게 될 수밖에 없는 것이다.

"너희는 다른 신을 따라다니며 섬기거나 경배하지 말며 너희 손으로 만든 것으로써 나의 노여움을 일으키지 말라. 그리하면 내가 너희를 해하지 아니하리라 하였으나 너희가 내 말을 순종하지 아니하고 너희 손으로 만든 것으로써 나의 노여움을 일으켜 스스로 해하였느니라. 여호와의 말씀이니라. 그러므로 만군의 여호와께서 이와 같이 말씀하시니라. 너희가 내 말을 듣지 아니하였느니라. 보라. 내가 북쪽 모든 종족과 내 종 바벨론의 왕 느부갓네살을 불러다가 이 땅과 그 주민과 사방 모든 나라를 쳐서 진멸하여 그들을 놀램과 비웃음 거리가 되게 하며 땅으로 영원한 폐허가 되게 할 것이라. 여호와의 말씀이니라" (렘25:6-9).

선악과 사건에 빠져 있는 상태는 마귀와 저주아래에 있는 상태이기 때문에 그럴 수밖에 없는 것이다. 마귀는 처음부터 사람을 살인한 자이기 때문에(요8:44) 지금도 아주 그럴듯한 방법을 통해서 사람을 실패하게 하고, 죽이기까지 하는데 사람들이 이런 영적인 내용을 모르기 때문에 오히려 제사를 좋은 것으로 여기고 지금까지도 계속 하고 있는 것이다.

각 가문마다 제사는 거의 종손들이 한다. 그러기에 종손 집안에 귀신이 아주 강하게 활동할 수밖에 없는 것이다. 귀신을 오랫동안 섬기며 살았기 때문에 영적, 정신적, 육신적으로 어려움을 당하는 경우가 많다. 이것을 가문의 저주라고 한다. 이런 가문에서 출생한 후손들도 그대로 저주를 받게 되는 것이다. 그 가문이 제사를, 즉 귀신을 섬기고 살았다면 틀림없이 문제를 만나게 된다.

하나님께서 분명히 그렇게 된다고 하셨기에 그렇게 되는 것이다(렘25:6-9). 착하고 정직하게 사는데도 이상하리만큼 문제가 자꾸만 생겨나게 된다. 절도, 폭행, 술과 도박에 빠져 사는 자손이 생겨나기도 하고, 정신질환이나 젊은 나이에 갑자기 죽게 되는, 즉 요절당하기도 한다. 주변 사람들로부터 까닭 없이 계속 기분 나쁜 일을 당하기도 한다. 돈은 자기가 벌었는데 돈을 쓸 때 손이 떨려 제대로 쓰지도 못한다.

그러다가 한 순간에 사기를 당해 많은 돈을 잃게 되기도 한다. 하는 일마다 안 되고, 일이 제대로 안 풀린다. 사람들에게 이리저리 끌려 다니며 이용을 당하기도 한다. 자기를 위해주는 척 하는 말에 아주 잘 넘어간다. 성공으로 이끄는 말은 듣기 싫어하지만 실패로 이끄는 말은 너무나도 잘 듣고, 또한 그런 말을 해주는 사람을 좋아하고 잘 따라 다닌다. 그런 사람을 자기편으로 생각하고 자기 속의 것을, 자기 것을 다 털어놓고 어울린다.

그렇게 끼리끼리 놀다가 어느 날 그 사람으로부터 사기를 당하고 배신을 당한다. 그런 후 마음의 상처를 받아 사람들을 원망하고 불신하게 된다. 그렇게 진행하다가 결국 우울증, 대인 기피증까지 생기게 되고, 세상을 원망하게 되고, 자살하거나 다른 사람을 죽이게 되는 것이다. 사람들이 다른 사람들로부터 상처를 받기도 하지만 의외로 자기 가족들로부터 상처를 받기도 한다.

다른 사람들에게 당하면 상대방을 향해 원망, 불평을 하거나 법에 호소를 하여 위로를 받기도 하지만 부모형제로부터 이런저런 상처를 받으면 어디다가 말도 제대로 못하고 혼자서 끙끙 앓다가 정신문제를 만나기도 한다. 학교 안에서도 같은 반 학생들로부터 받은 상처로 인해 마음의 병을 가지기도 한다. 마음이 병들면 정신적으로 무너진 상태라서 여러 가지 정신적인 문제들이 생기게 된다. 학교에 가는 것이나 대화하는 것을 싫어하고 자기 방에 혼자 있기를 좋아하는 등의 육적인 행동의 변화도 일어난다.

사람을 믿지 못하는 불신이 깊숙이 자리 잡게 되어 그런 문제들을 왜 만나게 되었으며, 어떻게 해결되는지에 대해 말해주려고 해도 잘 들으려하지 않는다. 시간이 지날수록 불신이 깊이 뿌리를 내리게 되어 대인관계 자체가 안 되므로 사회생활을 정상적으로 하지 못한다. 마음이 가뭄의 논밭처럼 쩍쩍 갈라져 있어서 좋은 말을 해줘도 잘 받아들이지 않고 짜증을 낸다. 아주 예민하게 반응하며 날카롭게 대응한다. 고양이 앞의 쥐처럼 사람을 보고 덜덜 떨기도 한다.

예수가 그리스도라는 하나님의 생명의 말씀, 사랑의 말씀, 따뜻한 말씀을 들려줘도 그 말씀이 그 사람 속에 오래도록 머물지를 못한다(마13:3-23). 다시 일어날 수 있는 생명의 말씀을 전해줘도 그 말씀을 꼭 붙잡고 다시 일어서야겠다는 의지가 약하다. 의지가 약한 순간들을 마귀가 포착하고 있다가 다시 넘어뜨려버리기도 한다. 그래서 자주 넘어진다. 사람들이 그렇게 문제들과 마귀와의 씨름에서 백전백패하고 만다.

그렇게 넘어지는 모습을 보고 가족들도 실망을 하게 된다. 가족들 중에 이런 영적인 내용을 아는 사람이 있으면 그게 마귀와의 싸움에서 진 상태라는 것을 알고 복음을 통해 일으켜 세워 줄 수 있는데 이런 내용을 전혀 모르는 가족들이라면 그러는 사람을 통해 실망하고 낙심하게 된다.

낙심하는 그것으로 끝나는 것이 아니라 그렇게 낙심하는 순간, 순간마다 건강한 사람들도 정신적으로나 육신적으로 지치고 병들게 된다. 개인이나 가문이 점차 가시밭, 자갈밭, 황무지로 변한다. 그런 이유가 다른데 있는 것이 아니라 선악과 사건 때문이라는 것을 알고 선악과 사건에서 해방돼야지 제사행위만 하고 있어서는 안 된다. 이런 내용을 알게 되는 순간부터 마귀가 아주 강하게 작동(방해)하기 때문에 정신을 바짝 차리고 이런 얘기를 들어야 한다. 그리고 이런 얘기를 듣고 예수를 마음속에 영접하려고 할 때에도 마귀가 강하게 작동하기 때문에 얼른 영접하지 못하는 사람들도 있다. 입에서 예수를 영접하겠다는 말이 안 떨어지는 사람도 있다.

영접하는 순간에 마귀가 그 사람 앞에 눈에 보이게 나타나서 공갈협박을 하는 경우도 있다. 그런 경우에는 그리스도이신 예수 이름으로 마귀를 결박시켜 놓고 영접기도를 따라 하게 하면 된다. 전도 현장에 나가보면 지금도 이런 일들이 일어나고 있는데 사람들은 이런 영적인 일에 대해서 너무나 모르고 산다.

선악과 사건으로 인해 분명히 죽음문제를 비롯한 인생의 모든 문제를 만나게 되었음에도 선악과 사건을 얘기해주면 웃기는 소리로 받아들인다. 이것을 아주 가볍게 여긴다. 자기 자신이 죽게 된 사건인데도 실감을 하지 못한다. 그만큼 인간이 영적으로 어두운 상태이고 또한 마귀가 강하게 방해하고 있다는 것을 알 수 있다.

그렇게 방해하고 있는 놈이 마귀라고 하나님께서 가르쳐 줘도 사람들이 안 믿는다.

선악과 사건 때부터 지금까지 계속해서 하나님의 말씀을 듣지 않고 자기 생각대로 살면서 고생을 하고 있다. 거기서 해방시켜 주신 분이 예수님인데...그런데도 예수 믿으면 뭐하냐?...예수 믿어봤자 아무것도 안 나온다...라고 속삭이는 마귀의 말을 들으며 조상들에게 제사를 지낸다든지, 각종 종교행위를 하고 있다. 이런 행위가 마귀의 종노릇을 하고 있다는 증거이며, 종노릇을 하고 있기 때문에 그런 고생을 하는 것이다. 그러기에 개인이나 가문이 저주를 당하는 것이다.

> "내가 오늘 복과 저주를 너희 앞에 두나니 너희가 만일 내가 오늘 너희에게 명하는 너희의 하나님 여호와의 명령을 들으면 복이 될 것이요, 너희가 만일 내가 오늘 너희에게 명령하는 도에서 돌이켜 떠나 너희의 하나님 여호와의 명령을 듣지 아니하고 본래 알지 못하던 다른 신들을 따르면 저주를 받으리라"(신11:26-28).

그리스도이신 예수를 통해 창조주이신 하나님을 다시 만나서 그분을 섬기면 될 텐데 사람들이 예수가 그리스도라는 것을 믿으라는 말을 우습게 생각한다. 자기에게 당장 나쁜 일이 안 일어나니까 아무 문제도 없을 것이라는 생각으로 자기만 잘 먹고 잘 살면 되는 줄 알지만 살다보면 자기뿐만 아니라 자기 자식들과 후손들에게 분명히 문제(하나님의 진노=저주)가 일어난다. 그러기에 예수가 그리스도라는 것을 믿으라는 말씀을 우습게 여기면 안 된다. 불순종하면 안 된다. 순종하여 빨리 벗어나야 한다. 하나님을 다시 만나야 한다는 말이다.

그리스도를 통해 하나님을 만나지 못하면 귀신을 비롯한 각종 피조물을 섬기는 종교행위를 하게 된다(롬1:23, 25). 하나님보다는 자기 자신을 믿는다고 말하는 사람들도 있는데 그것 또한 종교행위다. 그것이 '자신교'다. 자기가 자신교의 교주가 되어 사는 사람들도 있기에 하는 말이다. 에덴동산에서 선악과를 먹으면 하나님처럼 된다는 마귀의 말(거짓말)에 속아 선악과를 먹은 그대로 자기가 그렇게 하나님(왕=주인)이 되어 살고 있다.

세상에 종교의 종류가 많을 수밖에 없는 이유는 인간들이 하나님을 섬기지 않고 하나님께서 창조해 놓은 각 가지의 피조물을 섬기기 때문이다. 지금까지도 종교가 많이 생겨났지만 앞으로도 계속해서 새로운 종교가 생겨날 것이다. 피조물이 많으니까 또 어떤 피조물이 종교의 대상이 되어 나타날지 모른다.

사람들이 문제가 없으면 그냥 살다가도 어느 날 갑자기 감당하기 어려운 문제를 만나게 되면 그 문제를 해결해 보려고 종교를 찾게 된다. 귀신들린 점쟁이를 찾아가서 점을 치고 굿을 하기도 한다. 명리학 등의 세상철학을 통해 답을 얻어 보려고 한다. 그들이 해주는 말들은 잘 믿고 잘 따라간다.

철학이나 종교의 교리나 율법에 더 얽매이게 되고 갇히게 된다. 그렇게 되므로 생각이 닫히게 된다.

그러나 오히려 그런 철학이나 종교의 교리나 율법에 더 얽매이게 되고 갇히게 된다. 그렇게 되므로 생각이 닫히게 된다. 사람이 점점 옹졸해진다. 자기만의 잣대가 강해진다. 남의 잘못을 보고 정죄하고 욕하기 좋아한다. 다른 사람을 포용하지 못하고 용서하지 못한다. 원수를 사랑하라는 하나님의 말씀과는 달리 자기가 믿는 종교의 신을 위해 다른 사람을 죽이기까지 한다.

욕심을 내려놓으려고, 마음을 비우려고 금식기도까지 하며 애를 쓰다가 도리어 귀신에게 완전히 장악 당한다. 마음이 여리고 착하게 살고자 하는 사람일수록 예수가 그리스도라는 결론 속으로 들어오지 못하면 마음고생을 더 많이 하게 되고, 더 많이 상처를 받게 되고, 잘못된 생각에 빠지기 쉽다. 복음을 모르는 교회도 마찬가지다. 교인들이 영적으로 무지하기 때문에 지도자가 시키는 대로 잘 한다. 무지한 교인들이 무지한 지도자 밑에서 안 해도 될 고생을 하고 있다.

교인들이 예수가 그리스도라는 것을 제대로 알고 믿는 믿음이 없으므로 율법에 매여 있고(갈3:23), 교회를 다니면서 '무엇을 먹을까?'... '무엇을 입을까?'... '어떤 자리에 앉을까?'...와 같은 걱정을 하며 복을 달라고 기도한다. 그러다가 그런 것들을 얻게 되면 그동안 십일조헌금이나 새벽기도, 철야기도, 금식기도나 교회 일에 충성, 봉사했더니 이런 복을 누리게 됐다고 자랑하고 다닌다.

하나님께서는 우리에게 그런 복이 복이 아니라 '그리스도'가 복이라고 하시는데 사람들이 진짜 복인 그리스도를 내팽개쳐놓고 그런 것들을 복이라고 생각하고 산다. 그리스도를 통해 죄에서 자유한 것이, 죽음 문제를 비롯한 인생의 모든 문제에서 해방되어 자유케 된 것이, 하나님을 다시 만난 것이, 천국을 비롯한 하나님의 모든 보화를 소유하게 된 것이, 한마디로 그 어디서나 하늘나라를 누리게 된 것이 최고의 복인데 인간들이 뭐가 복인지를 모른다.

물론 그런 세상적인 복을 무시해서 하는 말이 아니다. 하나님께서는 그런 썩어 없어질 세상적인 복과 비교할 수 없는 하나님의 귀한 것(그리스도)을 우리에게 이미 주셨기 때문에 하는 말이다. 그러기에 우리가 무엇을 어떻게 해서, 잘돼서 하나님의 일을 하겠다는 생각은 좋은 생각이 아니다. 아무것도 가지지 못하고 배우지 못했다 할지라도 예수가 그리스도라는 것을 깨닫고 전하기만 하면 된다. 하나님께 영광을 돌리는 방법은 내가 예수가 그리스도라는 것을 믿고 영접하는 것이요, 이것을 전하는 일이다.

자기의 형편과 자기 처지와 상관없이 예수가 그리스도라는 것을 진짜 제대로 믿는 믿음과 이것을 전하겠다는 이 두 가지만 품고 살면 하나님께서 이런 사람과 함께 하셔서 하나님의 비전을 이루신다. 이렇게 되는 방법도 아주 쉽다. 성령이 임하시면 그렇게 된다.

내가 그렇게 하는 것이 아니라 하나님께서 그렇게 만들어 주시기에 쉬운 것이다. 성령을 받으려면 그동안 율법으로나 세상 방법으로, 세상사상으로 구원을 받으려고 했던 생각을 완전히 집어 던져버리고, 우리를 죄에서 해방시켜 주신 분이 '예수'라는 사실을, 오직 예수가 그리스도라는 것을 믿는 '믿음의 법'(롬3:27)으로만 구원을 받게 된다는 생각으로 돌아서야 한다.

그렇게 하는 것이 참 회개다. 참 회개가 있어야 성령이 임하게 된다(행2:38). 임하신 성령께서 하나님의 비전을 품게 하시고, 그 하나님께서 하나님의 비전을 나를 통해 이루어 가신다. 그러니까 그리스도가 뭔지를 제대로 알아야 한다. 그리스도가 무엇인지도 모르고 다른 사람들보다 더 많이 헌금하고 봉사하며, 새벽기도, 철야기도, 금식기도를 하면서 교회만 열심히 다닌다고 되는 것이 아니다. 그것은 믿음이 좋은 것이 아니라 열심이 좋은 것이다. 믿음이 좋아야 구원의 복을 받는 것이지, 열심이 좋아서 구원의 복을 받는 것이 아니다.

즉, 믿음이 좋아야 인생의 모든 문제에서 해방되고 하나님의 모든 것을 소유하게 되는 것이지, 열심이 좋아서 이런 복을 누리게 되는 것이 아니다. 그러기에 믿음이 좋은 것과 열심이 좋은 것은 이렇게 엄청나게 다른 것이다. 예수님은 그 엄청난 고통과 죽음문제까지 당하셨지만 우리는 그분께서 이루어 놓으신 것을 믿고 받아들이기만 하면 거저 어디서나 하늘나라를 누리게 되기 때문에 이것을 '은혜'라고 하고, 이 은혜를 통해 구원을 받게 된다는 계약이 전 우주에 선포되어 있기에 '은혜계약(恩惠契約)'이라고 한다.

그러니까 이 은혜계약은 이스라엘 백성처럼 선택받은 백성들과만 맺은 계약이 아니라 이 세상 모든 사람들을 대상으로 맺은 계약이기에 '보편적'이라고 할 수 있는 것이다. 그렇지만 어디까지나 이 비밀은 하나님으로부터 택함을 받은 사람들만이 누리는 특권이다. 그러기에 '특별계약'이다. 이 특별계약 관계 속에 있는 자들이 각 시대별로 예수가 그리스도라는 것을 전해 듣고 그 부름에 응답하며 나오는 것이다. 이 사람들이 창세전에 이미 하나님의 택함 받은 천국백성들이다(엡1:3-14).

그러기에 예수가 그리스도라는 것을 믿으면 하나님의 자녀가 된다는 이 말귀를 알아들은 사람들은 정말 복된 자들이다. 이 세상을 사는 동안 그리스도를 발견했다는 말은 보통 말이 아니라 엄청난 말이다. 정말 특별한 말이다. 이런 특별함을 입었는데도 감사가 안 나오겠는가? 찬송이 안 나오겠는가? 그래도 무엇을 입을까? 무엇을 입을까? 이런 유치한 생각으로 살아지겠는가.

세상 사람들이 예수가 그리스도라는 것을 믿는 우리들을 향해 욕하고 핍박한다고 해서 우리가 예수가 그리스도라는 것을 부인할 수 있겠는가? 그렇게 될 리가 없는 것이다. 그리고 천국에 가기 전까지, 즉 세상에 머무는 동안 우리가 죄를 지어도 정죄 당하지 않고 하나님 앞에 당당히 설 수 있으니 놀라운 은혜가 아니고 무엇이겠는가?

우리가 비록 죄를 짓는다 할지라도 그 죄 문제까지도 죄로 인정치 않으시겠다고 하셨기 때문이다(롬4:6-8). 그러기에 예수가 그리스도라는 것을 알고 믿는 믿음의 행위가, 즉 예수가 그리스도라는 것을 믿으라는 말씀에 순종하는 것이 너무나도 중요한 것이다. 선악과 사건뿐만 아니라 율법의 행위, 즉 외적인 행위의 법을 지키지 못해 죽을 수밖에 없는 우리들! 그러나 그대로 놔 둘 수 없었던 하나님의 심정!

그러면 누가 해야겠는가?

전능하신 하나님께서 하실 수밖에 없는 것이다. 성자 하나님 예수께서 죽음으로 말미암아 죄인이 살게 된다는 계약을 성부하나님께서 성자이신 예수와 맺으셨다. 이 계약서를 받은 성자께서 어떻게 거부할 수 있겠는가? 그러기에 그 엄청난 고통을 당하실 줄 알면서도, 죽을 줄 알면서도 우리를 살리기 위해 이 세상에 오신 것이다. 그리고 그 성부의 부탁을 이루어 드린다. 그것이 십자가 사건(피)이다. 이렇게 해서 하나님의 구원의 계획이 이루어졌다(요 19:30).

2 믿음과 바라는 것들과 실상에 대해

여기서 꼭 알아야 할 것이 있다. 첫 사람 아담이 하나님께서 먹지 말라는 선악과를 먹어버린 외적행위가 있었던 것처럼, 둘째 아담이신 예수께서는 십자가에 달려 죽어야 한다는 성부하나님의 말씀대로 정말 죽으신, 즉 외적행위를 하셨다는 것을...그러니까 행위는 행위인데 아담은 자기 욕심 때문에 행한 행위였고, 예수는 우리를 살리기 위한 행위였다. 먹지 말라는 선악과를 먹은 것도 외적인 행위이고, 예수께서 십자가 사건을 당하신 것도 외적인 행위다. 그러나 우리가 다시 살 수 있는 방법은 예수님이 하신 것 같은 어려운 외적행위가 아니라, 예수가 우리의 죄를 해결해 주시고 영생을 주신 구원의 하나님(구세주=메시아=그리스도)이라는 것을 마음으로 믿으면 되는, 즉 내적행위다.

그 엄청난 십자가의 고통을 비롯한 율법의 행함, 즉 외적인 행위는 우리가 어렵고 힘들어서 못한다 할지라도 내적행위는 예수가 그리스도라는 것을 마음속으로 믿으면 되는 것이기에 쉽게 할 수 있는 것이다. 이렇게 쉽게 해놓으셨는데도 예수가 그리스도라는 것을 믿지 않고 아직도 율법의 행함이 없으면 구원받지 못한다는 소리를 하거나, 예수님처럼 고행을 해야 한다는 소리를 하는 사람들이 있으니 답답한 노릇이다.

이미 예수가 그리스도라는 결론을 얻었다면 다 해결된 상태요, 다 얻은 상태이기에 그 어떤 문제를 만나더라도 염려할 필요도 없는 것이며, 그 어떤 상황에 놓이더라도 부족함이 없는 존재가 돼버렸기 때문이다(찬382장). 그러기에 하나님께서 마태복음 6장 33절에 이렇게 말씀하셨다.

> "그런즉 너희는 먼저 그의 나라와 그의 의를 구하라. 그리하면 이 모든 것을 너희에게 더하시리라"(마6:33).

무엇보다도 먼저 예수가 그리스도라는 것을 제대로 알고 제대로 믿어야 한다. 그리하면 그의 나라와 그의 의를 얻게 되고, 그리되면 나머지 모든 것도 다 해결되고, 또한 얻게 된다. 사실 예수가 그리스도라는 것이 믿어지는 믿음이 자기에게 주어졌다면(갈3:23) 그의 나라와 그의 의는 물론이고 하나님의 모든 보화를 다 소유한 것이다(골2:2-3).

뿐만 아니라 죄 문제를 비롯한 인생의 모든 문제에서 해방되어 하나님을 다시 만난 상태다(행1:8/고전3:16). 성경에 기록된 그런 말씀들이 예수가 그리스도라는 것을 믿었더니 다 성취돼버린 것이다. 그러기에 예수가 그리스도라는 하나님의 비밀을 아는 것도 중요하고 또한 그것을 믿는 믿음도 중요하다. 그것을 믿는 믿음으로 앞에서 말한 그런 엄청난 복을 누리게 되기에, '믿음'으로 바라는 모든 것들을 얻게 된다는 말이다.

즉, 예수가 그리스도(우리가 해결하고자 했던 죄 문제를 비롯한 인생의 모든 문제의 답 그 자체〈실상〉요, 우리가 만나고 싶었던 하나님 그 자체〈실상〉요, 우리가 얻고자 했던 천국을 비롯한 하나님의 모든 보화 그 자체〈실상〉)라는 것을 알기만 했을 때는 그런 복을 누리지 못한 상태이기에 어디까지나 자기 생각 속에 있는 그림자 복이라면 예수가 그리스도라는 것이 믿어지는 믿음이 주어지면 그 그림자의 실상의 복을 누리게 되는 것이다.

그러니까 '믿음'으로 죄 문제를 비롯한 인생의 모든 문제에서 해방되어 자유하게 되는 복, '믿음'으로 하나님을 다시 만나는 복, '믿음'으로 천국을 비롯한 하나님의 모든 보화를 누리게 되는 복, 어디서나 하늘나라를 누리게 되는 그런 엄청난 복을 '믿음'으로 누릴 수 있다는 말이다. 그렇다면 무엇을 믿는 믿음인가? 그렇다. 예수가 그리스도라는 것을 믿는 '믿음'이다.

그런 믿음으로 죄 문제를 비롯한 인생의 모든 문제에서 자유한 엄청난 복을 누리는 내 자신을 바라보게 되었고, 하나님을 다시 만난 엄청난 복을 누리는 내 자신을 바라보게 되었고, 천국을 비롯한 하나님의 모든 보화를 소유한 엄청난 복을 누리는 내 자신을 바라보게 되었기에 하는 말이다. 그런 엄청난 복을 말로만이 아닌 실제로 누리게 된 것이다.

종이에 그려진 그림의 떡이 아닌 실제의 떡을 붙잡은 것이라는 말이다. 예수가 그리스도라는 것을 믿으면 그렇게 엄청난 복을 누리게 된다는 생각만 하고 있으면 그림의 떡을 붙잡은 상태이고, 예수가 그리스도라는 것을 믿으라는 말씀에 순종하면 실제의 떡을 붙잡은 상태다. 이런 말씀을 들으면서 자기 자신이 지금까지 그림의 떡만 붙잡고 교회만 열심히 다니고 있다는 생각이 들면 율법이 아닌 진짜 복음을 붙잡고 신앙생활을 해야 한다.

그래야 늘 감사하게 되고, 찬송하게 된다. 그래야 예배시간
이 기다려지게 된다. 그래야 하나님의 일에 충성하게 된다. 저절로
그렇게 다 되어 진다. 믿음은 바라는 것들의 실상이기에 믿음을 가
진 자는 실상을 붙잡은 자들이다. 그러니까 믿음은 곧 실상을 얻게
되는 통로다. 믿음이라는 통로를 들어서면 실상이 보인다. 믿음은
실상과 연결되어 있기에 하는 말이다.

그러기에 그 실상을 소유하고 싶으면 믿으면 된다. 즉, 예수가 그
리스도라는 것을 믿으라는 말씀대로 믿으면 그 믿음대로 실상인
그리스도를 붙잡게 된다는 말이다.

"믿음은 바라는 것들의 실상이요, 보이지 않는 것들의 증거니"(히
11:1).

'믿음'과 '바라는 것들'과 '실상'에 대해 좀 더 설명하자
면...그렇게 될 것이라는 믿음, 즉 죄와 마귀와 죽음, 지옥 문제를
비롯한 인생의 모든 문제에서 해방되어 자유하고 싶고, 하나님을
다시 만나고 싶고, 천국을 비롯한 하나님의 모든 것을 누리고 싶은
마음은 '바라는 것들'이고...그렇게 되기를 '바라고 있는 상태'에
서는 그것들이 아직 실제로 자기(나)에게 주어지지 않은 상태다.

그런데 예수가 그리스도(죄와 마귀와 죽음, 지옥 문제를 비롯한
인생의 모든 문제의 답 그 자체, 우리가 그렇게도 보고 싶었던 하
나님 그 자체, 천국을 비롯한 하나님의 모든 것 그 자체)라는 것을
믿으면 그리스도(죄와 마귀와 죽음, 지옥 문제를 비롯한 인생의 모
든 문제에서 해방되어 자유케 되는, 우리가 그렇게도 보고 싶었던

하나님을 다시 만나게 되는, 천국을 비롯한 하나님의 모든 것을 누리게 되는)의 놀라운 일이 실제로 자기(나)에게 일어난다.

예수가 그리스도라는 것을 믿으면 그렇게 된다는 말씀대로 '믿고 들어섰더니(순종했더니=믿었더니=믿음)' '바라는 그것들'이 '실제로 내게 이루어지고, 주어졌다'는 말이다. 그러니까 죄와 마귀와 죽음, 지옥 문제를 비롯한 인생의 모든 문제에서 해방되어 자유하고 싶은 마음(그렇게 되기를 바라는 것), 하나님을 다시 만나고 싶은 마음(그렇게 되기를 바라는 것), 천국을 비롯한 하나님의 모든 것을 누리고 싶은 마음(그렇게 되기를 바라는 것)을 가지고 있었는데 바라던(원하던) 그것들이 실제로 이루어져버렸다는 말이다.

그래서 '나는 참 자유인이다!' '나는 천국백성이다!'라고 소리 높여 외치게 되는 것이다. 말로만이 아닌 실제니까...그림자가 아닌 실상이니까...실상(그리스도) 속에 들어와 버렸으니까...즉, 인생의 모든 문제의 답과 하나님과 또한 하나님의 모든 것 그 자체(그리스도) 안에 들어와 버렸기 때문이다. 그래서 그리스도를 깨닫게 되면 이미 자기 자신이 실상(그리스도=임마누엘동산) 속에 들어와 버린 새사람이라는 것을 안다(고후5:17).

> 그리스도를 깨닫게 되면 이미 자기 자신이 실상(그리스도=임마누엘동산) 속에 들어 와버린 새사람이라는 것을 안다.

그렇게 된 것은 '믿음' 때문이었다. 무엇을 믿는 믿음이었는가? 그렇다. 예수가 그리스도라는 것을 믿는 믿음이었다. 그러기에 예수가 그리스도라는 것을 믿으라는 말씀에 순종하는 것이 그렇게 중요한 것이다. 그런 믿음을 가지고 있으면 율법에 대해, 죄에 대해, 세상에 대해, 한마디로 인생의 모든 문제에 대해 죽은 자요, 하나님에 대해 산 자가 되어 있음을 알기에 그런 것들 때문에 염려하지 않는다(롬6:11).

세상 명예나 이익이나 그 어떤 세상부귀영화도 부러워하지 않는다. 그런 것과 비교할 수 없는 실상 속에 들어와 버렸기 때문이다. 그러기에 마음을 비워야 한다거나 마음을 내려놓아야 한다거나 그러기 위해 마음수련을 하고, 고행을 하는 그런 세상적인 방법을 사용하지 않아도 된다. 하나님의 비밀인 그리스도를 깨닫게 되면 자동으로 그렇게 돼버리기 때문이다.

내게 주어진 재물, 시간, 몸까지도 이런 비밀을 모르는 사람들을 위해 사용하게 된다. 지금까지 말한 내용을 이해할 수 있겠는가? 이해가 안 되면 다시 한 번 읽고 다음으로 넘어가기 바란다. 성경에 이미 그리스도를 통해 성취된 하나님의 말씀들이 기록되어 있다. 그 말씀들이 자기에게 성취되는 시간표만 사람에 따라 다르다. 자기 것으로 얼른 만들고 싶으면 말씀을 자꾸 들어야 한다.

말씀을 듣되 다른 말 듣지 말고 예수가 그리스도라는 것을 이 모양, 저 모양으로 풀어서 설명해주는 말씀을 들어야 한다. 그래야 믿음이 생긴다(롬10:17). 그래서 말씀 듣는 것이 제사 드리는 것보다 낫다고 하신 것이다(삼상15:22/전5:1). 말씀을 듣고 믿음이 생기면 예수가 그리스도라는 것을 믿으라는 말씀대로 믿어버리면 된다. 그것을 순종(내적행위)이라고 한다. 그러면 전능하사 천지를 만드신 그 하나님의 역사가 나에게 실제로 임한다.

나의 힘으로는 절대로 선악과 사건이 터진 동네(세상=그림자 동네)에서 임마누엘동산(실상 동네)으로 들어올 수 없는데 예수가 그리스도라는 것을 믿으라는 말씀에 순종했더니 순종하는 순간 하나님께서 임마누엘동산으로 들어 올려 주신 것이니 나에게 있어서 이것만큼 큰 기적이 어디 있겠는가. 그리고 이런 기적을 체험했기에 더 이상 신비나 기적을 쫓아다니지 않는다. 그저 감사함으로 찬양으로 영광을 돌리게 된다(히13:15).

이미 거룩한 백성, 왕 같은 제사장, 참 자유인, 천국백성, 새로운 피조물, 새사람으로 거듭나버렸는데 뭘 더 바랄 것이 있겠는가? 그저 찬양하며 복음을 전하러 다니는 일밖에 할 일이 없다. 자기 자신을 하나님 앞에 제물로 드리는 것보다 나은 행위가 예수가 그리스도라는 것을 믿으라는 말씀에 '순종' 하는 것이다.

3 내 영혼이 은총입어 중한 죄짐 벗고보니

"그런즉 누구든지 그리스도 안에 있으면 새로운 피조물이라. 이전 것은 지나갔으니 보라 새 것이 되었도다"(고후5:17).

"이전 것은 다 지나갔으니 보라 새 것이 되었도다"라는 말씀이 무슨 말씀인지 묵상해보라. 지금의 나는 예수 안에서 거듭난 새로운 인간이라는 말이고, 사망의 자리에서 생명의 자리로 옮겨져 있는 상태라는 말이다(요5:24). 이렇게 되어 있는 자기가 진짜 자기다. 믿음의 눈(영안)으로 바라보면 자기 자신이 그렇게 되어 있음이 보인다.

그리고 그런 눈으로 보면 지금 세상에 발을 딛고 있는 육신이나 세상 것들은 썩어 없어질 그림자나 배설물로 보인다(고후4:18/빌 3:8). 그런 것들을 사람 살리는 일에 사용하고 있다면 하나님과 방향 맞춘 삶이다. 그러니까 우리의 육신과 세상 것들은 사람을 살리는 일에 쓰는 도구이지 그것이 우리네 인생을 바꿔주는 것은 아니다. 농사를 지을 때 쓰는 도구가 있듯이, 그리고 그 도구가 더 이상 쓸 수 없는 상태가 되면 버려지게 되듯이 우리의 육신도, 세상 것들도 그렇다는 말이다.

그러니까 그것이 늙어도, 병이 들어도, 그것이 죽어도 괜찮은 것이다. 이미 그리스도 안에서 다 끝나 있는 상태임과 동시에 새사람이기에 말이다. 그러나 그렇다고 몸을 함부로 하라는 말이 아니다. 일부러 죄를 짓고 다니라는 말은 아니다. 그러니까 예수가 그리스도라는 것을 믿으라는 말씀에 늘 순종하라는 말이다.

예수가 그리스도라는 것을 믿는 믿음에 머물러 있으면 자기 시간, 자기 물질, 자기 몸을 사람 살리는 일에 쓰게 된다. 우리 몸은 사람 살리는 일에도 쓰이는 몸이기에, 즉 복음을 전하는데 사용하는 몸이기에 귀한 몸이다. 그러기에 일용할 양식도 잘 먹고 또한 적당한 운동으로 관리를 잘 해야 한다. 우리는 세상 사람들처럼 건강한 몸을 만들어야지라는 생각으로 잘 먹는 것도, 운동을 하는 것도 아니다. 복음을 전하기 위해서 잘 먹고, 또한 운동도 하는 것이다.

그러니까 생각이나 그런 행위들이 세상사람(이방인)들과 차원이 다른 것이다. 복음을 전하기 위해 잘 먹고, 복음을 전하기 위해 운동도 잘 해야 한다는 생각을 가지게 되면 기쁜 마음으로 식사도 잘 하게 되고, 운동도 잘 하게 된다. 그러다보면 어느 새 건강해져 있는 자기 몸을 바라보게 된다. 그러니까 일단은 새로운 피조물이 되어 있는 자기 자신, 임마누엘의 하나님과 함께하는 자기 자신을 바라보고 살아야 한다. 그래야 육신이나 그 육신이 발을 딛고 있는 세상이나, 그 세상의 문제들이나, 그 세상 것들에게 속지 않게 된다.

세상이나, 세상 것들이나, 죄 문제를 비롯한 인생의 모든 문제를 다 끝낸 사람이라는 것을, 그런 모든 것에서 졸업한 졸업생임과 동시에 천국백성이라는 것을 잊지 말라는 말이다. 우리는 이미 새로운 피조물이기에 우리에게 주어질 새 몸도 그리스도 안에 감추어져 있는 것이다. 예수님께서 다시 오시는 날 그리스도 안에 감추어져 있던 우리가 새 몸을 입고 새로운 세상에 드러날 것이다.

그러니까 지금의 이 세상에 발을 딛고 있는 그 육신을 바라보고, 지금의 자기 자신의 겉모습이나, 문제나, 삶을 바라보고 속지 말아야 한다. 그것은 이미 그리스도 안에서 다 끝난 허상이니까, 다 끝난 문제이니까 말이다. 이런 영적인 내용을 알게 되면 자기가 못나도 괜찮고, 부족해도 괜찮고, 다리 밑에 거지로 살아도 괜찮고, 왕궁에서 왕으로 살아도 괜찮고, 세상적인 빈부귀천과 아무런 상관이 없는 그야말로 높은 산이나, 거친 들이나, 초막이나, 궁궐이나, 그 어디서나, 그 어떤 환경이나, 그 어떤 문제를 만난다 할지라도 천국을 누리게 된다.

우리의 영혼이 하나님의 은총을 입어 선악과 사건이라는 무거운 죄 짐에서 해방되고 보니 천국을 누릴 수밖에 없는 것이다. 그 동안 세상이, 내 자신이 왜 이렇게 못났으며, 나는 왜 이렇게 가진 것도 없는 불쌍한 존재인가? 라며 세상을 한탄하고, 신세타령을 하며 슬퍼했었는데 예수가 그리스도라는 것을 깨닫고 보니 슬픔 많은 이 세상이 천국으로 변해버린 것이다(찬438장).

그러니까 이 세상이 천국으로 변해서 천국을 누리는 것이 아니라 내가 이미 새사람이 되어 그 어디서나 하늘나라를 누리게 돼버렸기에, 그리고 내 영혼에 천국의 주인이신 하나님께서 함께 하시므로 하나님의 나라가 임했기 때문에 그 천국을 누리게 되는 것이다.

이제는 그리스도를 통해 그리스도 안에 감추어져 있는 새로운 나를 발견하게 되었기에 나의 허상을 바라보며 신세타령을 하는 것이 아니라 그리스도 안에서의 새로운 나의 실상, 나의 환경인 천국을 바라보는 삶을 살게 되었으니 이 세상에서 어떤 실수, 어떤 죄를 범한다 할지라도, 어떤 문제를 만난다 할지라도 그것으로 인해 낙심하거나, 좌절하거나, 기가 죽지 않게 되며 자신감을 가지고 담대하게, 멋지게 세상을 향해 박차고 나가게 되는 것이다(수1:5-6).

그러기에 인생의 이런저런 문제 앞에 낙심하거나 좌절하는 것이 아니라 그런 문제들을 밟고 다니게 된 것이다. 문제들을, 마귀와 귀신들을, 세상을 정복하고 다스리게 된 것이다. 그 어떤 상황, 그 어떤 형편이나, 그 어디서나 지금부터 천국의 참 평안을 누리며 다시 오실 나의 신랑인 예수님을 기다리고 있는 것이다. 이렇게 살게 된 것이 그리스도 안에 들어 있다는 증거다.

우리들은 이런 사람들이다. 이런 엄청난 비밀과 이런 엄청난 복된 삶을 살게 된 우리들이기에 그 허상을 위해, 그런 것을 해결하기 위해 몸부림치며 살지 않게 된다. 육신을 위해 무엇을 먹을까? 무엇을 입을까? 어떤 자리에 올라가 앉을까? 등등의 세상의 그런 것들을 위해 살지 않게 된다. 이미 그런 것과 상관없는 새로운 사람으로 거듭나 있고, 그리스도 안에 들어와 있기 때문이다.

그러기에 세상 것을 더 많이 움켜잡으려거나, 세상적으로 더 높이 올라가려고 애쓰지 않는다. 그런 것들을 솔로몬 왕처럼 많이 움켜잡고 누려도 헛된 것임을, 실상의 그림자임을, 배설물임을 알아버렸기 때문이기도 하지만 이미 우리는 그 보다도 더한 사람이 되어 그보다도 더한 복을 누리고 있기 때문이다.

그림자가 아닌 실상을 발견하여 그 실상 속에 들어와 실제의 상급, 영원히 썩지 않을 상급까지 받게 되어 있기 때문이라는 말이다. 세상의 그런 것들은 이런 엄청난 그리스도의 비밀을 모르는 이방인들이 구하는 것이다(마6:31-32). 이방인들은 아담 안에서 태어난 첫 사람으로 존재하고 있기 때문에 우리와 같은 이런 생각을 하지 못한다.

그러기에 지금의 육신을 위해 무엇을 먹을까? 무엇을 입을까? 어떤 자리에 올라가 앉을까? 라는 생각으로 늘 염려하며, 속상해하며 사는 것이다. 그런 것을 더 많이 차지하기 위해 몸부림을 치며 다른 사람을 헐뜯고, 넘어뜨리고, 죽이기까지 하는 것이다. 이것이 제일 심한 곳이 정치판이다. 정치(政治)라는 말은 좋은 말인데 정직하고 바르게 하기 보다는 온갖 술수가 난무하는 곳이다.

옛날이나 지금이나 똑 같다. 세월이 지나고 교육수준이 높아졌다고 달라지는 것이 아니다. 선악과 사건에 빠져 있는 인간들이기에 어쩔 수가 없는 것이다. 그런다고 지금하고 있는 일을 때려치우고 아무것도 하지 말라는 말이 아니다. 각자 주어진 달란트대로 어디든지 가서 일을 하되 세상 사람들처럼 그렇게 물고, 뜯고, 죽이면서까지 할 필요는 없다는 말이다.

우리는 이미 인생의 모든 문제를 다 해결해 놓고 사는 자들이요, 가질 대로 다 가진 자들이요, 높아질 대로 높아진 자들이기에 말이다. 나는 교직에 있기 때문에 학교 현장에서 보고 느낀 것이 많다. 지금 학교의 교육은 전인교육과 거리가 멀다. '사람'이 되게 해주는 교육이기보다는 오직 교과 성적 올리기에 급급하다. 뭣 모르는 학생들은 아직 사람이 안 되었기에 사람이 되도록 교육해야 하는데 사람이 되게 해주는 교육이 아닌 성적 올리는 기계, 즉 인간로봇을 만드는 교육을 하고 있으니 안타까운 일이다.

그렇게 만들어져 나와 세상을 살아가고 있으니 세상이 점점 삭막해지고 악해져 가는 것이다. 사람들이 사는 세상인데도 인정도 없고, 오직 치고 올라가기에 바쁘고, 각박해져만 간다. 인간들이 아닌 인간로봇이 사는 세상이 되어가고 있다. 하나님께서는 인간을 그렇게 만들지 않으셨는데 인간들이 인간들을 그렇게 만들어 가고 있다. 배후에 마귀가 그렇게 몰아붙이고 있는데 사람들은 그런 줄 모른다.

하나님께서는 각 사람에게 달란트를 주셨다. 그러기에 각자에게 주어진 달란트가 무엇인지 발견하여 그것을 전문화 시켜주는 것이 교육이고, 그렇게 하면 그 분야에 전문인이 된다. 전문인이 되면 자기 밥은 자기가 챙겨 먹게 된다.

하나님께서는 우리에게 주신 달란트로 이 세상을 살아갈 수 있게 하셨고, 그것을 통해 복음을 전하도록 하셨는데 이런 내용을 모르는 사람들에 의해 교육이 이렇게 돼버린 것이다. 한 가지가 아닌 여러 가지를 다 잘해야 살아남는 이상한 교육, 이상한 나라가 돼버렸다. 그리스도인이라고 하는 사람들도 이런 내용을 모르고 세상의 방법과 제도대로 따라가고 있다. 교회에서도 무엇이든지 최고가 되어서 하나님께 영광을 돌려야 된다고 가르친다.

이게 과연 하나님께 영광을 돌리는 일인가?

이미 하나님께서는 인간들이 그렇게 하지 않아도 죄 문제를 비롯한 이런저런 인생의 모든 문제에서 해방되는 방법(비밀)을, 빌 게이츠보다도 더 많이 가진 부자가 되는 방법, 버락 오바마 대통령보다 더 높은 신분과 권세를 누리는 방법, 천국을 비롯한 하나님의 모든 것(보화=복)이 담긴 그리스도를 우리에게 주셨는데 그리스도의 비밀도 제대로 모르면서 교회를 다니기 때문에 엉뚱한 방법, 세상적인 그런 방법으로 하나님께 영광을 돌린다고 하는 것이다.

그렇게 하는 것이 영광을 돌리는 것이 아니다. 그것은 그리스도의 비밀을 모르는 이방인들이 하는 일이다. 하나님께 영광을 돌리는 일은 그 어떤 방법이나 행위가 아니라 예수가 그리스도라는 것을 믿고, 노래하고, 전하는 것이다. 이것이 최고의 영광을 돌리는 일이다. 교인들조차도 예수가 그리스도라는 것을 제대로 안 믿고 세상 것을 많이 챙겨서, 또는 세상적으로 높이 올라가는 것을 통해 영광을 돌리려고 하니 참으로 안타까운 일이다.

예수가 그리스도라는 것을 믿는 믿음의 사람이라면 이미 죄 문제를 비롯한 이런저런 인생의 모든 문제의 답을 챙기고, 천국을 비롯한 하나님의 모든 것을 소유해버린 사람이기에, 높아질 대로 높아졌기에 세상과는, 세상의 것들과는 상관이 없는 사람인데 말이다. 나도 옛날에는 이런 내용을 모르는 영적인 바보였는데 그리스도의 비밀을 깨닫고 나서 이렇게 알게 되었다.

> 그러니까 말로만 그리스도, 그리스도 하지 말고 진짜 제대로 깨닫고 믿어야 한다.

그러니까 말로만 그리스도, 그리스도 하지 말고 진짜 제대로 깨닫고 믿어야 한다. 그래야 임마누엘이 성취되고, 그렇게 되므로 바보 같은 삶을 살지 않게 되는 것이다. 그러기에 서울 대학교, 하버드 대학교를 나오는 것이 영광을 돌리는 것이 아니라, 또한 사법고시, 행정고시에 합격해서 높은 자리에 올라가는 것이 하나님께 영광을 돌리는 것이 아니라 하나님의 비밀인 그리스도를 깨닫고 무슨 일을 하든지 그 일을 통해 전도자로 사는 것이 최고로 큰 영광 돌리는 삶이다.

전도자는 먹든지 마시든지 무엇을 하든지 온통 사람을 살리는 일에만 관심이 있다. 전도자의 눈은 항상 사람을 살리는 데에 가 있다. 사람을 살릴 수 있는 기회를 보고 있다가 그런 기회가 보이면 곧바로 가서 살려낸다. 그러기에 사람 낚는 어부다(마 4:19). 그러기에 전도자(사람 낚는 어부)의 삶은 먹든지, 마시든지 무엇을 하든지 하나님의 영광을 위해 사는 복된 삶인 것이다. 고린도전서 10장 31절 말씀이 자기에게 성취돼버렸다는 것을 자기가 안다.

" 그런즉 너희가 먹든지 마시든지 무엇을 하든지 다 하나님의 영광을
위하여 하라"(고전10:31).

전도자의 삶은 사람을 살리는 일이기도 하지만 또한 사람들을
가르치기도 한다. 전도자가 세상의 선생님들보다 훨씬 뛰어난 선
생님이기 때문이다. 전도자가 되면 하나님께서 함께 하셔서 어떻
게 사는 것이 진짜 복된 삶인지 알기 때문에 그 복된 삶을 사는 방
법도 가르쳐 주게 된다. 또한 이런저런 인생의 문제를 만나 그 문
제 앞에 염려하고 속상해 하며 지옥 같은 삶을 사는 사람들을 만나
게 되면 세상의 선생님들은 그 문제의 답을 주지 못하지만 전도자
는 그 답을 줄 수 있기 때문에 전도자가 참 선생님이다(딤전2:7).
물론 예수님이 진짜 참 선생님이지만...

"이를 위하여 내가 전파하는 자와 사도로 세움을 입은 것은 참말이요,
거짓말이 아니니 믿음과 진리 안에서 내가 이방인의 스승이 되었노
라"(딤전2:7).

그러기에 그리스도의 비밀을 아는 전도자는 많은 사람들의 참
스승이 된다. 그렇게 되어 지게 되어 있다. 하나님은 항상 그렇게
되어 지게 하신다. 그러기에 디모데 전서 2장 7절 말씀이 자기에게
성취되었음을 자기가 안다. 하나님은 그리스도의 비밀을 아는 자
를 리더로 세우신다. 이것은 어쩔 수 없이 그렇게 되어 있다. 하나
님이 최고의 리더이기 때문에 그 리더와 함께 하는 자가 세상에서
리더가 될 수밖에 없는 것이다. 왕 같은 제사장의 신분과 권세를
실제로 누리고 살게 되어 있다.

"그러나 너희는 택하신 족속이요, 왕 같은 제사장들이요, 거룩한 나라요, 그의 소유가 된 백성이니 이는 너희를 어두운 데서 불러내어 그의 기이한 빛에 들어가게 하신 이의 아름다운 덕을 선포하게 하려 하심이라"(벧전2:9).

이렇게 베드로 전서 2장 9절 말씀도 자기에게 성취되었음을 자기가 안다. 이렇게 멋진 사람이 되어 멋진 삶을 살게 되었다는 것을 '그리스도인'인 자녀들에게도 계속 얘기해 줘야 한다. 오랫동안 신앙생활을 한 어른들도 그렇게 멋진 사람이 되어 멋진 삶을 살고 있다는 것을...그런 자기가 진짜 자기라는 것을 잊어버리고 사는 경우가 있는데 어린 자녀들이야 오죽하겠는가. 아주 잘 잊어버린다. 조그만 문제 앞에서도 금방 넘어져 버린다.

그러기에 무엇보다도 잊지 않도록 자꾸 말해 주어야 한다. 그렇게 하는 교육이 '복음교육'이다. 이 교육을 확실하게 해두면 어떤 일이 있어도 낙심하거나 좌절하지 않는다. 오히려 정복하고 나간다. 그러나 세상에서 아무리 공부를 많이 하고 성공했다 해도 심지어 대통령이 되었다 해도 복음교육이 제대로 되어 있지 않으면 무너져 내리게 된다. 그런 사람들을 일으켜 세워주는 사람이 '전도자'다. 그러기에 전도자는 그들을 가르칠 수밖에 없는 선생님인 것이다.

물론 이것도 하나님의 계획 속에서 이루어지는 일이다. 모두가 다 전도자가 되는 것이 아니라 각자에게 주어진 달란트대로 하나님께서 쓰실 것이니 세상의 관직을 포기하라는 말은 아니다. 각자 주어진 현장에서 복음을 전하면 된다. 세상 학교교육 얘기하다가 이 얘기를 한 것은 예수가 그리스도라는 것을 제대로 깨닫고, 그것을 믿으라는 말씀에 순종하면 이미 그런 엄청난 존재가 돼 버리기에 예수가 그리스도라는 것을 가르쳐 주는 교육이 중요 하다는 말이다.

복음교육을 통해 이미 그렇게 된 존재라는 것을 잊어버리지 않 게 해주고, 영혼의 피부로 느낄 수 있게 이 모양, 저 모양으로 자꾸 만 가르쳐 주어야 한다. 복음교육이 아니면 절대로 자기가 어떤 존 재인지, 어떻게 살아야 하는 존재인지, 한 마디로 자기 정체성을 알 수 없다. 지금 세상에 많은 사람들이 자기 정체를 모르고 산다. 그러기에 복음교육을 통해 자기 정체도 알고 세상공부도 하고, 세 상일도 하고 살아야지 그러지 않으면 모래밭에 집을 짓는 것과 같 고, 바벨탑 쌓기 하는 것과 같아서 언젠가는 무너진다.

예수가 그리스도라는 것(복음)이 기초이며, 또한 최고의 것이기에 이것을 먼저 교육해야 한다. 이것이 먼저 되지 않고 하는 모든 방법이나 행위는 영광을 돌리는 것이 아니라 하나님을 욕되게 하는 것이다. 왜냐하면 그것은 해적선에서 해적 노릇을 하 기 위한 일밖에는 안되기 때문이다. 먹는 것도, 입는 것도, 노는 것 도, 자는 것도, 공부하는 것도, 일 하는 것도...그 어떤 일들도 해적 선에서 하는 모든 행위는 해적질을 하기 위한 일 밖에 안 되기 때 문에 하는 말이다.

그런 행위들은 또 다음 날도 해적질을 하기 위한 것이니까 말이 다. 이 세상은 거대한 해적선이다. 선악과 사건이 터지면서 그렇게 돼버렸다. 이 거대한 해적선의 선장은 마귀다. 마귀의 종자들인 귀 신들과 모든 인간들은 해적들이다. 나는 아니라고 해도 어쩔 수 없다. 나는 말과 뜻과 행실을 깨끗하고 착하게 하고 살았는데 어찌 해적이라는 소리를 하느냐고 해도 그건 어디까지나 자기 생각이다. 하나님께서 보실 때는 해적(죄인)이다. 다른 해적들에 비해 좀 착할 뿐이다.

마찬가지로 학교 교육도 해적선 안에서의 교육이라는 것을 알 수 있다. 거기서 어른 해적(선생님)들이 어리고 어리석은 해적(학생)들을 영리한 해적들로 만들고 있다. 그 해적선에서 어떻게 하면 벗어날 수 있는지에 대해서는 절대로 가르쳐 주지 않는다. 왜냐하면 교사 자체가 해적선을 타고 있는 해적이라는 것을 모르기 때문에...그 배의 선장이 마귀라는 것도 모르기 때문에...영적으로 완전 소경인데 어찌 이런 내용을 알 수 있겠는가.

자기 자신이 눈에 보이는 육적인, 세상적인 해적선을 타고 있는 상태라면 그런 상태라는 것을 알기에 거기서 얼른 벗어나고 싶을 텐데 이것이 영적인 것(해적선)이기에 눈에 안보여서 잘 모른다. 마귀와 해적선과 해적들이 뭔지, 그런 우리들을 건져내 주시려 오신 분이 예수님인데...그런 우리들을 건져내 주신 증거가 있는데...그게 십자가 사건(피)인데 사람들이 이런 내용에 대해 아무 것도 모르고 그저 경제 문제만 해결되면 되는 줄 알고 달려간다.

예수님께서 그런 우리들을 건져내 주신 분이라는 것을 믿으라는 말씀에 순종함으로 해적선에서 벗어나야 스트레스도 안 받고, 염려하거나 속상하거나, 원망, 불평에서 벗어나게 되고, 여유 있게, 넉넉하게, 평안한 상태가 되어 세상 공부나 세상일도 더 잘 되는데 말이다. 예수님께서 그런 우리들을 건져내 주신 분이라는 것을 믿으라는 말씀에 순종하면 해적선에서 벗어나 그리스도 안에 들어오게 된다. 그리스도 안에 들어와서 세상 공부나 세상일을 해야 스트레스도 안 받고, 염려하거나 속상하거나, 원망, 불평, 신경질, 짜증나지 않게 된다.

그렇게 해야 얻게 된 능력과 물질을 사람 살리는 일에 쓰게 된다. 무슨 일을 만나든지 만사형통하게 된다.(요삼1:2/찬 384장) 그러나 사람들이 이런 엄청난 얘

> 그렇게 해야 얻게 된 능력과 물질을 사람 살리는 일에 쓰게 된다. 무슨 일을 만나든지 만사형통하게 된다.

기에는 관심도 없고 오히려 욕하고 기분 나빠하기만 하고 있으니 참으로 안타까운 일이다. 그리스도를 통해 넉넉한 마음이 되면 지금처럼 쫓기듯이, 세상이 밀어붙이는 대로 살지 않게 되는데 말이다. 하나님께서 주신 달란트를 발견하고 그 달란트를 개발하는데 열심을 내면 뭐든지 그 일에 재미를 느끼게 되어 있고, 그러다보면 어느새 그 분야의 전문인이 된다.

자기가 좋아서 하는 일이기에 재밌게, 신나게 할 수밖에 없으니 당연히 많은 아이디어가 생겨나게 되어 그것이 창조 작업으로 이어지게 되고, 경제문제가 해결되게 된다. 그리고 이때 주어진 일용할 양식을 먹고 나머지는 복음을 전하는데 쓰게 되고 자연스레 선한 영향력을 세상에 끼치게 된다. 이렇게 하는 것이 또한 하나님께 영광을 돌리는 일이다. 그런데 지금 학교에서는 어쩌든지 세상에 나가서 돈 많이 벌고, 높은 자리에 올라가도록 하기 위해 각자에게 주어진 달란트와 상관없이 여러 가지 교과공부를 시켜서 인생의 승리자와 실패자로 나누고 있다.

학교에서 하는 것만으로 부족하니까 학원까지 다닌다. 지금의 교육은 달란트 교육이 아니라 여러 가지를 잘해야만 되는 교육이다. 말로만 전인교육이지 진짜 전인교육이 아니다. 전인교육이란 먼저 하나님에 대해 알고, 하나님께서 주신 달란트를 살림과 동시에 여러 가지 학문을 접하여 교양을 쌓게 하는 것이다.

뭔가 한 가지 잘 하는 것을 전문화 시켜 주면서 나머지 것들은 교양으로 배우게 해야 될 텐데 여러 가지 교과서를 아이들에게 맡겨놓고 여러 가지 것들을 다 잘해야만 된다고 밀어붙이고 있으니 아이들이 어찌 되겠는가. 모든 교과의 성적이 좋아야만 상을 주는 것에서 한 가지만 잘 해도 상을 주어야 하고, 한 가지 잘하는 그것으로 너는 이미 성공한 사람이라고 치켜 세워줘야 한다.

그래야 자기 자신이 대단하다는 것을 알게 되고, 자기 자신을 귀하게 여기게 되며 또한 서로가 서로를 귀하게 여기게 된다. 인간의 존엄성에 대한 교육이 여기서부터 저절로 된다. 나도 뭔가 잘 할 수 있다는 생각에서 자존감을 느끼게 된다. 서로가 서로의 개성을 존중하게 된다. 내가 하지 못하는 것은 다른 사람이 하고, 다른 사람이 못하는 것은 내가 하게 되므로 서로가 서로의 필요성을 느끼고 인정하며 더불어 사는 방법을 저절로 배우게 된다.

지금 교육은 서로가 살아남기 위한 치열함만 있을 뿐이다. 치열한 경쟁 속에 남을 생각할 겨를이 없다. 한 가지도 제대로 못하는 아이들에게 여러 가지 것들을 다 잘하라고 하고 있으니 이게 말이 되는가. 그러니 어찌 스트레스를 안 받을 수 있겠는가. 그렇다면 이 글을 읽는 어른들은 여러 가지 것들을 다 잘 할 수 있겠는가? 하나도 제대로 하지 못하면서 아이들에게는 다 잘해야 된다고 하고 있으니 그게 말이 되는가.

하나님은 세상을 그렇게 어렵게 살도록 창조하지 않으셨다. 세상밖에 모르는 잘못된 어른들이 한 가지가 아닌 여러 가지를 다 잘해야 고등학교도 일류 고등학교에 갈 수 있고, 대학도 일류 대학에, 직장도 일류 직장에 들어갈 수 있도록 제도를 만들어 놓고 그렇게 몰아붙이고 있으니 아이들이 고생을 안 할 수가 없는 것이다. 부모는 부모대로 교육비 때문에 허리가 부러지도록 일하게 되고, 여유를 가지고 사람답게 살아볼 시간도 없이 학생들은 학생들대로 공부에 미쳐 살고, 어른들은 어른들 대로 일에 미쳐 산다.

그렇게 몰고 가는 놈이 해적선의 선장인 마귀다. 이놈이 눈에 안 보이게 사람들의 생각을 파고들어가서 그렇게 몰고 가기에 사람들이 전혀 모른다. 그리스도를 통해 그 해적선에서 벗어나야 그 해적선도 보이고, 그 배안의 선장이 마귀라는 것도 알게 되고, 그동안 해적선에서 안 해도 될 고생을 하고 있었다는 것까지 다 알게 된다. 마귀에게 철저하게 속았다는 것을 알게 된다. 선악과 사건 때부터 지금까지 마귀가 그렇게 사람을 속여 고생을 시키고 있었다는 것을 알게 된다.

내가 이렇게 말하고 있는 것은 내가 그 해적선에서 벗어났기 때문이다. 나를 그 해적선에서 해방시켜 주신 분이 '예수'다. 그렇게 해주신 증거가 있다. 그게 십자가 사건(피)이다. 그러기에 예수가 그리스도라는 것을 안 믿을 수 없었다. 그래서 예수가 그리스도라는 것을 믿으라는 말씀에 순종했더니 내가 거기서 해방되어 임마누엘동산에, 그리스도라는 방주 안에 올라타게 되었고, 올라타서 보니까 그동안의 내 인생이 얼마나 비참했는지가 보였고, 지금도 그 해적선에 타고 있는 사람들이 보이기에 이렇게 말해주는 것이다.

이 나라, 이 민족, 아니 세계 인류가 당하는 문제들의 원인이 선악과 사건이라는 것을 모르기에 문제의 원인을 늘 환경에서 찾고, 사람에게서 찾고 있다. 그러다가 환경을, 인간을 정죄하고, 탈락시키고, 죽여 버리기까지 한다. 해적선의 선장인 마귀가 시키는 대로 그렇게 살다가 지옥으로 간다. 마귀는 인생의 근본문제의 원인이 선악과 사건이라는 것과 문제의 답이 '예수'라는 두 가지 사실을 인간들이 절대 모르도록 온갖 방법을 다 쓰고 있는데 그런 줄도 모르고 산다.

이것은 이 내용을 알고 계신 하나님의 말씀을 통해서만 알 수 있는 것이며, 그 말씀이 기록된 성경을 보고도 성령께서 깨닫게 해주셔야지 알게 되기 때문에 교회를 다니는 사람들이라 할지라도 성령을 받지 않은 사람들은 잘 모른다. 하나님께서는 예수가 그리스도라는 것만 믿으면 된다고 하셨는데 예수가 그리스도라는 것도 모르고...선악과 사건이 무엇인지도 모르는 상태에서 그냥 예수 믿고 교회만 열심히 다니기 때문에 성령을 받지 못한 상태이고, 성령을 받지 못한 상태이기 때문에 하나님을 만나지 못한 상태에서 열심히 종교행위를 하고 있는 것이다.

하나님을 다시 만난 상태라면 이미 죄 문제가 해결돼버린 상태이기에 죄 문제로 인해 염려하거나 고민하며 울 필요가 없다. 그분께서 우리의 죄와 그 죄로 인해 우리가 흘려야 할 눈물까지 다 닦아 주셨기 때문이다. 그 죄로 인해 우리가 죽어야 할 그 죽음까지도 대신 죽어 주셨기에 말이다. 이것을 안 믿으면 하나님을 절대로 만날 수 없다. 이런 하나님을 만난 상태가 아니기 때문에 죄 문제로 인해 하나님을 무서워하고, 혹시나 벌을 받지 않을까?...하는 두려움에 사로잡혀 고행이나 선행을 억지로 하게 되고 또한 새벽마다 교회에 가서 울면서 회개기도를 하기도 하는 것이다.

그렇게 하는 것 자체가 나쁘다는 말이 아니라 아직도 하나님을 다시 만나지 못한 영적인 증거라는 말이다. 그리고 그리스도를 통해 하나님을 만나게 되면 세상 사람들이 하지 못하는 선행도 하게 되기에 하는 말이다. 앞에서도 말했듯이 이 세상에서의 자기에게 주어진 자기 시간, 자기 물질, 자기 몸까지도 사람 살리는 일에 쓰게 되기에 말이다. 그러기에 예수가 그리스도라는 것을 믿으라는 말씀에 순종하는 것이 너무너무 중요하다.

믿으라는 말씀대로 믿으면, 즉 순종하면 죄 문제를 비롯한 인생의 모든 문제에서 해방돼버리게 되는데 사람들이 순종을 하지 않고 자기 소견대로 하기 때문에 고생하는 것이다. 선악과 사건으로 인해 하나님을 떠난 인간들이 시간표에 따라 이런저런 문제들을 만날 수밖에 없는데 사람들이 왜 그런지도 모르고, 또한 교회에 들어와서 하나님의 말씀을 배우는 교인들조차도 예수가 그리스도라는 것을 제대로 모르거나 믿지 않고 그냥 성경만 들고 교회만 열심히 다니고 있다.

그게 신앙생활인줄 알고...그러나 그것은 신앙생활이 아니라 종교행위다. 그런 행위는 세상종교에서 하는 종교행위와 다를 바 없다. 단지 교회에 와서 하는 행위이기 때문에 신앙생활을 하는 것으로 보일 뿐이다. 이런 교인들은 하나님의 양이 아니라 염소다. 마귀의 자녀다. 그래서 마귀 짓을 한다. 이런 자들은 예수가 그리스도라는 것을 믿고 죄에서 자유함을 누리고 사는 복음 가진 자들을 향해 정죄한다. 죄인으로 여길 뿐만 아니라 욕하며 교회에서 쫓아내기도 한다. 더 크게는 그런 사람들을 이단으로 몰아붙여 그 교단에서도 추방시켜 버린다. 사도 바울도 예수가 그리스도라는 것을 외치고 다녔더니 유대교인들이 그를 이단으로 몰아붙여 추방시켜버린 것처럼 지금도 교회들이 그러고 있다. 그러니까 그때나 지금이나 마귀에게 속한 그런 사람들에 의해 그런 일이 계속 반복되고 있다는 것을 알고 낙심하지 말기 바란다.

그러니까 예수님의 십자가 사건 한방으로 죄 문제뿐만 아니라 인생의 모든 문제가 다 해결돼버렸는데...이것을 믿고 살면 그 믿음대로 해결돼버린 상태에서 살게 된다. 그러기에 지금부터 천국을 누리게 된다. 안 믿으면 그 반대의 삶을 살게 된다. 그러기에 늘 원망, 불평, 신경질, 짜증나는 지옥 같은 삶을 살다가 진짜 원망, 불평의 장소인 지옥으로 가게 되는 것이다.

> 오늘 하루를 살더라도 예수가 그리스도라는 것을 제대로 알고 믿는 믿음의 행위인 순종이 중요한 것이다.

그동안 많은 선행을 하고 갔던 마더 테레사도 한 때 하나님을 제대로 만나지 못한 채 늘 하나님의 존재유무에 대해 고민하고 살았다고 고백했다. 그러니까 교회를 오랫동안 다니는 것이 중요한 것이 아니라, 선행을 많이 하는 것이 중요한 것이 아니라... 오늘 하루를 살더라도 예수가 그리스도라는 것을 제대로 알고 믿는 믿음의 행위인 순종이 중요한 것이다.

그런데도 지금 아이들에게 '복음교육' 보다는 어쩌든지 세상 공부만 잘하면 된다며 '세상교육'에만 열을 올리고 있다. 그렇게 하는 것은 '돈만 있으면, 또는 높은 자리에 올라가기만 하면 만사형통이다' 라는 교육과 같은 것이다. 설령 세상적으로 그렇게 됐다 할지라도 그런 것만으로는 절대 새로운 피조물(새 사람)로 거듭날 수도 없고, 참 인생을 살 수 없다.

예수가 그리스도인데 돈이 그리스도인 것처럼 가르쳐서는 절대로 그런 삶을 살 수 없다. 돈뿐만 아니라 권력이나 세상 것들을 그리스도로 여기고 따라가면 반드시 사망에 이르게 된다. 지옥형벌을 받게 된다는 말이다. 그러니까 먼저 그리스도는 오직 '예수' 밖에 없다는 교육이 중요하다. 일에는 우선순위가 있는 것이다. 우선순위를 무시하고 일을 하게 되면 시간과 노력과 돈이 더 많이 들어간다.

예를 들어 큰 건물을 짓는다고 하자. 그러면 먼저 땅을 파고 철근과 콘크리트로 단단히 기초공사를 해야 한다. 그런 후 벽돌을 쌓아 올리고 창문을 달아야 한다. 그런데 기초공사도 하지 않고 창문과 벽돌을 먼저 쌓으면 어찌 되겠는가? 그걸 다시 뜯어내는데 들어가는 시간과 노력과 돈도 엄청나게 들어가고, 또 다시 건물을 짓는 시간까지도 지연된다. 그러니까 일의 우선순위를 무시하면 안 해도 될 고생을 하게 된다는 말이다.

교육도 일이다. 일 중의 제일 중요한 일이다. 복음교육을 먼저 제대로 해놓지 않으면 세상 것들로 선행학습된 것을 뜯어내는데 시간이 많이 걸린다. 안 해도 될 고생을 하게 된다. 돈도 많이 날리게 되고, 인생의 시간도 많이 낭비하게 된다. 사람은 건물과 완전히 다른 존재이기에 더더욱 복음교육이 중요한 것이다.

복음교육을 통해 예수가 그리스도라는 것을 알게 되면 그 그리스도 안에 담겨 있는 지혜와 지식과 모든 보화를 때를 따라 공급받으며 살게 된다. 세상학교는, 세상종교는 세상이 굴리고 가는 곳이기에 그렇게 굴러갈 수밖에 없지만 교회마저 그렇게 해서는 안 된다. 심지어 교인들이 복음교육을 세상교육보다 수준이 낮은 것인 줄 알고 교회교육을 대충 하기도 한다. 학문으로 쳐도 복음이 이 세상에서 최고의 학문인데 말이다. 이 세상에서 최고로 고상한 것인데 말이다(빌3:8).

교회교육이야말로 진짜 참 교육이다. 교인(그리스도인)들은 복음교육이 먼저여야 하고, 그 바탕 위에서 세상공부도 병행해야 한다. 앞에서도 말했듯이 세상공부는 복음을 전하기 위해 참고할 내용이라는 인식하에서 교육하다보면 더 재미있게 공부가 되어 지게 된다. 그리고 하나님께서 각 사람에게 주신 달란트를 발견해서 그것을 전문화시켜 주어 그 분야의 전문인이 되도록 도와주는 교육이어야 한다.

그리하면 시간과 경비를 절감할 수 있어 좋고, 학생들이 각자 재미있어 하는 공부로 달란트를 계발할 수 있음으로 스트레스를 덜 받으며 신나게 하게 된다. 예수가 그리스도라는 결론이 나면 자기가 누군지, 인생이 뭔지, 자기가 이 세상에 존재하는 이유가 뭔지 알게 되므로 스스로가 어떻게 살아야 하는지 알게 된다. 그래야 문제들을 정복하는 삶이 되고, 다스리는 삶이 된다. 도전하는 삶이 된다.

이런 내용들을 여기다가 다 적을 수는 없다.

그러나 이 정도로 얘기만 해도 다음 얘기들은 저절로 생겨나게 되고, 교육하다보면 여러 가지 것들이 학생들에게 전달되게 되어 있다. 그러기에 교회에서 학교를 세워 교육을 하는 것이 중요하다. 우리나라에도 기독교재단에서 세운 학교가 있음에도 불구하고 이런 교육을 제대로 시키지 않고 대부분 세상학교를 따라 가고 있다. 아예 세상교육에 파묻혀버렸다.

오히려 세상학교들보다 더 공부를 많이 시켜서 일류대학에 많이 합격시켰다는 칭찬을 듣고 싶어 한다. 그것이 하나님께 영광을 돌리는 일이라고 생각한다. 그것은 하나님 앞에서 동기불순이다. 그런 생각을 가지고 행하고 있기에 세상교육에 파묻혀버리는 것이다. 무엇을 먼저 해야 하는지를 모르기에 먼저 해야 할 일을 행할 수 없는 것이고, 그러다보니 그렇게 되는 것이다.

그러다보니 세상을 정복하지 못하고 오히려 정복당하고 또한 뒤를 따라가게 되는 것이다. 그러기에 복음 교육이 중요한 것이다. 그 무엇보다도 먼저 예수가 그리스도라는 것을 깨닫게 해주면 그 다음부터는 하나님의 인도를 받게 되어 있는데... 이것이 먼저 되지 않으므로 자기 뜻대로, 자기 생각대로, 결국 인본주의자들이 되어 산다. 율법주의자들보다 더 무서운 존재가 인본주의자들이다.

이런 사람들은 자기밖에 모른다. 자기를 내세우고, 자기 가문을 내세우고, 자기 학교를 내세우고, 자기 민족을 내세우게 되고, 결국은 민족주의자들이 되어 다른 민족들과 대립하게 된다. 예수가 그리스도라는 것을 모르면 민족우월감에 빠져 타 민족을 얕잡아 보거나 무시하게 된다. 이웃의 가난한 나라에서 일 하러 온 사람들을 은연중에 무시하기도 하고, 임금을 제대로 지불하지도 않고 폭언을 하기도 한다. 인간 대접을 하지 않는다. 그건 인격살인이다. 사람의 몸을 죽인 것만 살인이 아니라 인격을 침해하는 것도 살인이라는 말이다.

지금은 노예제도가 없어졌으나 곳곳에서 사람들을 노예로 부려먹고 있다는 사실이 뉴스를 통해 터져 나오고 있다. 지금 세상의 뉴스들은 해적선 안에서 벌어지고 있는 뉴스들이다. 해적선 안에서 치열한 권력투쟁을 하여 권력을 잡으면 그 권력을 가지고 백성들 위에 군림하고, 돈을 많이 가지고 있으면 그 돈을 가지고 사람을 가지고 놀고 있는 이런 모든 것들이 하나님을 떠나서 그런 것이다. 하나님을 다시 만나게 되면 교육방법도 달라진다.

지금처럼 여러 가지를 다 잘해야 된다고 하지 않는다. 하나님께서 주신 달란트를 발견하여 그것을 전문화 시켜주고 그로 인해 그 분야에 전문인이 되게 해준다. 지금처럼 여러 가지를 다 잘해야 된다고 몰아붙여서 아이들을 입시지옥에 몰아넣는 일도 하지 않게 된다. 입시지옥이라는 말속에 '지옥'이라는 말이 붙어 있는 것만 봐도 애들에게 어른들이 얼마나 엄청난 죄를 짓고 있는지 모른다.

그리하지 않아도 선악과 사건이라는 오리지널 죄와 율법대로 살지 못한 죄로 인해 지옥에 가서 영원토록 형벌을 받게 될 것인데 이 세상을 사는 동안도 어른들이 애들에게 입시지옥을 만들어 주었으니 그게 얼마나 엄청난 죄인가? 그런 죄를 짓고 있으면서도 죄라는 생각도 하지 못한 채 계속 입시지옥으로 몰아넣고 있다.

하나님의 방법대로 하면 얼마든지 아이들이 좋아하는 것들을 재미나게 하게 할 수 있게 되고, 그렇게 하므로 더 많은 능력을 발휘하게 될 텐데 말이다. 더 잘되게 되어 있는데...무슨 일을 만나든지 만사형통이 되게 되어 있는데 말이다. 예수가 그리스도라는 것을 믿으면 만사형통이 되는 이것이 복의 본체이신 하나님의 방법인데 사람들이 이것을 외면하고 자기 소견대로 살기 때문에 복과 평안과는 거리가 먼, 만사형통과는 거리가 먼 삶을 살게 되는 것이다.

이 나라 뿐만 아니라 각 개인의 가문을 들여다보면 만사불통이다. 그로 인해 전쟁 중이다. 각 개인은 개인대로 마음속에서 전쟁이 그칠 날이 없고, 각 가정은 가정대로, 나라는 나라대로 전쟁이 그칠 날이 없다. 전쟁 중이기 때문에 평화가 있을 리 없는 것이다. 문제를 해결하는 법은 간단하다.

예수가 그리스도라는 것을 믿으라는 말씀에 순종하기만 하면 된다. 그러면 정말 하늘로부터 오는 참 평화를 누리게 된다. 예수가 그리스도라는 것을 먼저 교육해야 인간이 어떤 존재인지, 왜 문제를 만나게 되었는지, 그런 문제의 답이 무엇인지, 하나님이 어떤 분인지 알게 되고, 즉 인간의 뿌리(하나님)를 알게 되고, 그 뿌리를 알게 되므로 그 뿌리에서 올라오는 것을 먹고 마시게 되는 것이다.

그리하면 아름다운 열매가 열리게 된다(요15:1-7). 하나님이라는 뿌리에서 올라오는 하나님의 것을 먹고 마셨기 때문에(계3:20) 예수님(하나님)처럼 세상(사람)을 위해 죽기까지(십자가 사건) 낮아질 줄도 알며, 사람(영혼)을 살리는 진짜 선한 일을 하게 된다. 또한 하나님께서 주시는 지혜로 지혜롭게 문제들을 정복하며 나가게 된다. 그러기에 하나님과 함께 하는 인생이 되게 해주는 교육, 즉 복음교육이 진짜 교육 중의 참교육이다.

그렇게 하면 어떤 상황에서도 성공하게 되고 살아남게 된다. 살아남아서도 자기에게 주어진 시간, 물질, 몸을 사람을 살리는 일에 던지게 된다. 이것이 헌시(獻時), 헌금(獻金), 헌신(獻身)이다. 그런데도 복음교육을 내팽개쳐 놓고 매일 " ~~해라, ~~하지마라" 식의 도덕, 율법적인 교육만 시키고 있고, 또한 세상공부, 여러 교과공부만 열심히 시킨다. 이방인들은 물론 교인들까지도 그러고 있다. 심지어 너는 예수 믿는 사람이니까 더더욱 세상 공부도 잘해서 성공해야만 된다고 몰아붙인다.

그것이 하나님께 영광 돌리는 일이라고 정말 그럴듯한 말로 자식들을 몰아붙인다. 그러기에 교회를 다니는 학생들도 교회교육보다는 세상학교교육을 더 우선시 하고, 더 중요시 한다. 학교공부도 부족하다 싶어 학원교육, 개인과외까지 하게 한다. 그러다보니 아이들이 주일에 교회 가는 것을 포기하고 학원으로 간다. 그러다보니 복음교육에서 점점 멀어진다.

그러다보니 자식들이 하나님을, 부모를 우습게 여기는 것이다. 그러다보니 자식들이 인간의 존엄성도 모르고 삐뚤어지는 것이다. 그러다보니 자식들이 남을 미워하고, 절도하고, 죽이기까지 하는 것이다. 그러다보니 자식들이 자기만 잘 살면 된다는 생각으로 남을 배려할 줄 모르는 것이다. 그러다보니 자식들이 비닐하우스에서 나온 식물처럼 비실거리며 힘이 없는 것이다.

그러다보니 자식들이 마마보이가 되는 것이다. 그러다보니 자식들이 세상을 살아가는 방법을 모르는 것이다. 그러다보니 자식들이 세상의 문제들을 뚫고 나가지를 못하는 것이다. 그러다보니 자식들이 조그마한 문제 앞에서도 낙심하고, 좌절하고, 자살하는 것이다. 세상공부를 통해 뭔가 이루어 놓은 것 같은데...뭔가 세상적으로 대단한 사람이 된 것 같은데 어느 날 정신문제나 영적인 문제로 인해 이상한 사람이 돼버리기도 한다.

세상적으로 뭔가 된 것 같은데 회의와 허무함이 마음속에 담겨 있고, 그것을 달래기 위해 술이나 마약으로 세월을 보내기도 한다. 인간의 뿌리가 하나님인데 그 뿌리를 놔두고 자꾸만 세상 것만 퍼마시게 하면 어찌 되겠는가? 당연히 시들게 되어 있다(요15:5-6). 그리고 그런 세상적인 것들은 완전히 오염된 불량식품인데 그것만 계속 먹게 되므로 당연히 고장이 날 수밖에 없는 것이다.

그러기에 선악과 사건으로 인해 끊어진 뿌리를 다시 만나게 해줘야 한다. 그래야 그 뿌리에서 올라오는 양분을 먹고 자랄 것이 아닌가. 예수가 그리스도라는 말은 예수께서 바로 그 뿌리(하나님)를 다시 만나게 해주신 분(구세주)이라는 말이다. 그 분을 통해 우리가 다시 하나님을 만날 수 있게 된다. 이것이 먼저다. 이 세상 우주만물을 창조하신 하나님께서 이것이 먼저라고 하시는데 이것을 먼저 하지 않으면 어찌 되겠는가? 이것이 먼저 되지 않고 하는 모든 일은 헛된 일이다(전1:2-3).

그러기에 아무리 교육학박사들이 교육을 개혁시켜도 안 되는 것이다. 그들이 가진 생각도 결국 자기들이 걸어오면서 배운 세상 것들이기에 그래서 세상체질이 되어 있기에 안 되는 것이다. 대통령이라도 안 된다. 대통령 자신이 이런 영적인 내용을 모르는데 어찌 해낼 수 있겠는가. 대통령도 선악과 사건이 터진 동네(세상)출신이라서 이런 내용을 모른다. 그러기에 더더욱 세상적인 방법으로 몰아붙인다.

예수가 그리스도라는 것을 믿으라는 말씀에 순종하지 않으면 하나님으로부터 오는 지혜와 확고한 리더십이 주어지지 않기 때문에 개혁하지 못한다. 하나님을 무서워하기보다는 여론을 더 무서워하기 때문에 한 발짝도 못 나간다. 그러기에 제대로 알고, 제대로 믿는 믿음의 사람이 대통령이 돼야 한다. 그런 사람이 대통령이 되면 하나님 앞에서 담대하게 개혁할 건 개혁하게 된다.

링컨 대통령도 예수가 그리스도라는 것을 믿는 믿음의 사람이었기에 백인들의 엄청난 반대에도 불구하고 흑인 노예들을 해방시켰던 것이다. 하나님과 함께하는 사람은 여론보다는 하나님을 더 두려워하고, 또한 그런 하나님께서 주신 지혜와 용기로 문제들을 뚫고 나간다. 대통령을 하다가 그만 두게 되면 그만 둔다는 생각으로, 에스더처럼 "죽으면 죽으리라"라는 생각으로...하나님 앞에서 그렇게 일사각오의 정신으로 당당하게 밀어붙이고 나간다.

예수님이, 즉 하나님이 함께 하시는데 뭐가 겁나겠는가?

대통령하다가 내려오게 되면 내려오면 되는 것이다. 하나님 앞에서 그렇게 하다가 내려온 것이기에 하나님 앞에서도, 자신에게 있어서도 떳떳한 것이다. 왜냐하면 하나님 앞에서 당당하게 하다가 내려왔기 때문이다. 우리는 이미 왕 같은 제사장이라는 최고의 신분과 권세가 주어져 있기에 세상의 그런 대통령자리가 부러울 리 없는 것이다.

그러기에 그 자리에 가게 되면 하나님께서 원하시는 일을 하다가 내려오면 되는 것이다. 여러 가지 개혁할 것이 있겠지만 먼저 교육개혁을 한 번 멋지게 하고 내려오면 된다. 그러다 보면 사람들의 여론이 분명히 일어나게 된다. 그러다가 내려올 수밖에 없는 상황이라면 하나님 앞에서 당당하게 내려오면 된다. 그래도 왕 같은 제사장 신분과 권세를 누리고 사는 사람이니까 괜찮은 것이다.

그 자리에 있는 것보다 왕 같은 제사장으로서 복음 전하다가 가는 것이 훨씬 영광스러운 일이니까 당당하게 할 것은 하고 내려오면 된다. 내가 교육에 대해서 이처럼 강조를 하는 것은 교육개혁이 너무나도 중요하기 때문이다. 어떤 교육을 먼저 시키느냐가 평생을 좌우하기 때문이다. 순간의 선택이 10년을 좌우하는 정도가 아니라 평생을, 영원을 좌우하기 때문에…지옥이냐, 천국이냐가 결정되기 때문에 참으로 중요한 것이다.

누군가가 이 글을 읽고 정치인이나 대통령이 돼서 그렇게 해봐야겠다는 생각이 들면 도전해보기 바란다. 정치인 되기 위해, 대통령을 하기 위해 대통령이 되면 안 된다. 대통령의 신분과 권세를 누리기 위해서 대통령이 되면 안 된다는 말이다. 하나님의 일을 하기 위해 대통령이 돼야 한다. 목사도 마찬가지다. 목사가 되기 위해 목사가 돼서는 안 된다. 목사의 신분과 권세를 누리기 위해서 목사가 되면 안 된다는 말이다. 하나님의 일을 하기 위해서 목사가 돼야 한다.

그래야 자기 시간과 자기 물질과 자기 몸을 사람 살리는 일에 쓰게 되고...사심 없이 백성들을 위해, 교인들을 위해 자기의 모든 것을 던지게 된다. 교육을 하더라도 복음교육을 하게 된다. 예수가 그리스도라는 것을 믿는 믿음의 사람 중 내가 그런 사람이 돼서 한번 해봐야지라는 생각이 들거든 도전해 보기 바란다. 그래서 복음교육으로의 교육개혁을 해보기 바란다. 세상 학교 전체를 그렇게 하기에 벅차면 서서히 그런 학교들을 찾아 여러 모양으로 도와주면 된다.

그래서 인간들이 인간의 뿌리인 하나님을 찾아 그 뿌리에 붙어 살 수 있도록 해줘야 한다. 그래야 개인도 살고, 이웃도 살고, 민족도 살고, 인류도 살게 된다. 이걸 제대로 하지 않으면 뿌리가 없는 교육이 되고 만다. 인간의 뿌리가 하나님인데 하나님과 끊어진 상태에서 세상공부만 시키고 있으니 잘될 리 있겠는가. 그런 방법으로 하면 자꾸만 메마르고 시들어 간다. 주어진 인간성마저도 사라진다.

9장

최고의 교육은
무엇인가?

1 복음교육만이 살길이다

한번 생각해 보라. 이 세상에 뿌리 없는 나무가 있는가?

나무에는 뿌리가 있다. 뿌리가 있기에 줄기가 있고, 가지가 있으며, 잎이 있고, 꽃이 피고, 열매가 맺히는 것이다. 아름다운 꽃이나 열매가 뿌리가 없다면 생겨날 수 없는 것이다. 그렇듯이 인간도 뿌리 없이 절대로 아름다운 꽃과 열매를 맺을 수가 없다. 뿌리 없는 나뭇가지가 무슨 수로 아름다운 꽃과 열매를 맺겠는가.

하나님을 떠난 상태에서 열심히 공부를 해서 훌륭한 자리에 올라갔다 해도 그것은 뿌리 없는 인간일 뿐이다. 맹자 어머니가 세 번이나 이사를 해서 맹자가 훌륭한 사람이 됐다 할지라도 하나님 앞에서는 별 의미가 없다. 오히려 그가 남기고 간 얘기(사상)가 후대의 사람들을 사는 길이 아닌 길로 인도하고 있기에 차라리 조용히 보통 사람으로 살다가 가는 게 나았을 것이다. 그것들은 세상에서 볼 때 대단한 꽃, 아름다운 꽃으로 보이겠지만 하나님께서 보실 때는 시들고 메마른 꽃이다. 생명이 없는 꽃이다. 어디까지나 조화일 뿐이다.

그러기에 교육이 너무나도 중요하다. 예수가 그리스도라는 것을 교육하는 이 교육이 최고의 교육이라는 것을 교인들만이라도 알았으면 좋겠다. 교회를 가더라도 진짜 이렇게 복음에 대해 확실히 알고 교육하는 교회를 찾아 가서 진짜 확실히 알았으면 좋겠다. 맹자 어머니는 세상적으로 자기 자식을 잘 키워보려고 세 번이나 이사를 했다는데 하물며 교인들이 그런 생각도 없이 아무 교회나,

즉 복음도 없는 교회에 가서야 되겠는가. 자기 자신이 제대로 된 교회를 찾아야 자식을 그런 교회로 보내게 된다.

그런 교회는 어떤 교회인가? 예수의 피를 늘 뿌리는 교회이다. 구약시대에도 성전에서 늘 '피'(복음)를 뿌렸듯이 지금도 교회에서 늘 '피(복음)'를 뿌려야 한다. 그것이 설교다. 설교 속에 늘 이 '피'가 들어 있어야 한다. 늘 이 '피'가 선포되어져야 한다. 구약시대에는 짐승의 피였지만 지금은 '예수님의 피'다. 그러니까 피는 피인데 짐승의 피에서 예수님의 피로만 바뀌었다.

그러기에 오늘날 교회에서는 예수님의 피를 늘 선포해야 한다. 그래야 병들었던 영혼이, 시들었던 영혼이 살아난다. 이것 외에 다른 것들을 말하게 되면 틀림없이 영혼이 시들게 되고 강퍅하게 된다. 교인들이 사나운 이리떼들로 변한다. 거짓되고 포장된 삶을 살게 된다. 비즈니스 관계의 삶을 살게 된다. 율법대로 살지도 못하면서 그렇게 사는 척 하게 되고 정죄하며 욕하며 살게 된다.

나중엔 율법의 돌멩이를 들고 지도자를 향해, 그리고 서로가 서로를 향해 던지게 된다. 그 돌에 맞아 죽게 된다. 분열된다. 그렇게 마귀의 전략대로 돼버린다. 마귀가 제일 두려워하는 것이 예수님의 피인데, 즉 예수가 그리스도라는 것을 선포하는 것인데 그걸 빼버리고 다른 것들을 외치면 어찌 되겠는가. 마귀는 그 틈새를 통해 사람을, 교회를 완전히 무너뜨려버린다. 한 사람, 한 사람의 생각을 예수님의 피가 아닌 다른 것들로 채워버린다.

그렇게 세상 책을 많이 읽거나, 세상 철학이나 그 어떤 사상을 많이 공부해서 그런 것들을 설교 시간에 늘어놓게 되면 답을 찾으러 교회에 들어온 영혼들이 더 힘들게 된다. 그런 식의 설교를 하는 사람은 성전에서 일 할 사람이 아니다. 그러기에 성직자가 되려면 예수가 그리스도라는 결론을 얻은 후에 되어야지 어떤 신비를 체험한 것 때문에 되어서는 안 된다.

세상 사람들과는 달리 그래도 인생의 답을 찾고자 교회 안으로 들어온 사람들이 교인들인데 그런 교인들에게 답을 선포하지 않으면 도대체 무슨 쓸모가 있겠는가? 세상 것들을 통해 예수가 실상이라는 것을 깨달아야 한다. 예수가 우리가 붙잡고자 했던 복의 실상(그리스도)이다. 이것이 영적인 것이라서 눈에 안보이기 때문에 이것을 바라볼 수 있도록 교육시키는 일이 중요하다.

이것을 깨닫고, 바라보고 사는 사람이 되게 하는 방법은 예수가 그리스도라는 것을 이런저런 비유를 통해 자꾸만 가르쳐 주는 방법밖에 없다. 그리스도에 대해 들어야 그리스도가 깨달아질 것이 아닌가(롬10:17). 예수가 그리스도라는 이것이 성경의 총론이다.(요20:31) 나머지, 즉 창세기부터 계시록까지는 각론이다. 각론들은 예수가 그리스도라는 것을 깨닫게 해주는 문장들이다. 비유들이다.

그러기에 이런저런 비유들이 담긴 각론을 통해 예수가 그리스도라는 것을 깨닫고 믿으면 영생을 얻게 되는 것이다. 답을, 복을 받게 되는 것이다(요20:31). 이렇게 쉬운 것을 제대로 가르쳐 주지 않으므로 교인들조차도 뭐가 뭔지 제대로 모른 채 교회만 열심히 다니는 것이다. 이것이 뭔지 모르기 때문에 세상 각 사업장이나 각 부처에 들어가 있는 교인들이 세상문화를 따라 산다. 그 문화에 파묻혀 산다.

거기서 그리스도의 문화를 꽃피워야 하는데 오히려 세상문화에 정복당한 채 살아간다. 그러기에 세상의 교육문화도 계속해서 이렇게 진행되고 있는 것이다. 그리스도 이외의 것들을 배운 사람들이 세상에 나가서 세상을 움직이고 있기 때문에 후대들도 그리스도 이외의 것들을 또 배우게 되는 악순환을 반복하게 된다.

모두가 뿌리인 하나님, 실상을 떠난 채 그림자를 붙잡으려고 교육하고 달려간다. 모두가 그림자 잡기에 열심이다. 그래서 예수가 그리스도라는 것을 깨닫지 못한 인생은 그림자 잡기만 열심히 하다가 지옥으로 가는 것이다. 그림자는 백날 천날 붙잡아봤자 아무 소용이 없는 것이다. 한번 생각해보라. 지금 그대 앞에 다이아몬드의 그림자가 있다고 하자. 실제 다이아몬드는 내 손에 들려 있고 그 밑에 다이아몬드의 그림자가 있다고 하자.

그대가 땅바닥에 있는 다이아몬드의 그림자를 붙잡아봤자 아무 소용이 없는 것이다. 그러기에 내 손안에 있는 실제, 실상인 다이아몬드를 붙잡아야 한다. 그래야 큰소리를 칠 수 있는 것이다. 좀 더 얘기 해보자. 지금 그대 앞에 그대 애인의 그림자가 있다고 생각해보라. 그 애인의 그림자를 붙잡고 있다면 아무 소용이 없는 것이다. 백날 천날 붙잡아도 소용이 없다.

왜냐하면 그대 애인의 그림자는 그대의 실제 애인이 아니기 때문이다. 그림자 애인을 붙잡고 아무리 사랑을 나누려고 해도 사랑을 나눌 수가 없는 것이다. 그것을 붙잡는 것은 헛된 일이다. 헛된 일은 할 필요가 없는 것이다. 그런데 지금 세상에 많은 사람들이 헛된 것, 헛된 일들을 하고 있다. 그것이 그림자라는 것을 모르기 때문이다. 진짜 실상인 애인과 함께 해야 애인이 가진 것을 누릴 수가 있다.

그러나 그 애인의 그림자를 붙잡고 그림자와 함께 하면 진짜 실상인 애인과 사랑도 할 수 없을 뿐만 아니라 그 애인이 가지고 있는 것도 같이 누리지 못하게 된다. 그림자 애인을 붙잡고 사랑한다고 하고 있으면 미쳤다는 소리까지 듣게 된다. 그러기에 실상이 중요한 것이다.

그러기에 또한 세상 것(그림자)을 통해 진짜 실상이신 예수(애인)를 발견하고 그것을 붙잡아야 한다. 그래야 엄청난 신분과 권세를 가진 애인(예수)과 함께 하게 되고, 그런 애인과 함께 하게 되므로 그 애인의 것을 누리게 된다. 이 세상 우주 만물을 비롯한 천국까지 그분께서 만드신 그분의 것이기에 그런 엄청난 분을 만나 그런 엄청난 것(복)을 실제로 누리고 사는 방법은 예수가 그리스도라는 것을 믿는 방법, 즉 예수가 그리스도라는 것을 믿으라는 말씀에 순종하는 길밖에는 없다.

그리하면 설령 어린 학생이라 해도 하나님과 함께 동행 하는 삶을 살게 되므로 세상 사람들보다, 세상의 선생님들이나 어른들보다도 더 뛰어나게 된다. 그들보다 더 뛰어나신 하나님의 인도를 받게 되는 삶을 살게 되므로 학생은 학생대로 하는 일이 잘 되고, 어른들은 어른들대로 하는 일이 잘 된다. 만인의 참 스승은 하나님이기에 그런 스승과 함께 하는 사람은 그분의 인도를 받게 되는 것이고, 그러므로 잘 되게 되는 것이다.

부모가 진짜 예수가 누군지 구체적으로 알고 믿는 믿음의 사람이라면 하나님의 인도를 받기 때문에 내가 하는 이런 얘기를 잘 알아들을 것이다. 그러기에 세상적인 방법으로만 교육하지 않을 것이며, 내 말이 세상적인 것을 무시하라는 말이 아니라는 것도 알 것이고, 학교를 보내지 말라는 말도 아니라는 것을 알 것이다.

이게 무슨 말이냐면 자녀에게는 세상의 그 어떤 것보다 예수가 그리스도라는 것을 구체적으로, 영혼의 피부로 느낄 수 있도록 교육하는 일을 최우선으로 할 것이고, 그 다음에는 세상의 학교를 보내면서도 자녀가 무엇에 흥미와 관심이 있는지...뭐가 적성에 맞는지, 무슨 달란트를 가졌는지를 살펴보게 될 것이고...그러다가 어느 날 달란트가 발견되면 그것을 집중적으로 교육시키게 될 것이라는 말이다.

그것이 자녀에게 하나님께서 주신 달란트이기 때문이다. 그것을 집중적으로 교육시켜, 즉 전문화시켜 전문인으로 만들어 주게 될 것이다. 그렇게 되면 그 달란트를 가지고 경제활동을 하게 될 것이고, 또한 그것을 가지고 복음을 전하게 될 것이다. 결국 예수가 그리스도라는 것을 믿는 믿음의 사람은 전도자로 살게 되기 때문이다.

그렇다면 최고의 교육을 한 것이고, 최고의 사람으로 키운 것이다. 전도자만큼 성공한 사람은 이 세상에 없기 때문이다. 이것은 하나님께서 인정해주는 성공한 사람이다. 이것이 '최고의 성공'이라고 하나님께서는 말씀하셨다(마28:18-20/행1:8). 전도자는 사람을 낚는 어부(마4:19), 왕 같은 제사장이기 때문에 이런 직분은 세상 어디에서도 구할 수 없다. 돈이 있어도 못 구한다. 박사학위를 수백 개 가지고 있어도 못 받는다.

　이런 엄청난 신분과 권세는 세상의 유명한 대학을 나오지 않아도, 돈이 없어도 예수가 그리스도라는 것을 믿으면 얻게 된다. 그러기에 사실 세상공부를 안 해도 괜찮다. 그런 공부 해봤자 썩어 없어질 공부이기 때문이다. 세상의 학교보다 좋은 진짜 학교인 교회에 다니면서 예수가 그리스도라는 말씀을 교육받다보면 예수가 그리스도라는 확실한 결론을 얻게 될 것이고, 그렇게 되면 그리스도인이 되어 그리스도를 전하게 된다.

　이 일을 하게 되므로 하나님의 동역자가 된다. 하나님의 동역자이기 때문에 하나님께서 먹는 것, 입는 것까지 이 모양, 저 모양으로 때를 따라 다 공급해 주신다. 그러기에 손에 아무 것도 들려 있지 않아도, 신발이 없어도 걱정할 필요가 없는 사람으로 살게 된다. 이미 하나님의 것을 다 소유한 부자 중의 부자요, 하나님과 함께 하고 있는 임마누엘의 존재이기 때문이다. 예수가 그리스도라는 것을 가르치는 교육이 이렇게 중요한 것이다. 그런데도 세상적인 공부만 시키고 있으니 한심한 일이다.

　예수가 그리스도라는 교육을 받게 되면 예수가 그리스도라는 결론을 얻게 되고, 그렇게 되면 세상 공부를 대하는 것도 생각이 달라진다. 즉, 세상 공부를 하거나, 세상일을 하는 것은 예수가 그리스도라는 것을 전할 때 그런 것들을 거름으로 사용하기 위해서임을 알게 된다. 그러기에 세상 공부에, 성적에 목을 매지 않는다. 거름으로 사용할 것이기 때문에 공부도 재미 삼아하고, 일도 재미 삼아 하는 것이다. 그러니까 세상공부, 학교공부를 하면서도, 세상일을 하면서도 스트레스를 안 받게 되는 것이다.

복음을 전하는데 사용할 거름을 긁어모은다는 심정으로 세상공부를, 세상일을 하게 되기에 조급하지도 않고, 넉넉한 마음으로 공부도, 일도 하기 때문에 머리가 더 잘 돌아가게 된다. 눌리면서 하는 것이 아니라 누리면서 하기 때문에 뇌세포도 활발하게 움직인다. 뇌 활동이 활발해지므로 그동안 눌린 상태에서 일어나지도 않았던 예상치 않은 창조적인 발상과 행위가 일어나기도 한다. 그것을 통해 경제문제가 해결되기까지 하는 역사도 일어난다. 이런 모든 것이 하나님의 역사다. 하나님께서 예수가 그리스도라는 것을 진짜 구체적으로, 진짜 제대로 알고 믿는 믿음의 사람들에게 그렇게 역사하신다.

그러기에 어른들이 자녀들을 여러 가지 교과공부를 다 잘하는 사람으로 만들 필요가 없다. 사람이 여러 가지를 다 잘 해버리면 전능한 사람이라는 말인데 전능하신 분은 하나님 한 분밖에 없다. 전능하신 하나님께서 각 사람들에게 갖가지의 달란트를 주셨다. 그러기에 우리가 지혜롭게 그것을 발견하고 가르쳐서 그 분야의 전문인이 되게 해주면 된다.

하나님께서는 어쩌든지 예수가 그리스도라는 것을 먼저 깨닫기를 원하시고, 또한 그것을 믿으라는 말씀에 순종하기를 원하시는데 마귀는 그것이 먼저가 아니라 어쩌든지 세상 것을 먼저 많이 챙겨야 된다고 몰아붙이고 있기 때문에 하는 말이다. 지금의 어른들도 그 앞의 선배 어른들로부터 복음교육이 아닌 세상교육을 받았기에 지금의 아이들에게 그렇게 가르치는 것이니까 어른들이 얼른 이런 영적인 내용을 깨달아 알아야 한다. 그래야 자기 자녀들을 살리고 또한 제대로 된 교육, 즉 복음교육을 시키게 될 게 아닌가.

물론 아이들도 마찬가지다. 어른들은 이미 세상의 그런 가르침에, 그런 사상에 물들어 있어서 얼른 이런 영적인 생각 속으로 들어오지 못할 수도 있겠지만 그런다고 가만히 있어서는 안 된다. 결국 이 세상이 어른들에 의해 굴러가고 있기 때문이다. 어른들이 빨리 깨어나서, 즉 마귀가 주는 그런 생각에서 벗어나서 하나님의 생각 속으로 들어와야 한다. 그래야 개혁이 일어난다. 교육개혁뿐만 아니라 정치, 경제, 사회, 문화 모든 면에 개혁이 일어난다.

아이들도 그런 문화 속에서 자라야 다음 세대에게는 더 좋은 문화가 전달될 것이 아닌가. 복음 문화가 전달되면 복을 받을 수밖에 없는 것이다. 사람이 살아날 수밖에 없는 것이다. 그래서 사상으로 친다면 그리스도의 사상이 나를 살리고, 이웃을, 사회를, 나라를, 세계를 살리는 참으로 엄청난 사상이다. 그러기에 사망사상이 아닌 생명사상이다. 생명사상이 곧 하나님의 사상이다. 이것은 공자사상, 석가사상, 노자사상, 칼 마르크스나 레닌의 공산주의 사상과는 비교할 수 없는 최고로 고상한 사상이다(빌3:8).

창조주의 머리에서 나온 생각이 창조주가 만들어 놓은 피조물인 인간들의 머리에서 나온 사상보다 못하겠는가? 인간은 창조주에 의해 만들어진 존재다. 하나님께서 사람을 하나님의 형상대로 만들어 놓았기 때문에 사람도 하나님처럼 생각하며 사는 것이다. 인간은 하나님으로부터 만들어진 존재라는 것을 인정하고 들어가야 된다. 그래야 하나님 앞에 머리를 숙이게 되고 그 말씀에 귀를 기울이게 되는 것이다. 사람이 어떤 사상을 가지고 사느냐에 따라 삶이 달라진다. 인간은 사상에 지배를 받고 살기 때문이다.

사상에 따라 인생이 굴러가게 된다. 그러기에 생각대로 된다는 말이 있는 것이다. 그러면 그 생각은 어디서 생겨난 것일까? 하나님처럼 만들어진 인간도 얼마든지 생각을 할 수 있다. 그런데 사

람의 생각은 사는 생각이 아니라 죽는 생각이다. 맨 처음 사람인 아담, 하와가 마귀가 주는 생각에 속아서 결국 죽음의 문제를 가지고 왔지 않았는가. 그렇다면 아담 안에서 태어난 지금의 우리는 어떤 생각이겠는가? 우리의 생각에 누가 파고들어와 앉아 있겠는가? 당연히 마귀다.

그렇다면 인간의 사상이 사망 사상이겠는가? 생명사상이겠는가? 당연히 죽은 사상이다. 그러기에 예수가 그리스도라는 것을 믿기만 하면 된다는 하나님의 말씀을 따라야 살 수 있다. 하나님의 사상을 가지게 되면 살게 된다. 자기 자신만 사는 것이 아니라 다른 사람도 살릴 수 있는 멋진 사람이 된다. 그러나 세상의 사상은 인간들에 의해 만들어진 사상이기 때문에 어떤 때는 그것들이 선악과처럼 그럴듯하고 좋아 보이나 결국 우리를 살리지는 못한다.

오히려 인생을 더 힘들게 한다. 피조물을 숭배하게 되므로 저주가운데 빠져 나오지 못한다. 문제가 자꾸만 꼬이게 된다. 그런 틀 속에 갇혀 죽을 밖에 없는 우리를 그 엄청난 십자가 사건을 통해 구원해 주신 하나님의 은혜를 거부하면 안 된다. 이 은혜를 감

사히 받아들여야지 이스라엘백성들처럼 원망, 불평하게 되면 고생은 고생대로 하고 가나안 땅에도 못 들어간다.

지금의 사람들도 그러고 있다. 우리가 이런 얘기를 해주면 "네가 뭘 안다고 그러느냐?"라고 한다. 그러기에 옛날 사람이나 지금 사람이나 똑같다. 어떤 사람은 예수 얘기만 나오면 싫다고 얼굴을 찡그린다. 참 이상하지 않은가. 예수님께서는 인간들을 살리려고, 복을 주시려고, 저주에서 해방시켜 자유케 해주려고 오셨는데도 사람들이 예수 얘기만 나오면 기분나빠하고 욕하고 있으니 말이다.

우리가 육적으로 선행을 하는 사람들을 보면, 즉 먹을 것이 없는 사람들에게 먹을 것을 주고, 입을 것이 없는 사람들에게 입을 것을 주는 일을 하는 사람들을 만났을 때 고맙게 생각하고 감사하다고 하지 않는가. 예수님은 더더욱 우리들에게 진짜 선행, 즉 참 선행을 하셨다. 우리가 도저히 해결할 수 없는 죄 문제를 십자가에 달려 죽기까지 해서 해결해 주셨다.

죄 문제가 해결됐다는 말은 하나님을 다시 만나게 됐다는 말이며, 그러므로 천국을 비롯한 하나님의 모든 것을 누릴 수 있게 됐다는 말이며, 죽음 문제를 비롯한 인생의 모든 문제에서 자유한 참자유인이 됐다는 말이다. 그러기에 먹을 것, 입을 것 정도가 아니라 말로 형용할 수 없을 정도의 엄청난 것(복)을 우리에게 주신 분이 예수님이다. 그렇다면 우리가 이 분을 어떻게 생각해야겠는가?

지금 이 몸은 썩어 없어질 순간을 기다리고 있을 뿐이다. 우리의 속사람은 이미 새 사람이 되어 그리스도 안에 감추어져 있으며 예수님께서 다시 오실 그날을 기다리고 있다. 그때 새 몸을 입게 되기에 말이다. 그러나 이런 내용을 모르는 사람들은 도축장으로 끌려가는 불쌍한 짐승들처럼 그런 신세다(벧후2:12). 우리도 마찬가지다. 우리의 힘으로는 도저히 우리의 영원한 참 목장(천국)으로 갈수가 없다.

왜냐하면 선악과 사건이라는 죄 문제 때문이다. 이것만 해결되면 우리가 다시 목장으로 돌아갈 수 있다. 그러나 우리 힘으로는 그 죄 문제를 해결할 수 없다. 우리가 해결할 수 없는 그 죄 문제를 해결해 주신 분이 계신다. 그 분의 바로 '예수'다. 그렇게 해주신 증거가 있다. 그게 십자가 사건(피)이다. 십자가 사건(피)은 우리의 죄 값을 치르신 사건이기에 우리가 그 피를 하나님아버지 앞에 증거로 내밀면 하나님께서 죄 없다고 인정해 주신다.

예수가 그리스도라는 것을 믿고 영접하는 순간이 그런 순간이다. 그래서 영접기도를 해야 되는 것이다. 그리하면 우리의 참 목장의 주인(하나님)께서 죄 없다 인정해 주시고 우리를 천국으로 입장시켜 주신다. 그동안 죄와 마귀 때문에 얼마나 고생이 많았느냐면서 불쌍한 우리들을 끌어안고 여기저기 입을 맞추며 어서 들어오라고 하신다.

참 목장에 들어왔으니 어찌 우리가 춤을 추지 않을 수 있겠는가. 어찌 노래하지 않을 수 있겠는가. 저절로 춤을 추며 노래하게 되는 것이다. 우리는 그 분을 노래하기 위해서 만들어진 피조물이다. 그 분께서 우리를 지으신 목적이 그것이다(사43:21). 그래서 다윗도 춤을 추며 뛰어 놀았던 것이다(대상15:29). 이것이 예배다. 그

분이 지으신 목적에 합당한 삶은 그 분을 노래하는 것이다. 이 노래가 황소를 잡아드리는 것보다도 더 귀한 예물이다(시69:30-31).

이런 삶을 살게 해주시려고 벌써 이천여 년 전에 의로운 해가 떠올랐다. 그 빛이 지금 온 세상을 비추고 있다. 이 빛을 받아들이면 치료하는 광선이 임하여 선악과 사건으로 인해 병들었던 영혼이 치유되고 살아나는 역사가 일어난다(말4:2). 도로를 달리다가 가끔 돼지들을 싣고 가는 것을 봤을 것이다. 그들이 가는 곳이 도살장인데 그 돼지들은 어디로 가는지도 모르고 끌려간다.

사람들이 돼지가 도살장으로 끌려가는 것은 알면서도 정작 자기 자신이 지금 도살장(지옥)으로 끌려가고 있음을 보지 못하고 돈이나 잘 벌고, 높은 자리에 앉아서 사람들을 부려먹고 사는 것이 성공인 줄 알고 그런 삶을 향해 열심히 일하며 또한 그런 삶을 살고 있기도 하다. 우리는 그런 삶을 살기 위해, 또는 세상 것들을 좇아가는 자도 아니고, 추월하려고 애쓰는 자도 아니다.

우리는 이미 그런 것들을 초월해서 사는 사람들이다.

사람들이 이런 삶을 살지 못하기에 세상 것으로 행복해보려고 아이들을 비둘기 통 같은 교실 속으로 집어넣어 뭐든지 잘 해내야 된다고 몰아붙이는 것이다. 그러나 예수가 그리스도라는 것만 제대로 깨닫고 믿고 받아들이면 하버드 대학교를 나와도 주지 않는 죄와 죽음 문제를 비롯한 인생의 모든 문제에서 졸업한 '졸업장'을 받게 되고, '왕 같은 제사장의 신분과 권세'를 누리게 된다. 좇는 자도 아닌, 추월자도 아닌 초월자로서 살게 된다.

이런 엄청난 신분과 권세를 누리지 못하면 절대로 인간은 행복

이런 엄청난 신분과 권세를 누리지 못하면 절대로 인간은 행복할 수 없다.

할 수 없다. 인간으로서 참된 인생을 살 수 없다. 그러기에 세상일이나 세상 문제에 염려하며 뭔가 정신적인 차원을 추구하기 위한 철학이나 예술행위나 종교행위를 하게 된다. 그런 것들이 고상해보이고 경건해보이지만 어디까지나 제2의 선악과에 불과하다. 그러기에 죽는다. 지옥으로 가고 만다. 우리가 가기 싫어하는 곳이 지옥이다. 분명히 안 좋은 곳이기 때문이다.

그런데 그런 입시지옥에 아이들을 집어넣고 부모들은 부모들대로 선생님들은 선생님들대로 가만히 보고만 있다. 보고만 있는 정도가 아니라 지옥의 사자들처럼 그들을 괴롭히고 있다. 몰아붙이고 있다. 죽이고 있다. 언제 죽였냐고? 때로는 학생들이 자살하기도 하지 않는가. 장차 세상에 나가 살기 위해서는 그렇게 해야 된다는 어른들의 주장에 아이들은 앞에서 말한 것처럼 그대로 따라 한다. 어른들의 꾀와 힘에 눌려 그냥 따라간다.

마귀가 베풀어 놓은 그런 지옥 잔치에 인간들이 놀아나고 있다. 아이들에게 자기가 하고 싶은 것, 자기가 재미있어 하는 것, 자기 적성에 맞는 것을 하게 하면 즐겁기도 하지만 배우는 속도도 빠르고...그러는 중에 창조적인 발상과 행위를 하게 될 텐데 말이다. 말로는 창조적인 인간을 육성하자고 하면서 하나님께서 이미 각 사람에게 주신 인간성, 창조성마저 죽이고 있으니 참으로 안타까운 일이다.

지금의 아이들은 지금의 어른들 보다 훨씬 시각적인 경험도 많다. 어른들은 지금의 아이들이 보고 느끼는 것만큼 경험하지 못했지만 지금의 아이들은 텔레비전이나 인터넷을 통해 시각적인 경험이 많기 때문에 그들의 생각 속에 많은 것들이 떠돌아다닌다. 그러기에 이들의 생각 속에 들어 있는 것들을 표현할 수 있도록, 자기가 좋아는 하는 것을 할 수 있도록 해주는 것이 중요하다. 그런 장을 만들어 주는 것이 교육의 장(학교)이다.

그리고 나머지는 교양과목으로 하게 하면 된다. 지금의 중, 고생들은 예전의 대학생들이 생각하고 살았던 그런 수준이 아니다. 예전의 대학생들보다 지금의 중, 고생들이 정보 면에서나 활용하는 능력 면에서 훨씬 빠르고 뛰어나다. 중, 고생 때부터 대학생들처럼 자기 전공 교육을 시키면 된다. 지금처럼 꼭 대학에 가서야 자기 전공을 찾아 공부할 필요가 없다. 그런 방법은 너무 오래된 교육방법이다.

그것은 정말 19세기 교육이다. 21세기를 살고 있는 애들에게 19세기 옛날의 교육제도나 방법 그대로 주입식 교육이나 시키고 있어서야 되겠는가. 대학에서도 자기 전공과목을 집중적으로 공부하고 나머지 것들은 교양과목이라는 이름으로 강의를 듣고 있듯이 중, 고생들에게도 그렇게 하면 된다. 대학생 때 할 것을 앞당겨서 중, 고생 때부터 하면 된다.

지금의 아이들은 예전의 우리 어른들과는 다르다. 훨씬 많은 것들을 경험해서 아주 똑똑한 아이들이 많다. 자기가 하고 싶은 것을 할 때 사람은 신이 나는 것이다. 일을 해도 신바람 나게 한다. 신바람 나서 하기 때문에 즐겁고 또한 새로운 창조행위가 일어나게 된다. 이것으로 세상을 정복하게 되는 것이다. 그렇게 하지 않으므로 개인의 인성이나 창조성이나 개성이 말살되고 모두가 학교를 나와도 똑 같은 붕어빵, 인간 로봇으로 만들어져 세상으로 나오니까 살아 갈 일이 팍팍하고 막막해 지는 것이다.

진리, 자유, 창조라는 교훈까지 걸어놓고도 뭐가 진리인지 진리에 대한 교육도 안 시키고 자유가 뭔지, 창조가 뭔지도 모르고 그냥 무조건 밀고 나가면 되는 줄 알고 몰아붙이기만 한다. 그러니까 하다보면 안 되는 것이다. "하면 된다"는 말이 있다고 해서 무조건 "하면 된다"고 몰아붙여서 되는 게 아니다. 무조건 "하면 된다"고 되는 것이 아니라 이런 원리를 알고 그 원리대로 하면 된다. 그래서 하면 되는 것이다. 먼저 "그의 나라와 그의 의를 구하고 나면 나머지가 되어 진다"고 하셨으니까 그대로 하면 된다(마6:33).

그리하면 하나님의 역사가 일어난다. 해보기도 전에 "뭐가 그럴 리가 있냐"며 볼멘소리를 하면 죽었다 깨어나도 하나님의 능력을 맛보지 못한다. 링컨 대통령이 정부 요직에 사람을 쓸 일이 생기면, 즉 인사를 행할 때 그 사람의 얼굴을 보면서 얘기를 나누었다고 한다. 왜 그랬을까? 그 얼굴에 그 사람이 어떻게 살아왔는지가 보이기 때문이다. 예수가 그리스도라는 것을 믿는 믿음의 사람은 얼굴이 밝다. 긍정적이고 감사하며 살았던 흔적이 얼굴에 보인다. 이런 사람은 하나님에게서 지혜를 얻기 때문에 하는 일이 잘 되게 되어 있다.

예수가 그리스도를 믿었던 믿음의 사람인 링컨은 이런 영적인 내용을 알았기 때문에 영적인 감각으로 사람을 볼 줄 알았고 그러기에 면담을 중요시 했던 것이다.

링컨 대통령의 심중(心中)에 그리스도가 박혀 있는데 사람들은 그것이 눈에 안보이니까 바깥으로 드러난 그의 업적만 보고 링컨처럼 해보려고 하니 될 리가 없는 것이다.

그러기에 진리, 자유, 창조에 대해서도 제대로 알지도 못한 채 세상적인 차원에서만 말해주고 마는 것이다. 진리가 무엇인가? 진리란 '예수'다. 진리 그 자체가 '예수'이고 예수 그 자체가 '진리'다(요14:6). 예수의 뜻은 '하나님은 구원이시다'라는 뜻이다. 예수는 죄인들인 우리를 구원하신 구세주, 즉 구원의 하나님이라는 말이다. 그러니까 진리란? 하나님이 하나님이신 것이 진리다. 진리가 진리인 것이 진리라는 말이다. 답이 답인 것이 진리라는 말이다.

죄 문제의 답이 무엇인가? 말과 뜻과 행실을 깨끗하고 착하게 하는 것이 답인가? 도덕이나 율법의 행함이 답인가? 세상의 그 어떤 것도 답이 될 수 없다. 예수님께서 그 답이 되어 주시려고 그 엄청난 십자가 사건(피)을 당하신 것이다. 예수님의 피 한 방울이면 인생의 모든 문제가 해결돼버리기에 이천 년에 이 세상에 오셔서 피를 흘리신 것이다. 그게 예수님의 십자가 사건(피)이다. 이 진리를 진리로 알고 믿는 자는 자유케 된다(요8:32).

즉, 예수가 그리스도라는 것을 믿는 자는 죄, 율법문제를 비롯한 인생의 모든 문제에서 자유케 된다. 선악과 사건 때부터 자기 등 뒤에 드리워진 그 무거운 죄의 십자가(죽음문제를 비롯한 인생의 모든 문제)를 대신 짊어져 주신 분이 '예수님'이라는 것을 믿으라는 말씀에 순종해야 그 무거운 십자가가 벗어진다. 그때 영혼이 깃털처럼 가벼워짐을 느낀다. 그동안 수고했던 무거운 짐을 벗어던지게 된 자기 영혼을, 안식을 누리는 자기 영혼을 바라보게 된다(마11:28).

그 영혼이 기뻐 춤을 추고 노래하게 된다(사43:21). 그게 영과 진리로 예배드리는 것이다(요4:24). 그 예배를 하나님께서 기뻐 받으신다. 하나님께서 그 예배를 우리가 황소를 잡아드리는 것보다 더 기쁘게 여기며 받으신다(시69:30-31). 이런 사람은 세상이 감당치를 못한다(히11:38). 그러기에 사도 베드로도, 사도 바울도 세상을 두려워하지 않고 예수가 진리(그리스도)라는 것을 외쳤던 것이다.

예수가 진리 그 자체라는 것을 믿고 나가는 사람들 앞에는 인생의 모든 문제들이 문제가 될 수 없다. 진리를 자꾸만 세상적인 것에서 찾으려고 하니 참 진리를 발견할 수 없는 것이다. 그러기에 참 자유를 누릴 수 없는 것이다. 죄와 마귀와 죽음, 지옥 문제를 비롯한 인생의 모든 문제의 원인과 해결책이 뭔지를 알고 싶으면 예수를 통해 알 수 있고, 그리고 해결할 수 있다.

예수가 그리스도라는 것을 믿으라는 말씀에 순종하면 앞에서 말한 그런 엄청난 것들을 누리게 되는데 사람들은 이런 엄청난 복된 말씀에 귀를 기울이지 않는다. 어디 가서 이런 복을 찾을 수 있겠는가. 이 세상을 다 헤집고 돌아다녀도, 고행을 하며 죽을 때까지 돌아다녀도 찾을 수 없다.

2 성경이 기록된 목적은?

성경이 기록된 이유는 두 가지, 즉 예수가 그리스도라는 것을 깨닫게 해주기 위함과, 그것을 믿으라는 말씀에 순종해야 된다는 것을 우리에게 가르쳐 주기 위함이다(요20:31). 그러기에 이런 내용도 제대로 모르고 그냥 살거나 혹은 예수 믿는다고 교회만 다니고 있어서는 안 된다. 제대로 모르는 상태에서의 믿음은 헛된 믿음이다. 그건 죽은 믿음이다. 사도 바울도 처음에는 그런 사람이었다. 사도 바울도 세상에서 볼 때 훌륭한 사람이었다. 가문도 좋고, 학문에도 능하였고 또한 율법대로 살기 위해 몸부림을 쳤던 율법주의자였다.

그러나 예수가 죄 문제, 율법문제를 비롯한 인생의 모든 문제의 답 그 자체라는 것을, 바로 그분이 자기를 구원하신 하나님이라는 것을 알게 되자 자기가 가지고 있던 그런 모든 것이 배설물에 지나지 않는다는 것도 알게 되었다. 그래서 자기에게 주어진 시간, 물질, 몸을 사람 살리는 일에 던지는 삶을 살았던 것이다. 예수가 그리스도라는 결론을 얻게 되면 그렇게 된다.

사람들은 그리스도가 뭔지 모르기 때문에 아직도 이것 주세요, 저것 주세요, 또는 하나님께 영광을 돌리기 위해 대학 시험, 공무원 시험, 직장 시험도 합격해야 하고, 높은 자리에 올라가야 된다고 애를 쓰는 것이다. 그게 무슨 하나님께 영광을 돌리는 일인가? 솔로몬 왕처럼 온갖 부귀영화를 다 누리고 살아도 헛되고 헛된 삶이다(전1:2-3). 그리스도를 믿는다고는 하지만 그건 그리스도를 모르는 상태고 제대로 된 믿음이 아니다. 세상 사람들만 영적으로 어두운 것이 아니라 교인들도 마찬가지인 사람들이 많다.

지금 '믿음'과 '열심'이 뭔지 모르고 그냥 열심히 교회만 다니는 교인들이 많다. 교회생활을 열심히 하는 교인들을 향해 믿음이 좋은 사람들이라고 칭찬해주면 다른 사람들도 그런 사람들로 변해간다. 예수가 그리스도라는 결론을 얻지 못한 사람들이 신학대학을 나오고, 목회자가 돼서 교인들을 엉터리 신자로 만들고 있을 수도 있다는 것을 알았으면 좋겠다. 우리는 죄에서 해방됐기에, 졸업했기에 죄 문제로 인해 다시는 제사를 드릴 필요가 없어졌다.

예수님께서 십자가 사건을 통해 우리의 죄 문제를 영원히 해결해 주셨기에 그 예수가 우리의 구세주라는 것을 찬송하지 않을 수 없는 것이다(히13:15). 그리고 예수가 그리스도라는 것을 계속 선포하지 않을 수 없는 것이다. 그러니까 이스라엘 백성들이 성전에 와서 짐승의 피로 죄 문제를 해결하고 갈 때 그 죄 문제를 해결해 주신 구원의 하나님을 노래했던 것처럼, 우리도 교회에 와서 죄 문제를 단번에, 영원히 해결해 주신 예수를 노래하는 것이다. 그것이 참 예배다(요4:23-24).

그러기에 예수가 그리스도라는 것을 제대로 깨달아버린 사람은 다른 말은 들을 필요가 없다. 하나님의 지혜, 지식, 모든 보화를 다 얻어버렸는데 무엇을 더 얻을 것이 있다고 이것 주세요, 저것 주세요라고 목이 터지도록 외쳐댈 것인가. 산속에 들어가서 나무를 붙잡고 그렇게 몸부림치는 기도를 하면 괜한 나무만 뿌리가 뽑혀 죽게 된다. 예수님의 십자가 사건을 통해 이미 다 해결됐고, 이미 다 얻었기에 그저 감사하고 살면 되는데 사람들이 예수를 믿는다면서도 뭐가 뭔지 모르고 그냥 열심히 교회만 다니고 있으니 안타까운 일이다.

한강 다리 밑에 사는 거지가 쪽박을 차고 나가서 "한 푼 줍쇼"라고 하루 종일 동냥 짓을 한다. 그러다가 누군가로부터 로또복권을 건네받았다고 하자. 그날 동냥해서 얻은 몇 푼의 돈으로 허기를 채우기 위해 식당으로 들어갔다. 설렁탕을 한 그릇 먹고 있는데 텔레비전에서 로또복권추첨을 하고 있었다. 복권을 끄집어내서 번호를 맞춰봤다. 1등이었다. 100억에 당첨됐다. 그날부로 쪽박을 걷어 차 버렸다. 동냥하지 않았다. 그날부로 거지의 삶을 청산했다. 좋은 집을 사고, 좋은 옷을 입고, 좋은 자동차를 타고, 평소에 가보지 못했던 곳을 여행하기도 했다. 나머지 돈은 은행에 넣어두고 평생을 이자만 받아먹고 신나고 즐겁게 살았다.

이런 삶을 살게 된 거지가 다시 거지노릇을 하겠는가?

다시 한강 다리 밑으로 가겠는가? 그 거지가 정신병자가 아니라면 절대로 한강 다리 밑으로 가지 않는다. 거지같은 생각, 거지같은 삶을 살지 않는다. 이미 거지의 인생이 끝나버렸기 때문이다. 그가 가진 문제가 해결돼버렸기 때문이다. 로또복권 한방에 거지가 그렇게 돼버린 것이다.

선악과 사건이 터진 동네(한강 다리 밑)에서 유치장의 삶, 마귀의 종노릇하는 삶, 영적인 거지가 되어 하나님 앞에서 이것 주세요, 저것 주세요라며...즉, 한 푼 달라고 동냥하고 살던 우리들이 로또복권에 당첨된 그런 세상적인 복과는 비교할 수 없는 엄청난 복을 받았다. 그 거지가 로또복권 한방에 거지 신세를 면하게 된 것처럼 우리가 예수님의 십자가 사건(피) 한방으로 영적 거지 신세를 면하게 되었다.

선악과 사건이라는 그 엄청난 사건 한방으로 죄, 마귀, 죽음, 지옥 문제를 비롯한 이런저런 인생의 모든 문제를 만나게 된 우리들이었는데 예수님의 십자가 사건 한방으로 해결돼버렸으니 이런 복이 어디 있겠는가. 로또복권 한방으로 거지 신세를 면한 한강 다리 밑의 거지와는 비교할 수 없는 엄청난 복을 누리게 되었다. 그렇게도 만나고 싶었던 하나님을 다시 만나게 되었고, 그러기에 천국을 비롯한 하나님의 모든 것(보화)을 소유하고 누리게 되었다.

뿐만 아니라 유치장에서의 삶에서 해방되었기에, 즉 죄와 마귀와 죽음, 지옥 문제를 비롯한 이런저런 인생의 모든 문제에서 해방되었기에 더 이상 문제 될 것도 없고, 더 이상 부족함이 없는 새로운 피조물(새 사람)으로 거듭나버렸으니 이런 복이 어디 있겠는가. 참으로 엄청난 복을 누리게 되었기에, 참으로 엄청난 하나님의 사랑을 받은 사람이기에 하늘을 두루마리 삼고 바다를 먹물 삼아도 하나님의 은혜와 사랑을 다 기록할 수가 없다. 말로 다 형용할 수 없는 이런 엄청난 복, 엄청난 사랑을 받은 사람이라면 그런 사람답게 살면 되는 것이다.

그런데도 거지같은 삶을 사는 사람들이 있다. 그런 사람들은 아직도 예수가 그리스도라는 것을 모르거나, 그것을 믿으라는 말씀에 순종하지 않아서 그런 것이다. 예수가 그리스도라는 말은 예수가 영적 거지인 우리들을 이렇게 엄청난 복을 누리고 살 수 있게 해주신, 즉 인생의 모든 문제에서 자유케 해주신, 하나님을 다시 만나 천국을 비롯한 하나님의 모든 것(보화)을 누리게 해주신, 왕 같은 제사장, 사람 낚는 어부로 거듭나게 해주신 구원의 하나님이 라는 말인데...그렇게 되게 해주신 증거가 십자가 사건(피)인데... 사람들이 예수를 믿는다고 하면서도 뭐가 뭔지도 모르고 아직도 거지같은 삶을 살고 있다.

한강 다리 밑의 거지가 로또복권 한방으로 인해 다시는 거지생활을 하지 않는 것처럼, 우리도 예수님의 십자가 사건 한방으로 인해 거지생활에서 해방됐으니까 다시는 거지같은 삶을 살아서는 안 된다. 한강 다리 밑의 거지에 대한 얘기는 육적인 것이기에, 즉 눈(육안)에 보이는 것이기에 그렇게 되어 있다는 것을 믿으라, 마라 할 필요가 없다. 그러나 선악과 사건이 터진 동네(세상=영적인 한강 다리 밑)의 영적인 거지였던 우리가 지금 왕 같은 제사장이 되어 있다는 것은 영적인 얘기이기에, 즉 눈에 보이지 않는 것이기에... 그러나 사실이기에 '믿으라'는 말씀을 하신 것이다.

자기 자신이 선악과 사건이 터진 동네(세상=영적인 한강 다리 밑)의 영적 거지라는 사실도 모르고...그저 먹고, 싸고, 자고, 놀고, 일하고, 암수 짝을 지어 새끼 낳고, 교육시키고, 그것이 인생인 줄 알고 그렇게 살다가 지옥불구덩이 속에 쳐 박힐 수밖에 없는 불쌍한 존재인데...그런 영적인 거지인 우리를 예수님께서 십자가 사건(피)을 통해 해방시켜 주셨다는 사실을... 그것도 믿을 수밖에 없는 확실한 증거(십자가 사건)까지 보여 주셨기에 '믿으라'는 말씀대로 믿으면 되는 것이다. 그것이 순종이다.

다른 것은 못해도 예수가 그리스도라는 것을 믿으라는 말씀에는 순종해야 한다. 그래야 선악과 사건이 터진 동네(세상=유치장)에서 임마누엘동산(하나님과 함께하는 자유의 동산, 평화의 동산)으로 들어오게 되고...그러므로 이런 내용에 대해 더 깊이 알게 되고 나처럼 이렇게 말해주게 된다. 나도 이런 내용에 대해 전혀 모르고 살았는데 어느 날 하나님의 은혜로 예수가 그리스도라는 것을 깨달아 알게 됐고, 그것을 믿으라는 말씀에 순종했더니 이렇게 된 것이다.

> 하나님은 존재하시며, 그 하나님께서 지금도 함께 하신다는 것을 알기 바란다.

이렇게 하고 있는 것만 봐도 하나님은 존재하시며, 그 하나님께서 지금도 함께 하신다는 것을 알기 바란다. 내가 목사가 된 것만 봐도 하나님은 존재하신다는 것을 알 수 있지 않은가. 하나님이 계시지 않는데 어찌 내가 이런 어마어마한 내용을 알 수 있겠으며 또한 목사가 될 수 있겠는가. 한번 생각해보라. 점을 치는 점쟁이(무속인)가 마귀(귀신)가 없으면 어찌 점쟁이가 되겠는가. 귀신이 있기 때문에 점쟁이가 되는 것이다. 하나님이 계시기 때문에 나도 목사가 된 것이다.

이런 내용을 모르는 사람(교인)들이 많다는 것을 알고 있기에 이런 내용을 전해줘서 그런 사람들을 살리기 위해 나는 목사가 됐다. 그러기에 예수가 그리스도라는 확실한 결론을 가진 사람이 목사가 돼야 한다. 그렇지 않으면 목사인 자기 자신뿐만 아니라 다른 사람들까지 고생하게 되고 결국은 죽는 길로, 지옥 가는 길로 인도

하게 되는 엄청난 죄를 짓게 된다.

그런 종교 지도자들은 사기꾼이다. 눈에 보이는 육적인 것을 사기 치면 경찰서에 신고라도 해서 감옥에 집어넣을 수 있겠지만 눈에 보이지 않는 사람의 영혼을 사기 치는 일(죽이는 일=살인)을 하고 있기 때문에 경찰서에 신고해도 그들을 잡아 가두지 않는다. 진짜 큰 사기꾼은 그런 사람들인데 말이다. 나처럼 예수가 그리스도라는 확실한 결론을 가진 사람은 언제 어디서나 예수가 그리스도라는 것을 외친다. 그리고 교인들 중에도 예수가 그리스도라는 확실한 결론을 붙잡은 사람들은 예수가 그리스도라는 것을 외친다. 예수가 그리스도라는 이 말만 던져도 은혜를, 감동을 받는다.

그러나 이렇게 결론나지 않은 사람(교인)들은 매일 그 얘기만 한다고 불평한다. 그리스도가 영혼의 피부로 느껴지지 않기 때문에 그런 것이다. 그리스도의 살과 피가 영혼의 양식, 생명의 양식으로 여기지지 않기 때문에 그런 것이다. 한마디로 그리스도와 관계가 없는 사람이기에 그런 것이다. 진리에 속한 사람이 아니기에 그런 것이다(요18:37).

만약에 자기 자신을 점검해보고 아직도 예수가 그리스도라는 결론이 잡히지 않았다면 자꾸만 들어야 하고 기도해야 한다. 예수가 그리스도라는 것을 믿기는 믿어야 되겠는데 믿어지지 않는다면 믿음을 달라고 기도해야 한다. 우리가 먼저 구할 것이 예수가 그리스도라는 것을 깨닫는 것과, 그것을 믿는 믿음이다.

예수가 그리스도라는 것을 믿는 일(믿으라는 말씀에 순종하는 것=내적행위)을 먼저 해놓지 않으면 마치 등은 가지고 있으면서 등불을 켜야 될 기름을 준비하지 않은 채 신랑을 기다리는 어리석은 다섯 처녀와 같은 신세가 되고 만다(마25:1-13). 교인들 중에도 지금 등은 가지고 있으면서 기름을 준비해 두지 않고 예수님(참신랑)을 기다리고 있는 사람들이 있다. 그러다가는 신랑 되신 예수님께서 다시 오시는 날 지옥 불 못에 던져지게 된다.

자기 자신은 분명히 교회에 다니면서 예수 이름을 부르며 기도하고 노래하고 충성, 봉사했는데...귀신을 쫓아내고 병든 자를 고쳐주었는데도...그 보다 더 많은 권능을 행했다 할지라도 지옥 불 못에 던져진다(마7:21-23). "불법을 행하는 자들아 내게서 떠나가라"고 하신 말씀에 해당하는 사람이 돼서는 안 된다. 그러기에 먼저 기름을 준비해두라고 하신 말씀(법)에, 즉 예수가 그리스도라는 것을 믿으라는 말씀에 순종해야 한다.

예수가 그리스도라는 것을 믿으라는 말씀에 순종한 상태가 신랑되신 예수님을 맞이할 기름을 준비한 상태이기 때문에 무슨 일이 있어도 예수가 그리스도라는 것을 믿으라는 말씀에는 순종해야 한다. 예수가 그리스도라는 것을 믿으라는 말씀이 얼마나 중요한 말씀인지를 아는 사람은 그리스도라는 말만 나와도 좋아서 어쩔 줄을 모른다. 목사들도 교인들을 향해 늘 예수가 그리스도라는 말씀을 또 들려주고, 또 들려주어야 한다(찬205장). 그 말씀 속에 인생의 모든 문제의 답이 들어 있고, 그 말씀 속에 천국을 비롯한 하나님의 모든 것이 들어 있기 때문이다.

삶의 현장에서 예수가 그리스도이며 인생의 모든 문제의 답 그 자체라는 것을 놓치고 살기 쉽기 때문에 계속해서 이 말씀을 들려주어야 한다. 그 말씀을 통해 다시 한 번 그리스도의 언약을 붙잡게 되도록 성도들을 끌어주어야 한다. 그런데 요즘에는 이런 방법이 아니라 인간적인 방법을 예배 시간에 사용한다.

즉, 일을 해나가는데 있어서도 인본주의를 쓰게 되고, 설교 준비하느라 세상 것을 찾아 헤매게 되고, 그렇게 해서 세상 것을 말해주면 교인들도 "우리 목사님은 공부를 많이 하신 분이라서 역시 다르다"고 오히려 좋아한다. 교인 자체가 예수가 그리스도라는 결론을 붙잡지 못한 상태이기에 그런 얘기들을 좋아하게 되어 있다.

교인들이 진짜 선악과 사건(죄)이 얼마나 무서운 것이며, 그 죄의 결과로 죽음문제를 비롯한 인생의 모든 문제를 만나게 되었다는 것을 실감하지 못하므로 그런 인생의 모든 문제에서 우리를 해방시켜 주신 예수님이 얼마나 귀한 분인지를 진짜 뜨겁게 실감하지 못한다. 그래서 예수가 그리스도라는 이 말씀에 감동받지 못한다. 진짜 감동 받아야 될 이 말에는 감동을 받지 않고 세상에 떠돌아다니는 이런저런 말들에 감동을 받고 좋아한다.

그러기에 삶의 현장에 나가서 그리스도를 누리지 못하고 넘어지는 것이다. 즉, 문제만 만나면 그 문제 때문에 염려하고 속상해하며, 원망, 불평, 신경질, 짜증나는 지옥 같은 삶을 살게 된다는 말이다. 예수가 그리스도라는 결론을 붙잡지 못하면 결국 목사도 교인들도 서로에게 율법의 잣대를 들이대게 되어 있다. 이것은 정말 모순 중에 모순이다. 예수가 그리스도라는 것을 제대로 모르면 이렇게 모순된 일을 저지르면서도 저지르고 있는 줄로 모르고 산다.

교인들이 삶의 현장에서 죄를 범하고 그 죄 문제로 고민하고 죄책감에 사로잡혀 기가 죽어 있을 때 목사는 그럴 수밖에 없는 우리를 구원해 주신 분이 '예수'라는 것을 외쳐야 한다. 죄책감에 사로잡히고 기가 죽어 살 수밖에 없는 우리에게 죄책감에 사로잡히지 말라고, 기가 죽어 살지 말라고, 괴로워하지 말라고, 속상해 하지 말라고, 자살하지 말라고, 우리 대신 예수께서 십자가에서 피를 흘리셨다는 기쁜 소식을 되새김질 할 수 있게 도와주어야 한다.

죄 문제를 가지고 고민하고 죄책감에 시달리는 형제에게 율법을 들이대면서 "네가 그래가지고 천국 가겠니? 그러는 너는 하나님의 자녀가 아니다." 라고 말하기보다는, "그럴 수밖에 없는 너를 위해, 그 죄 문제까지, 그리고 그 죄 문제를 가지고 자꾸만 정죄하고 괴롭히는 마귀에게서 너를 해방시켜 주기 위해 하나님께서 그렇게도 예수가 그리스도라는 것을 믿으라고 강조하신 것이다"라고 반복해서 가르쳐 줘야 한다.

"예수가 그리스도라는 것을 네가 진짜 믿고 있었다면 그런 죄 문제로 인해 네가 그렇게 고민하며 죄책감에 사로잡혀 우울증을 만나지 않았을 것이 아니냐...자살하려는 마음도 생기지 않았을 것 아니냐"고 말해 주는 것이 목사가 해야 할 일이다. 그런데도 교인들이 뭔가 잘못하기만 하면 율법의 잣대를 들이대서 더 힘들게 해버린다면 교회에 머물 사람이 몇이나 되겠는가.

그렇다면 천국에 갈 사람이 몇이나 되겠는가. 율법대로 살지 못한 그런 죄 문제를 따지게 되면 한 사람도 천국에 갈 사람이 없다. 비록 그렇게 살지 못했다 할지라도 그런 우리들을 용서해주시고 천국에 갈 수 있도록 해주신 분이 '예수'라는 것을...그렇게 해주신 증거가 '십자가 사건(피)이라는 것을...그 분이 그렇게 우리를 사랑하신 분이라는 것을 깊이깊이 깨닫고, 영혼의 피부로 느끼고 그 사랑에 젖어 살 수 있도록 도와주어야 한다.

교회는 어떤 곳인가?

교회는 예수님의 피를 통해 의인된 자들이 모여서 예배하는 곳이라는 것을 잊어서는 안 된다. 너나 나나 모두가 다 죄인이며, 그런 죄인이지만 예수가 그리스도라는 것을 믿으라는 말씀에 순종한 자는 깨끗한, 거룩한 하나님의 자녀(의인)다. 교회 안에서 우리 모두는 하나님의 자녀 그 이상도 그 이하도 아니라는 것을 알아야 한다. 예수가 그리스도라는 것을 제대로 모르는 상태에서, 즉 예수가 그리스도라는 결론을 붙잡지 못한 사람이 목회를 하면 그 목사 자신도 피곤하고 교인들도 피곤해진다.

자기만 죽는 게 아니라 다른 사람까지 죽게 만든다. 그리고 자기가 그리스도에 대해 제대로 깨닫지 못했다면 이렇게 말해 주는 우리들을 통해 듣고 깨달으면 좋으련만 이런 우리들을 향해 이단이라고 몰아붙인다. 자기 교인들에게 그런 목사는 이단이니까 그런 교회에 가지 말라고 경고까지 한다. 그렇게 하므로 그 교회 교인들은 복음을 가진 목사의 말을 듣지 않으려고 한다.

그러니까 결국 그런 사람은 사람을 살리는 것이 아니라 죽이는 것이다. 복음이 없는 지도자들은 교인들을 자유케 하는 것이 아니라 오히려 율법에 매이게 한다. 그리고 자기 교회를 부흥시키기 위해 온

> 복음이 없는 지도자들은 교인들을 자유케 하는 것이 아니라 오히려 율법에 매이게 한다.

갖 방법, 온갖 프로그램으로 교인들을 몰아붙인다. 교인들은 그렇게 하는 것을 보고 자기 교회 지도자가 유명한 신학대학을 나오고 박사학위를 가졌기 때문에 역시 다르다며 어렵고 힘들어도 잘 따른다. 오히려 그것이 참된 신앙생활인줄 알고 열심히 한다.

신앙생활이란 예수가 그리스도(인생의 모든 문제의 답 그 자체, 천국을 비롯한 하나님의 모든 것 그 자체, 우리가 그렇게도 만나고 싶었던 하나님 그 자체)라는 것을 믿는 믿음의 삶, 노래하는 삶, 전하는 삶을 말한다. 그러기에 너무나 쉽고, 너무나 간단하며, 너무나 자유하고, 너무나 기쁘다. 한 마디로 그리스도를 누리는 삶이 신앙생활이다.

그래서 하나님께 감사하지 않을 수 없다. 억지로 감사하는 삶이 아니라 저절로 감사기도를 하게 되는 복된 인생, 행복한 인생이 되고 만다(살전5:16-18). 그렇게 매사가 저절로(성령인도) 되어지는 삶이 신앙생활이다. 그렇게 되어 지는 것을 억지로, 즉 인간의 방법과 프로그램을 통해 해보려고 애쓰는 것은 자기만 고생하는 것이 아니라 교인들까지 고생시키는 것이다.

그런 방법이 선악과처럼 참 좋아 보이지만 고생만 실컷 하다가 지옥에 간다. 하나님께서는 어떤 행위나 어떤 법으로도 안 되게 되어 있다고 하셨는데, 오직 "믿음의 법"으로만 된다고 하셨는데 사람들이 그렇게 어렵고 힘든 종교행위를 한다(롬3:27). 그래서 주여! 주여! 하는 자들마다 다 천국에 가는 것이 아니라고 하신 것이다(마7:21). 이런 영적인 내용을 모르는 것은 아직도 선악과 사건에 빠져 있다는 증거다. 영적으로 어둠에 빠져 있다는 말이다.

한마디로 예수가 그리스도라는 것을 모르거나, 알아도 그것을 믿으라는 말씀에 불순종하고 있다는 말이다. 그러기 때문에 사람이 사람이면서 왜 사람인지도 모르고, 사람들이 그냥 사람이라고 하니까 사람인줄 알고 사는 것이다. 마귀(귀신)와 죄 문제를 비롯한 인생의 모든 문제들의 원인과 답을 모른다. 인생의 시작과 과정과 끝을 모른다. 인생의 답을 찾기 위해 철학과 종교행위를 한다. 인간파괴자인 귀신, 그 귀신들린 점쟁이(무속인)한테 찾아가서 점을 치고, 굿을 하고, 부적을 사서 붙이고, 인생 상담을 하는데 그것은 오히려 기름통을 짊어지고 불구덩이 속으로 들어가는 것과 같다. 알고 보면 자기 아비인 마귀에게 도움을 요청한 것이다(요8:44).

선악과 사건에 빠져 있는 인간은 마귀의 자녀들이기 때문에 자기도 모르는 사이에 자기 아비한테 그렇게 도움을 요청하러 가게 되는 것이다. 그러나 그게 더 죽는 길이다. 사는 길은, 그런 마귀에게서 해방되는 길은 오직 예수가 그리스도라는 것을 믿으라는 말씀에 순종하는 길밖에 없다.

"너희는 너희 아비 마귀에게서 났으니 너희 아비의 욕심대로 너희도 행하고자 하느니라. 그는 처음부터 살인한 자요, 진리가 그 속에 없으므로 진리에 서지 못하고 거짓을 말할 때마다 제 것으로 말하나니 이는 그가 거짓말쟁이요, 거짓의 아비가 되었음이라"(요8:44).

선악과 사건이 터진 동네(세상)에 있으면 귀신에게 시달리고, 악몽에 시달리고, 가위눌림을 당한다. 항상 뭔가가 뒤에서 쫓아오는 기분에 시달린다. 자기 혼자 말도 아닌 소리를 중얼거리기도 한다. 죽은 사람이 찾아와서 말을 건네는 경우도 있다. 그러나 그것은 죽은 사람이 아니라 귀신이 죽은 사람의 흉내를 내는 것이다(삼상 28:7-25). 꿈이나 현실 속에 나타나 무엇을 어떻게 하라고 가르쳐 주기까지 한다. 유명한 장군의 무덤에 칼을 꽂으면 일이 잘 풀린다는 말을 듣고 그대로 하기도 한다.

  1999년에도 그런 일로 인해 세상이 떠들썩했다. 당시 이순신장군 묘를 비롯하여 신라시대와 조선시대 왕들의 묘에 260개의 칼과 쇠말뚝이 꽂혀 있었는데 그 일이 무속인에 의한 일이었음이 5월 17일자 동아일보에 기록되어 있다. 그렇게 귀신의 장난에 놀아나게 되는 것이다. 점을 치고 굿을 하는 것도 마찬가지다.

  불안한 세상에 살면 무슨 일을 하든지 불안해하고 초조해하며 두려울 수밖에 없다. 공포감에 사로잡히고 외로움과 소외감에 몸을 떨 수밖에 없다. 근심 걱정으로 나날을 보낸다. 하루에도 오만 가지 걱정을 다 한다. 열등감, 배신감, 소외감, 절망감, 허무감에 사로잡혀 괴로워한다. 시기, 질투, 살인, 분쟁, 사기, 수군수군하기 좋아하고 무정하며 무자비하고 악을 도모한다.

  "또한 그들이 마음에 하나님 두기를 싫어하매 하나님께서 그들을 그 상실한 마음대로 내버려 두사 합당하지 못한 일을 하게 하셨으니 곧 모든 불의, 추악, 탐욕, 악의가 가득한 자요, 시기, 살인, 분쟁, 사기, 악독이 가득한 자요, 수군수군하는 자요, 비방하는 자요, 하나님께서 미워하시는 자요, 능욕하는 자요, 교만한 자요, 자랑하는 자요, 악을 도모하는 자요, 부모를 거역하는 자요, 우매한 자요, 배약하는 자요, 무정한 자요, 무자비한 자라. 그들이 이같은 일을 행하는 자는 사형에 해당한다고 하나님께서 정하심을 알고도 자기들만 행할 뿐 아니라 또한 그런 일을 행하는 자들을 옳다 하느니라"(롬1:28-31).

　어떤 문제를 만나면 발작을 일으키고 우울증, 불면증, 노이로제 등 정신문제로 고통을 당하기도 하고, 황병에 걸려 육신이 마른 명태처럼 바짝 말라 병들어 죽기도 한다. 영양 섭취를 못해서도 병이 생기지만 어떤 문제로 인해 마음이 불편, 불안하면 면역기능도 낮아져 몸도 병들고 죽게 된다(잠17:22). 육신의 죽음으로 인생이 끝나는 것이 아니라 영벌(永罰)의 장소로 가게 된다. 그곳이 지옥이다.

　"한 부자가 있어 자색 옷과 고운 베옷을 입고 날마다 호화롭게 즐기더라. 그런데 나사로라 이름하는 한 거지가 헌데 투성이로 그의 대문 앞에 버려진 채 그 부자의 상에서 떨어지는 것으로 배불리려 하매 심지어 개들이 와서 그 헌데를 핥더라. 이에 그 거지가 죽어 천사들에게 받들려 아브라함의 품에 들어가고 부자도 죽어 장사되매 그가 음부에서 고통중에 눈을 들어 멀리 아브라함과 그의 품에 있는 나사로를 보고 불러 이르되 아버지 아브라함이여 나를 긍휼히 여기사 나사로를 보내어 그 손가락 끝에 물을 찍어 내 혀를 서늘하게 하소서. 내가 이 불꽃 가운데서 괴로워하나이다. 아브라함이 이르되 얘 너는 살았을 때에 좋은 것을 받았고 나사로는 고난을 받았으니 이것을 기억하라. 이제 그는 여기서 위로를 받고 너는 괴로움을 받느니라. 그뿐 아니라 너희와 우리 사이에 큰 구렁텅이가 놓여 있어 여기서 너희에게 건너가고자 하되 갈 수 없고 거기서 우리에게 건너올 수도 없게 하였느니라"(눅16:19-26).

　"그들은 영벌에, 의인들은 영생에 들어가리라 하시니라"(마25:46).

예수가 그리스도라는 것을 믿는 사람이든, 안 믿는 사람이든 장차 몸을 다시 입게 된다(행24:15). 즉, 부활하게 된다. 신자는 새 몸을 입고 천국이지만 불신자는 두 번째 사망을, 즉 지옥 불구덩이 속으로 들어가게 될 텐데 어찌 할 것인가(계21:8). 세상에서는 잠시잠깐 고통이지만 그곳에서는 영원이다. 그러기에 예수님께서 다시 오시기 전에 예수가 그리스도라는 것을 믿으라는 말씀에 순종해야 한다. 순종하면 만사형통이 되는데 사람들이 이렇게 쉬운 방법을 놔두고 안 해도 될 고생을 하고 산다. 이 세상의 인간들이 마귀에게 붙잡혀 있기에 어쩔 수 없이 그렇게 되는 것이다.

세상적인 방법으로 해보고 해보다가 결국 귀신들린 점쟁이에게 가서 답을 찾으려고 한다. 그러나 아하시야 왕처럼 올라간 침상에서 내려오지 못한 채 죽고 만다(왕하1:1-18). 선악과 사건이 터진 동네(세상)에 살고 있기에 사주팔자가 그런 운명을 타고 났다. 그러기에 귀신 들린 무속인, 즉 점쟁이에게 사주팔자를 말하면 점괘가 나온다. 부적을 붙이고 굿을 하라고 하면 굿을 해야 한다.

우리 민속백과 대사전을 들여다보면 온통 굿판이다. 이것은 우리 민족이 수천 년 동안 굿(귀신)과 함께 해왔다는 증거다. 우리는 왜 그런지도 모르고 그런 문화 속에 살아왔다. 그런 문화 속에 태어나 자랐기에 저절로 그런 문화인이 돼버린 것이다. 무속인들이 굿을 할 때 춤과 노래가 있다. 그 춤과 노래가 시간을 타고 흐르면서 오늘날 대중의 춤과 노래로 발전한 것이다. 우리나라 춤과 음악이 무속신앙에서 비롯됐다는 것은 이미 알려진 사실이다.

그런데도 그것이 우리 민족의 전통 문화라면서 계승 발전시키자고 국민이 낸 세금을 사용하고 있으니 참으로 안타까운 일이다.

결국 이 세상은 예수님께서 다시 오시는 그날까지는 마귀가 왕 노릇할 수밖에 없기에 그 왕 밑에서 인간들이 그럴 수밖에 없는 것이다.

이런 내용을 알고 그런 삶을 청산하면 하나님도 기뻐하시고 그러는 인간이나 그러는 국가에 더 풍성한 은혜를 쏟아 부어 주실 텐데 인간들이 하나님을 무시하고 그러고들 있으니 안타까운 일이다. 선악과 사건으로 인해 하나님을 떠난 인간들이기에 하버드대학교를 나오고, 박사학위를 가지고 높은 자리에 올라도 마귀의 종노릇을 하게 되는 것이다.

정치인들이 선거철만 되면 무속인들을 찾아 운세를 알아보는 것도 이런 내용을 모르기 때문에 그러는 것이다. 귀신의 문화가 전통 민속 문화라는 이름으로...계승 발전시키자고 하면 어찌 되겠는가. 그런 문화 속에서 빠져 나오지 못하면 지금 이 땅(세상)에 살고 있는 자들만 고생하는 게 아니라 후대들이 그런 문화 속에 빠져 계속 고생을 하게 된다.

점을 치고 굿을 할 때도 공짜가 아니다. 허리가 부러지도록 일을 해서 번 돈을 굿한다고 다 날린다. 사람들이 바다에 배를 띄우거나, 자동차를 구입하거나, 무슨 일을 하든지 고사를 지내고, 궁합을 보고, 날을 본다. 카렌다(달력)에도 온통 짐승을 그려 놓고, 즉 어떤 날은 개날이고, 어떤 날은 돼지날이라고 정해 놓고 어느 날이 좋은지...날을 보고 일을 할 것인지 말 것인지를 결정한다.

어느 개그맨이 텔레비전에 나와서 했던 얘기인데 결혼을 앞두고 점쟁이에게 결혼할 날을 알아보러 갔더란다. 점쟁이가 대뜸 "초혼이 아니시네요"라고 하더란다. 같이 갔던 애인과 장인 될 사람이 깜짝 놀라 "이게 어찌된 일이냐?"고 하더란다. 그 개그맨도 깜짝 놀라며 "결혼한 적이 없다"고 했더니 그 무속인이 아니면 말고 식으로 얼버무리고 넘어가더란다. 그러나 애인과 장인 될 사람은 기분이 찝찝해하더란다. 정말 결혼한 적이 없는데도 결혼을 한번 한 사람으로 몰리게 됐으니 얼마나 황당했겠는가.

만약에 그 개그맨이 진짜 결혼한 적이 있었다면 그 점쟁이는 점을 잘 치는 용한 점쟁이로 소문이 났을 것이고, 그렇게 되면 그 점쟁이에게 또 많은 사람들이 돈을 들고 점을 치러 갔을 것이다. 그리하면 돈도 많이 벌게 될 것이니까 그런 말을 해서 맞으면 점쟁이 이름도 날리고, 돈도 벌어 좋고, 아니라도 본전이니까 점쟁이는 손해 볼 것이 없는 것이다.

만약에 그 개그맨이 진짜 결혼한 적이 있었다면 그 자리에서 파혼되고 말았을 것이다. 하나님을 만나지 못하면 이렇게 점쟁이 말에 사람들이 인생을 맡기고 산다. 그동안 텔레비전이나 신문 기사를 통해 점쟁이(무속인) 말을 듣고 굿한다고 6억 원이나 되는 엄청난 돈을 다 날려버리고 거지 신세가 되었다는 얘기...아이를 갖게 해주겠다는 무속인의 말을 듣고 돈을 갖다 바친 사람들의 얘기를 자주 들었을 것이다. 그런 얘기를 수없이 들었음에도 불구하고 계속 그렇게 하는 사람과, 그리고 그렇게 속는 사람들이 생겨난다.

선악과 사건이 터진 동네(세상)에 살면 어쩔 수 없이 그렇게 된다. 그 동네는 마귀(거짓의 아비)가 사람들의 왕 노릇을 하고 있기에 그에게 사로잡힌 사람들이 속는 줄도 모르고 속아버린다. 그러니까 점쟁이도, 또한 그런 점쟁이에게 속은 사람들도 다 거짓말쟁이인 마귀에게 사로잡혀 있기에 그랬던 것이다(요8:44). 마귀가 눈(육안)에 안보이니까 없는 줄 알고 살지만 그러나 그렇게 눈에 안보이게 존재하며 사람들을 그렇게 가지고 논다. 눈에 안 보이는, 즉 영적인 존재인 마귀에게 속고 있는 줄도 모르고 그렇게 속고 있는 것이다.

그런 말을 듣고 그대로 해야만 일이 잘 되는 줄 알고 시키는 대로 한다. 세상을 사는 동안 이래야 된다, 저래야 된다는 말을 많이도 듣고 산다. 그런데 그 말에 사람들이 잡혀 사는 게 문제다. 자기도 모르는 사이에 그 말의 지배를 받는다. 그 말의 종노릇을 한다.

예를 들어 아침에 아내가 식사 준비를 하다가 접시를 깨뜨렸다고 하자. 그러면 그 접시 하나 깨진 것 가지고 그날은 '재수 없겠다'고 생각한다. 왜 그렇게 생각하느냐 하면 시어머니로부터 아침부터 그릇을 깨면 틀림없이 그날 재수 없는 일이 생긴다는 말을 들었기 때문이다.

그 말을 들은 며느리가 어느 날 아침에 그릇을 깨뜨렸을 때 그동안 잊어버리고 있었던 시어머니의 말이 생각이 나게 되므로 그 날은 재수 없는 일이 생길 것이라는 생각(염려)을 하게 된다. 그 생각(염려)대로 그 날 출근 했던 남편이 사고를 당하게 되었다. 그렇게 되니까 시어머니는 며느리에게 "재수 없게시리 아침부터 그릇을 깨더니만 결국 이런 일이 생겼다"고 질책한다. 이런 경험을 해본 며느리는 더더욱 그 말에 사로잡히게 되고, 그 말의 종노릇을 하게 된다. 행여 또 다시 아침부터 접시를 깨뜨리지나 않을까 조심하게 된다.

왜냐하면 아침부터 그릇을 깨뜨리면 그 날은 재수 없는 일이 생긴다는 것을 체험했기 때문이다. 그리고 나중에 자기가 시어머니가 됐을 때 새로 들어온 며느리에게 "아침부터 그릇을 깨는 일이 없도록 조심하라"고 가르치게 된다. 그러면 새로 들어온 며느리도 자기 시어머니와 같은 경험을 하게 되므로 계속해서 그런 말들이 이어진다. 이것이 '말의 유전'이다. 말의 유전으로 인해 미리 염려하다보니까 그 염려하는 것이 자기에게 임하게 되는 것이다(욥 3:25).

그러니까 자기가 그렇게 될 것이라고 생각(염려)하고 있었기 때문에 그런 일을 당하게 된 것인데 사람들은 이런 내용을 모르고 아침부터 그릇을 깨뜨렸기 때문에 그런 일을 당한 것이라고 말한다. 사람이 실수로 인해 그릇을 깨뜨릴 수도 있는 것인데 그것을 재수 없는 일이 일어날 것으로 믿고 미리서 염려하기 때문에 그 염려하는 것이 자기에게 임한 것이다.

"내가 두려워하는 그것이 내게 임하고 내가 무서워하는 그것이 내 몸에 미쳤구나. 나에게는 평온도 없고 안일도 없고 휴식도 없고 다만 불안만이 있구나"(욥3:25-26).

'시크릿'이라는 책이 있다. 그 책을 보면 끌어당김의 법칙이 있다. 우주의 힘이 있는데 좋은 일을 생각하며 그것을 끌어당기면 좋은 일이 자기에게 임한다는 내용이다. 세상 사람들도 그런 우주의 비밀을 알아서 사용하고 있는데 하물며 그 우주만물을 만드시고 다스리시는 만왕의 왕이신 하나님, 그런 기운, 그런 힘을 가지신 하나님을 믿는 믿음의 사람들인 우리가 이방인들보다 못해서야 되겠는가.

　엄청난 힘을 가지고 계신 하나님과 함께 하는 존재이기에 그 엄청난 힘을 끌어다 써야 되지 않겠는가. 그것이 기도다. 예수가 그리스도라는 것을 믿는 믿음의 고백(기도)이 나(우리)를 좋게 되어 지게 한다는 것을 알아야 한다. 인생의 모든 문제의 답 그 자체요, 천국을 비롯한 하나님의 모든 것 그 자체가 '그리스도'라는 것을 믿고 나가면 그 믿음대로 된다. 즉, 인생의 모든 문제의 답을 얻게 되고, 천국을 비롯한 하나님의 모든 것을 소유하게 되는 놀라운 일이 실제로 자기에게 일어난다는 말이다.

　그러니까 시크릿이라는 책이나 각가지의 자기 계발서들이 말하는 그런 정도의 복이 아니라 하나님의 모든 것을 송두리째 가지게 되고, 또한 인간의 힘으로 해결할 수 없는 죄와 마귀와 죽음 문제를 비롯한 인생의 모든 문제에서 해방되어 참 자유를 누리게 되는 엄청난 복을 누리게 된다. 지금부터 그 어디서나 천국을 누리게 된다(찬 438장). 첫 사람인 아담 안에서 태어나 아담이 가진 저주를 고스란히 당할 수밖에 없는 우리들이 둘째 사람인 예수 안에서 새 사람으로 거듭난 우리들이 됐기에 아담이 가진 저주에서 벗어나 예수님의 복을 누리게 되었으니 이 얼마나 엄청난 큰 복인가. 말로 형용할 수 없는 참으로 엄청난 복이다.

　그러니까 "그 크신 하나님의 사랑 말로 다 형용 못하네"라고 찬송하는 것이다(찬304장). 이런 사랑(복)안에 들어와야 저주(죽음

> 인생의 모든 문제에서 해방되어 참 자유를 누리게 되는 엄청난 복을 누리게 된다.

문제를 비롯한 인생의 모든 문제)와는 상관없는 삶을 살게 된다. 그렇지 않으면 하나님을 믿어도 무서운 하나님, 두려운 하나님, 조금만 잘못해도 벌을 주시는 하나님으로 여기고(믿고) 신앙생활이 아닌 종교행위를 하게 된다. 그러기에 하나님을 믿고 기도하고 찬송하며 충성, 봉사를 해도 문제를 계속 당하는 것이다.

교회 다니면서 문제를 계속 당하고 있다는 말은 하나님이 어떤 하나님인지 모르고 그냥 하나님을 믿고 다니기 때문이다. 그건 이방인들이 하는 종교행위에 불과한 것이다. 선악과 사건 때 하나님을 떠난 인간은 하나님을 잘 모른다. 그래서 하나님께서 하나님이 어떤 분인지를 우리들에게 알게 해주려고, 믿게 해주려고 사람의 모습으로 오셨다. 물론 죄 문제를 해결하려고 오셨기도 했지만 말이다.

우리와 같은 사람의 모습으로 오신 것이 성육신 사건이다.

사람의 모습으로 오셔서 하나님의 모습을 보여 주셨다. 그것이 예수님의 공생애다. 그리고 십자가 사건을 통해 우리가 해결할 수 없는 죄 문제(선악과 사건이라는 오리지널 죄와 율법대로 살지 못한 모든 죄)를 해결해 주시므로 우리가 마귀와 저주(인생의 모든 문제)에서 해방이 된 것이다. 십자가 사건은 하나님께서 우리를 얼마나 사랑하시는가를 확실하게 보여 주신 사건(증거)이다(롬5:8).

세상 말에도 목숨 바쳐 사랑한다는 말이 있다. 하나님이신 예수께서 우리를 위해 그렇게 하셨다. 그런 사랑의 하나님께서 우리가 뭘 좀 잘 못했다고 해서 복을 빼앗아버리고, 저주 가운데 두시겠는가. 예수가 그리스도라는 것을 믿는 자들에게는 하나님께서 우리가 뭔가 잘못해도, 즉 죄를 지어도 그 죄를 기억하지도 않으시고 (사43:25/히8:12) 그래도 괜찮다고 하신다. 그럴 수밖에 없는 너를 위해 내가 십자가 사건(피)을 당했다고 하신다. 이것이 내가 너희를 사랑한다는 확실한 증거라고 하셨다.

"우리가 아직 죄인 되었을 때에 그리스도께서 우리를 위하여 죽으심으로 하나님께서 우리에 대한 자기의 사랑을 확증하셨느니라"(롬 5:8).

"나 곧 나는 나를 위하여 네 허물을 도말하는 자니 네 죄를 기억하지 아니하리라"(사43:25).

"내가 그들의 불의를 긍휼히 여기고 그들의 죄를 다시 기억하지 아니하리라 하셨느니라"(히8:12).

3 사랑을 알고 사랑해야

예수님의 십자가의 사랑을 모르면 사랑을 모르는 것이다. 사람들끼리도 "사랑한다"는 말을 하는데 하나님의 사랑은 사람들이 말하는 그런 정도의 사랑이 아니다. 사람들이 사랑한다는 말은 하고 있으나 그런 사랑은 하나님의 사랑에 비하면 그림자에 불과하다. 그런 그림자 사랑을 우리에게 허락하신 것은 참 사랑을 깨닫게 하려 하심이다. 하나님이 사랑 그 자체이고, 사랑이 하나님 그 자체라는 것을 깨닫게 하려 하심이다. 하나님이 사랑 그 자체라는 것을 우리에게 나타내 주신 증거가 또한 십자가 사건이다.

이 사건은 하나님이 피조물인 인간을 살리기 위해 인간의 모습으로 오셔서 죄인인 인간들에게 매를 맞고 십자가에 달려 죽으신 사건이기에 도저히 상식적으로 일어날 수가 없는 일이었다. 사랑의 본질이신 하나님이 사랑의 본질을 우리에게 나타내 주신 것이 십자가 사건이다. 그게 사랑이라는 말이다. 그러니까 하나님이 곧 사랑인 것이다.

"하나님이 우리를 사랑하시는 사랑을 우리가 알고 믿었노니 하나님은 사랑이시라. 사랑 안에 거하는 자는 하나님 안에 거하고 하나님도 그의 안에 거하시느니라"(요일4:16).

그래서 사랑이 뭔지 알아야 한다. 그래야 사랑이 뭔지를 알고 사랑을 하게 될 것 아닌가. 사랑을 알려면 사랑을 만나야 한다. 그 사랑이 바로 하나님이다. 어떻게 하나님을 만날 것인가. 예수가 그리스도라는 것을 제대로 알고 믿고 영접하기만 하면 된다. 영접하는 순간 그 사랑이 담기게 된다. 그 사랑이 담기게 되기에 그 사랑을 하게 되는 것이다. 이웃을, 민족을, 인류를 사랑하게 된다. 이웃에 쌀이 없으면 쌀을, 옷이 없으면 옷을 주게 된다. 그 누구에게도 무엇을 바라지 않고 거저 도와주게 된다. 진심으로 그렇게 된다. 그게 하나님의 사랑이다. 하나님의 사랑은 우리를 그렇게 만든다.

모든 것이 그리스도를 통해서 되게 되어 있다. 그리스도는 만사형통 그 자체라서 그리스도를 통하면 그렇게 되어 있다. 세상 말에도 "모든 길이 로마로 통한다"는 말이 있다. 로마인들은 진시황제처럼 5,000Km의 만리장성을 쌓아 외부와 단절된 삶을 살기보다는 수백년(B.C 3세기부터 A.D 500년까지)에 걸쳐 15만Km나 되는 간선 도로와 지선 도로를 건설해서 세계 속으로 뻗어나갔다.

그러기에 유프라테스 강가에서 길을 따라 와도 로마에 이르게 되고, 북해 쪽에서 길을 따라 와도 로마에 이르게 되기에...여기서 출발해도 로마로, 저기서 출발해도 로마로 들어오게 되어 있으니 어찌 모든 길이 로마로 통한다는 말을 안 할 수 있겠는가. 또한 로마에서 출발하면 각 지역으로 가는 문제가 해결되었듯이 인생의 모든 문제도 그리스도를 통해서 해결되게 되어 있다. 그리스도에게서 출발하면 인생의 모든 문제가 해결된다는 말이다.

즉, 죄 문제라는 험한 길도 그리스도를 통하면 편하게 통과할 수 있고, 죽음 문제라는 어둠의 길도 그리스도를 통하면 편하게 통과할 수 있고, 천국으로 가는 길도 그리스도를 통하면 편하게 통과할 수 있고, 하나님을 다시 만나는 길도 그리스도를 통하면 편하게 만나게 되기에 모든 것이 그리스도를 통해 되게 되어 있다. 이것이 하나님의 비밀이다(골2:2-3). 그러기에 그리스도가 뭔지를 깨달아야 한다.

"이는 그들로 마음에 위안을 받고 사랑 안에서 연합하여 확실한 이해의 모든 풍성함과 하나님의 비밀인 그리스도를 깨닫게 하려 함이니 그 안에는 지혜와 지식의 모든 보화가 감추어져 있느니라"(골2:23-3).

이 비밀은 하나님께서 만세와 만대로부터 감추어 놓으신 것인데 자기 백성에게만 알게 하셨다(골1:26). 그러기에 예수가 그리스도라는 이 비밀은 하나님으로부터 택함을 받은 성도들만 알게 되고, 누리게 되는 것이다. 나중에라도 깨닫고 나올 사람도 있겠지만 택함 받지 못한 사람이라면 새벽기도, 철야기도, 금식기도를 해도 아니, 죽었다 깨어나도 깨달을 수 없다. 가룟 유다처럼 예수님과 3년 동안 합숙을 해도 안 되는 사람은 안 된다.

이런 사람들 중에 그렇게 해서 뭔가 능력을 맛보게 되는 경우에 그런 방법으로 해봤더니 하나님의 역사를 체험하게 되더라고 자랑한다. 그런 자랑을 듣고 그런 방법을 좇아가는 사람들이 있다. 믿으면 믿음대로 되기 때문에 인생의 모든 문제에서 해방이 돼버리지만, 안 믿으면 안 믿는 대로 문제 속에 빠져 살게 되고, 그로 인해 늘 염려하게 되고, 그러므로 염려했던 것이 또 자기에게 임하게 되는 악순환이 계속 되는 것이다.

그러다보니 그리스도의 비밀을 모르는 교인들 중에는 자기가 하나님께 뭔가 잘못해서 그런가보다 하여 옛날에 잘못한 것까지 기억나게 해서 회개기도 한다고 울고불고 난리를 피운다. 옛날에 지은 죄가 생각이 안 나면 그 죄까지 생각나게 해달라고 하나님께 기도까지 해서 회개기도를 하기도 한다. 나도 예전에 그랬던 사람이다. 이런 사람들이 믿음이 참 좋은 사람들처럼 보인다. 그러나 그것은 믿음이 좋은 것이 아니다. 완전 빵점이다. 믿음이 좋은 사람이란 예수가 그리스도라는 것을 믿는 사람을 말한다.

예수가 그리스도라는 말은 예수께서 십자가 사건을 통해 나의 죄 문제를 완전히, 영원히 해결해버리신 분이라는 말이고, 믿음이란 그렇게 해주셨다는 것을 믿는 것이 믿음이다. 이미 예수님께서 십자가 사건을 통해 우리의 과거, 현재, 미래의 모든 죄를(골 2:12-15) 완전히, 영원히 해결하시고(히9:26, 10:10-12), 기억치도 않으신다고 하셨다(사43:25). 예수께서 십자가 사건(피)을 통해 다 해결해버렸다는 것을 믿는 것이 믿음이 좋은 것인데 사람들이 이렇게 쉬운 방법을 놔두고 자꾸만 어려운 율법의 행위나 금식기도 등의 고행이나 각종 종교행위를 하려고 한다.

그렇게 하는 것은 예수가 그리스도라는 것을 불신하는 행위이기 때문에 나중에 지옥으로 간다. 예수를 그리스도로 믿는 믿음의 행위를 하지 않으면 분명히 지옥으로 가게 된다. 내가 지금 이런 말을 하고 있는 것은 그리스도이신 예수를 통해 마귀에게서 해방됐기 때문에 하는 말이다. 마귀는 처음부터 인간을 선악과 사건에 빠지게 하여 죽게 만든 존재이며 또한 지금도 인간의 왕 노릇을 하고 있기 때문에 두려움을 가지고 살 수밖에 없는 것이다. 사람에 따라 육안으로 귀신을 보는 사람들도 있다.

그리고 귀신에게 완전히 장악되어 무속인으로 사는 사람들도 있다. 이런 사람들은 귀신의 실체를 경험했기 때문에 자기가 섬기는 귀신에게 지극정성으로 대한다. 귀신들을 섬기는데 있어서 소홀히 하면 화를 당한다는 것을 체험했기 때문에 두려워서 종교행위를 하지 않을 수 없는 것이다. 무속인이 아닐지라도 모든 인간은 선악과 사건으로 인해 마귀의 종이다. 그러기에 자신도 모르는 사이에 마귀로부터 공급되는 생각이나, 말이나, 행동을 하고 산다. 강간, 절도, 폭행, 살인뿐만 아니라 거짓말이나 욕을 하는 것도 죄인데 이런 행위를 죄인 줄도 모르고 밥 먹듯이 하기도 한다. 자기도 모르는 사이에 거짓말이나 욕이 터져나가기도 한다.

즉, 자기도 모르는 사이에 그렇게 죄를 짓기도 한다는 말이다. 그러기에 이 세상에 죄를 짓지 않는 사람은 아무도 없다(롬

3:10). 그게 바로 마귀에게 종노릇하고 있다는 증거다. 그렇게 종노릇을 하다가 죽게 되고, 지옥으로 가는 것이 인생이다. 죄를 지을 수밖에 없고, 그 결과 지옥으로 갈 수밖에 없다 할지라도 예수가 그리스도라는 것을 믿으면 그런 것과 상관없는 사람이 된다. 즉, 천국백성으로서의 신분과 권세를 누리게 된다. 이것이 구원받은 사람의 특권이요, 큰 복이다.

마귀와 죄 문제뿐만 아니라 죽음문제를 비롯한 이런저런 인생의 문제들이 있으나 그런 문제들과는 상관없는 사람이 되었으니, 그리고 천국을 비롯한 하나님의 모든 보화를 누리게 되었으니 이것이 얼마나 큰 복인가. 너무나 엄청난 복이라서 다 세어 볼 수도 없다(찬429장). 율법을 비롯한 세상의 그 어떤 것도 우리를 이렇게 해주지 못하지만 복음은 이렇게 엄청난 특권과 큰 복을 누리게 해준다. 그러기에 복음에 대해 알아야 하고, 알았으면 그 복음에 순종해야 하는 것이다.

세상에 그 어떤 것들에게 순종해도 그렇게 안 되지만 복음에 순종하며 그렇게 된다. 세상의 많은 사람들이 이런 엄청난 비밀을 알지 못하므로 인해 죄 문제 때문에, 이런저런 문제들 때문에 고민하고 괴로워하다가 죽었다. 이 엄청난 비밀을 알지 못했기에 말과 뜻과 행실을 깨끗하고 착하게 하는데 생을 걸다시피 하기도 하고, 하나님 앞에서 늘 회개의 눈물만 흘리다가 가는 사람, 아예 속세를 떠나 평생을 절이나 수도원에서 보내는 사람들도 있다. 결국 죄 문제 때문에 그런 것이다. 그런 방법으로라도 죄에서 자유하고 싶어서, 하나님을 다시 만나고 싶어서, 천국백성이 되고 싶어서 그런 것이다.

그러나 그런 방법으로는 그렇게 될 수 없기에 예수님께서 대신해주신 것이다. 죽었다가 다시 산자가 있다. 그분이 '예수'다. 그 분은 죄가 없으셨기 때문에, 즉 선악과 사건에 빠진 분이 아니었기에 죽음의 문제와는 상관이 없으신 분이었다. 그런데 왜 그 분이 죽으셨는가? 우리들의 죄 문제를 해결해 주시기 위함이었다. 하나님이신 그분이 우리의 죄 문제를 해결해주시려고 선악과 사건이 터진 세상에 오셨고, 우리가 죽을 자리에 그 분이 대신 죽으셨고, 부활로 죽음을 이기셨다.

그러기에 다시 사신 그분을 따라가야 사는 역사가 일어난다.

그렇게 하면 된다는 이것이 하나님의 비밀이다. 이 비밀이 온 세상에 드러났다. 이 비밀을 듣고 믿기만 하면 아담 안에서 태어난 옛 사람은 죽어지게 되고, 예수 안에서 거듭난 새 사람이 된다(고후5:17). 이제는 하나님께서 주신 '생명과(生命果)'를 선택하자. 생사화복을 주장하시는 하나님께서는 우리에게 새 생명을 얻을 수 있는 방법도 주셨다. 다시 사는 방법이 무엇인가? 생명과를 먹으면 된다.

그러면 생명과는 무엇인가?

그 생명과과 '예수'다. 그러기에 생명과를 먹으면 다시 산다. 에덴동산에서 인간이 선악과를 선택하므로 죽음문제를 비롯한 인생의 모든 문제를 만나게 되었으니까 이제는 그런 모든 문제에서 해방될 수 있는 생명과를 선택하면 된다. 이걸 먹어야 선악과라는 사망과의 독이 제거되고 다시 살게 된다. 그것도 천국에서 영원히 살게 된다. 이것이 영생이다. 순간의 선택이 10년을 좌우한다는 어느 기업 광고처럼 순간의 선택이 영원을 좌우한다는 사실을 알고 생명과를 먹으면 된다. 즉, 예수가 그리스도라는 것을 믿고 영접하면 된다.

사람들은 생각하기를 도덕, 윤리교육을 잘 시키면 된다고 하는데 도덕, 윤리교육을 안 시켜서 세상이 지금 이 모양이 된 게 아니다. 또한 더러운 생각을 하며 사는 인간이기에 속세를 떠나 고행을 하면 된다고 하는데 속세를 떠나 고행을 한다고 되는 것도 아니다. 모든 문제는 하나님을 떠나서 그런 것이다. 하나님을 떠나게 된 사건이 선악과 사건이다. 선악과 사건으로 인해 죽음문제를 비롯한 인생의 모든 저주를 당하게 됐다. 그러므로 인생의 모든 문제에서 해방되려면 무엇보다도 먼저 선악과 사건을 해결해야 한다. 그리하면 하나님을 다시 만나게 된다. 인생의 모든 문제도 자동으로 해결된다.

"그런즉 너희는 먼저 그의 나라와 그의 의를 구하라. 그리하면 이 모든 것을 너희에게 더하시리라"(마6:33).

예수가 하나님을 다시 만나는 길이라는 것을 사람들이 잘 모르기 때문에 그것을 설명해주려고 성경(책)을 주신 것이다.

"예수께서 이르시되 내가 곧 길이요, 진리요, 생명이니 나로 말미암지 않고는 아버지께로 올 자가 없느니라"(요14:6).

우리가 거울을 만남으로 우리의 얼굴을 비쳐 보며 "아하! 내가 이렇게 생겼구나"를 알게 되고, 또한 더러운 것이 묻어 있는지도 알게 되듯이 인간이 어떤 존재인가를 알려면 세상적인, 육적인 그런 거울이 아닌 영적인 거울, 즉 하나님을 통해서만 알 수 있다. 하나님을 만나지 못하면 죽었다가 깨어나도 인간 스스로 인간이 어떤 존재인지 모른다. 왜 인간을 더러운 죄인이라고 하는지도 모른다.

아무리 세상에 많은 지식인들이 인간이 어떤 존재인지 잘 설명해도 그것은 헛된 말이다. 하나님을 만나지 못한 상태에서 인간을 논하고, 영적인 것을 논하는 것은 진정한 답이 아니다. 맞는 것 같으나 알고 보면 거짓말이다. 자기 자신이 공부를 많이 해서 뭔가를 알고 인간을 논한 것 같지만 마귀에게 속고 있는 것이다. 나도 예수가 그리스도라는 것을 믿기 전에 답도 아닌 세상 지식을 가지고 이러쿵저러쿵 얘기했던 것이 나중에 부끄러워졌다(고전1:27).

나는 무슨 일을 해도 야무지고 똑 소리 나게 해야 직성이 풀리는 사람이었다. 그러기에 사람들로부터 일 잘한다는 칭찬을 받고 살았다. 그래서 나는 내가 참 잘난 사람, 깨끗한 사람인줄 알고 살았는데 하나님을 다시 만나고 보니까 참 못난 사람, 더러운 죄인이었다는 것을 알았다. 그것도 짐승 같은 존재였음을 알았다(벧후2:12/유1:10). 그동안 잘난 척, 깨끗한 척하고 살았던 것이 너무나 부끄러워서 하나님 앞에 고개를 들 수 없었다. 정말 부끄러웠다.

"그러나 하나님께서 세상의 미련한 것들을 택하사 지혜 있는 자들을 부끄럽게 하려 하시고 세상의 약한 것들을 택하사 강한 것들을 부끄럽게 하려 하시며"(고전1:27).

하나님을 만나지 못한 상태에서의 나는 짐승 같은 존재였고, 그랬기에 이성 없는 짐승처럼 생각하고, 말하며 열심히 살았던 것이다(벧후2:12/유1:10). 짐승같이 살면서도 짐승같이 산다는 생각을 못하고 살았던 것이다. 왜냐하면 겉모습을 볼 때 짐승과는 다른 외모를 가졌고 또한 짐승들보다는 영리하게 살았으며, 이렇게 생긴 나를 '사람'이라고 다들 말하고 있었기 때문이다. 이렇게 생긴 나를, 그리고 짐승들처럼 수준 낮게 살지 않은 나였기에 이런 나는 '사람'일 것이라고 너무나도 당연하게 생각하고 그렇게 살았다.

그런데 하나님을 다시 만나고 보니까 나는 사람이 아니었다. 하나님의 형상을 잃어버린 짐승 같은 존재였다. 아니, 짐승보다 못한 존재였다. 짐승은 인간들보다 머리가 나빠서 죄를 지능적으로 짓지 못하지만 나는 짐승보다 영리해서 아주 지능적으로 죄를 짓기도 했다. 그런데 나중에 하나님을 다시 만나고 보니까 내가 어떤 존재인지, 내가 왜 그렇게 될 수밖에 없었는지, 그리고 지금의 나는 어떤 존재인지에 대해서도 알게 되었다. 그래서 이렇게 글을 쓰고 있는 것이다.

이 글을 읽는 사람들도 하나님을 다시 만나서 하나님의 형상을 회복한 참 인간으로, 새로운 피조물로 살기를 바라는 마음에서...그러기에 어떤 일이 있어도 사람은 사람을 만드신 하나님을 반드시 다시 만나야 한다. 그래야 내가 어떤 존재인지, 왜 그렇게 문제 속에 살 수밖에 없는지, 어떻게 하면 해방될 수 있는지, 해방된 지금의 나는 누구인지, 무엇 때문에 이 세상에 존재하고 있는지 알게 되기 때문이다. 그러면 어떻게 해야 하나님을 다시 만날 수 있는가? 만나는 길이 아주 가까이에 있다. 그것이 바로 '예수'다.

예수가 그리스도라는 말은 예수가 바로 죄 문제를 비롯한 인생의 모든 문제에서 해방되는 길, 하나님을 다시 만날 수 있는 길, 천국 가는 길이라는 말이다. 그러니까 천국 가는 길이 아주 가까이에 있다. 왜냐하면 그동안 그대도 '예수'라는 말을 너무나도 많이 들었기 때문이다. 이것이 영적인 것이라서 눈에 안보이기 때문에 먼저 깨달은 자를 통해 들어야 한다. 들어야 깨달아지고 깨달아져야 믿음이 생기는 것이니까(롬10:17). 그동안 들었던 그 '예수'가 죄 문제를 비롯한 인생의 모든 문제에서 해방되는 길, 하나님을 다시 만날 수 있는 길, 천국 가는 길이라는 것을 알고 믿으라는 말씀대로 믿기 바란다.

그것이 순종이다. 순종하지 아니하면 그 길을 따라 갈 수 없다. 그러기에 하나님을 다시 만날 수 없다. 그러니까 순종하지 않으면 있어도 못 가고, 있어도 못 만나게 된다. 분명히 있는데 이것이 눈에 보이지 않기 때문에 하나님께서 믿으라는 말씀을 하신 것이다. 천국도 눈에 보이고, 천국 가는 길도 눈에 보인다면 믿으라, 마라 할 필요가 없는데 이것이 눈에 안 보이기 때문에 믿으라고 한 것이다. 안보이지만 너무나도 분명하게 천국도 있고, 천국 가는 길이 있기 때문에 말이다.

그 길이 바로 '예수'이기 때문에 하나님께서는 그 '예수'를 '그리스도'로 알고 믿으라고 하신 것이다. 이 길은 '믿음'으로 가는 길이다. 하나님께서 그렇게 해놓으셨다. 선악과 사건에 빠진 인간이기에 외적행위로는 안 되게 되어 있으니까, 이미 틀렸으니까 새로운 방법으로 천국 가는 길을 마련하셨다. 그것이 믿음이다. 그러기에 '믿음의 법'은 반드시 지켜야 한다. 믿음의 법을 지키면 하나님의 자녀가 되고, 믿음의 법을 지키지 못하면 마귀의 자녀이다. 우리 모두는 이미 외적행위의 법으로는 실패한 자이기에 이젠 믿음의 법(내적행위의 법)을 붙잡고 일어서야 되지 않겠는가.

그대는 두 개 중에 어느 것을 선택할 것인가? 아직도 ~해라, ~하지마라, 이래야 된다, 저래야 된다는 외적행위의 법으로 천국에 가려는가? 아니면 예수가 그리스도라는 것을 믿기만 하면 된다는 믿음의 법으로 천국에 가려는가? 아니면, 이런 사실들이 그냥 허황된 이야기일 뿐이라고 스스로를 속이고 살아갈 텐가? 그동안 예수그리스도에 대해 너무나도 많이 들었을 것이다. 예수그리스도라는 말은 예수가 그리스도라는 말을 줄인 말이다. 그러니까 예수가 그리스도라는 말이 무슨 말인지 제대로 알아야 한다. 제대로 알고 제대로 믿어야 하나님을 만나게 되기 때문이다. 아는 것이 힘이다! 배워야 산다! 그래야 영원히 산다! 이 힘은 하나님의 능력이요, 하나님의 생명이다.

예수가 그리스도라는 이 말씀 속에 엄청난 하나님의 복이 들어 있기에 이 말씀을 들어야 한다. 세상에 그 어떤 말씀보다는 그리스도의 말씀을 들으면 믿음이 생겨나고, 믿음이 생겨나므로 그 믿음대로 생명을 얻게 된다.

"그러므로 믿음은 들음에서 나며 들음은 그리스도의 말씀으로 말미암았느니라"(롬10:17).

인간은 처음에 선악과 사건으로 인해 죽을 수밖에 없게 되었지만 다시 사는 길이 있다. 그 때 말씀대로 하지 않아서 죽음 문제를 만나게 되었기에 이젠 말씀대로 순종하면 된다. 말씀을 들으므로 다시 산다. 무슨 말씀을 듣고 무슨 말씀대로 해야 되는가? 예수가 그리스도라는 말씀을 듣고 예수가 그리스도라는 것을 믿으라는 말씀에 순종하면 된다. 그리하면

진짜 살게 된다. 살아도 영원히 산다. 그것도 천국에서의 영생이다. 하나님의 약속하신 말씀대로 그렇게 된다. 하나님의 말씀에는 충분한 능력이 있다.

이미 우리는 그런 경험을 한 자들이 아닌가. 선악과를 먹으면 죽는다는 하나님의 말씀대로 우리가 선악과를 먹었기에 죽음문제를 당하게 된 것을 이미 경험하지 않았는가. 말씀대로 된다는 것을 이미 경험했으니까 이젠 다시 살 수 있다는 말씀대로 하면 다시 살게 된다. 예수가 그리스도라는 것을 믿으라는 말씀에 순종해서 영생복락을 누리기 바란다.

그러니까 성경의 핵심, 하나님의 말씀의 핵심은 예수가 그리스도라는 것을 믿으면 영생을 얻게 된다는 것이다. '예수가 그리스도다'라는 이것이 말씀의 핵심이다. 다른 것은 이 핵심을 설명하기위한 말씀이니까 이 핵심만 붙잡으면 된다.

"태초에 말씀이 계시니라 이 말씀이 하나님과 함께 계셨으니 이 말씀은 곧 하나님이시니라"(요1:1).

"말씀이 육신이 되어 우리 가운데 거하시매 우리가 그의 영광을 보니 아버지의 독생자의 영광이요, 은혜와 진리가 충만하더라"(요1:14).

이런 비밀을 알게 되면 말씀이 얼마나 중요한 것인가를 알게 된다. 말씀이 이렇게 중요하다는 것을 영혼의 피부로 실감해야 세

상 사람들을 향해 말씀을 먹어야 된다고 외치게 되는 것이다. 사람
으로 태어났으면 말씀을 먹어야 된다.

"예수께서 대답하여 이르시되 기록되었으되 사람이 떡으로만 살 것이
아니요, 하나님의 입으로부터 나오는 모든 말씀으로 살 것이라 하였
느니라 하시니"(마4:4).

이 세상에 많고 많은 말씀들이 있지만 모두가 죽은 말이다. 모두
가 선악과 사건에 빠져 있는 죽은 자들이거나, 죽어 가는 자들의
말이기에 아무리 좋아 보이고 그럴듯해도 속은 생명이 없고 썩어
있다. 속은 썩어서 냄새가 나는데 겉모습은 번지르르한 대리석으
로 치장한, 즉 회칠한 무덤과 같은 것이다. 예수님께서 세상에 계
셨던 그 당시에 죽었던 나사로가 있었다. 죽은 지 나흘이 지났다.
그는 완전히 죽은 자였다. 그런데 예수님께서 죽었던 나사로를 향
해 "나오라"고 말씀하셨다. 그랬더니 죽었던 나사로가 무덤에서
나왔다(요11:1-44).

무엇으로 그렇게 하셨는가? 그렇다. 말씀이다.

오늘날 이 세상에 많은 사람들이 각자의 생각대로 열심히
살아들 가고 있다. 그게 인생인 줄 알고. 그러나 그건 무덤 속의 삶
일 뿐이다. 그 무덤 속에서 그렇게 살다가 지옥으로 간다. 그런 무
덤 속에 갇힌 우리들을 향해 "나오라"고 말씀하신 분이 계신다. 그
분이 바로 '예수'다. 너의 죽음의 문제를 내가 해결했으니 그 무덤
에서 나오라는 것이다. 그 증거가 십자가 사건이고, 예수님의 무덤
이다.

십자가에 달려 죽으시고 무덤 속에 사흘 동안 계시다가 다시 살
아 나오셨던 예수님께서 오늘날 이 세상의 우리들을 향해 "나오

라"고 하신다. 그 말씀을 믿고 나가면 되는데 사람들이 이런 말은 안 듣고 자꾸만 세상의 책, 세상의 말들만 듣고 있다. 자기 자신이 무덤 속에 있다는 사실만이라도 안다면 이런 말에 귀를 기울이기 라도 할 텐데 그런 신세라는 것을 알지도 못하기에...그러니까 그들 은 모르고 있으면서 모르고 있다는 사실조차도 모르고 있는 것이 다. 하나님의 은혜가 아니면 절대로 그 무덤에서 나올 수 없다.

그대는 그 무덤에서 나왔는가? 나온 사람이라면 하나님의 그 엄 청난 사랑과 은혜에 감사하지 않을 수 없을 것이다. 너무나 기뻐 춤을 추지 않을 수 없을 것이다. 예배드리지 않고는 견딜 수 없을 것이다.

무덤에서 나왔다는 말은 인생의 모든 문제에서 해방됐다는 말이다. 그렇게도 만나고 싶었던 하나님도 다시 만나게 되었다는 말 이다. 천국을 비롯한 하나님의 모든 것을 누리게 되었다는 말이다.

한번 생각해보라. 우리가 무슨 재주로 인생의 모든 문제를 다 해결할 수 있겠는가. 또한 천국을 비롯한 하나님 모든 것을 어떻 게 다 소유할 수 있겠는가. 문제 하나, 하나를 해결한다고 해도 죽 을 때까지 해도 다 해결 못한다. 또한 하나, 하나를 얻는다 해도 죽 을 때까지 해도 다 못 얻는다. 그러나 하나만, 즉 예수가 그리스도 라는 것만 믿고 받아들이면 죄 문제를 비롯한 인생의 모든 문 제가 해결되는 것은 물론, 천국을 비롯한 하나님의 모든 것도 다 가질 수 있고, 누릴 수 있게 된다. 하나님께서 예수가 그리스 도라는 것을 믿고 받아들이면 그렇게 되도록 해놓으셨다.

그러기에 우리는 그 말씀에 순종하기만 하면 된다. 그러기에 그 말씀대로만 하면 된다.

그러나 그 말씀에 불순종하면 이 복은 자기 것이 되지 못한다. 불순종하면 불순종한 그것으로 끝나는 것이 아니라 인간이 그 말씀(하나님)보다 위에 있는 상태(교만)가 되기 때문에 하나님의 진노를 당하게 된다. 하나님께서 손대지 않으셔도 무덤 속에서 그렇게 살다가 죽어 지옥에 가서 영원토록 무서운 형벌을 받게 된다.

그러니까 하나님의 말씀을 믿고 순종해야 한다.

무엇에 대한 믿음인가? 예수가 그리스도라는 것에 대한 믿음이다. 무엇에 대한 순종인가? 예수가 그리스도라는 것을 믿으라는 말씀(복음)에 대한 순종이다. 이 말을 압축하면 오직 예수! 오직 믿음! 오직 복음(예수)! 오직 순종! 이다. 여기다가 하나 덧붙이면 오직 예수! 오직 전도! 다.

세상 사람들은 썩어 없어질 세상 것을 낚다가 지옥으로 가지만 우리는 영혼(사람)을 낚다가 천국으로 가는 존귀한 자들이라는 것을 잊지 말고(마4:19) 오늘도 즐겁게 휘파람불며(예수가 나의 그리스도라는 것을 노래하며) 낚시터(세상=선악과 사건이 터진 동네)로 나가자! 강이나 바다에서 낚시하는 것보다도 즐겁고 신나는 것이 영혼을 낚는 일이기에...이것은 사람을 고생하게 하는 것이 아니라 평안하게 해주는 것이며, 죽이는 것이 아니라 살리는 것이기에 더없이 기쁜 일이다.

이것이 하나님과 방향 맞춘 삶이다.

이 세상에 태어나서 조물주이신 하나님, 만왕의 왕이신 하나님의 동역자로 일하게 되었다는 것이 얼마나 영광스런 일인가(고전

3:9). 그것도 선악과 사건에 빠진 죄인으로서 이런저런 문제들 만나다가 죽을 수밖에 없는 불쌍한 존재였는데 그런 우리들이 새사람이 되어 그렇게 영광스런 일을 하게 되었으니(고후5:17, 5:20), 게다가 상급까지 받게 되었으니 이 얼마나 좋은가(계22:12). 콧노래가 저절로 나오고 어깨춤이 저절로 춰지는 것이다. 그 어디서나 하늘나라를 누리며 살기에 세상일도 스트레스 받지 않고 잘 하게 되는 것이다(찬438장).

자유한 영혼이기에 자유한 가운데서 창조적인 발상과 창조적인 행위를 하게 되므로 경제문제도 해결되고, 무슨 일을 만나든지 만사형통하게 된다(찬384장). 우리만 이런 엄청난 복을 누려서야 되겠는가. 이런 엄청난 복(福)을 누릴 수 있는 이 복음(福音)을 세상 사람들에게 전해줘야 되지 않겠는가. 우리는 임마누엘인(그리스도인)이기에, 즉 죄 문제를 비롯한 인생의 모든 문제에서 졸업한 졸업생임과 동시에 천국대학 기쁨학과에 다니는 진짜 행복한 사람들이기에 말이다.

더 이상 문제 될 것도 없고, 더 이상 부족함이 없는 사람들이기에 이 세상에서의 주어진 시간과 물질과 몸을 사람 살리는 일(복음 전하는 일)에 쓸 수밖에 없는 멋진 사람들이다. 이것이 이웃을, 민족을, 인류를 사랑하는 삶이다.

우리 모두 예수님께서 다시 오시는 그날까지 예수가 그리스도라는 것을 믿으라는 말씀에 늘(24시간) 순종하여 그 어디서나 하늘나라를 누리고 전하는 멋진 삶을 살자!

넉넉히 이기게하시는 하나님

오스왈드 샌더스 지음

모든 문제에서 승리하게 하는 예수님의 방법!
삶속의 크고 작은 문제를 영적인 진리로 해결하는
하나님의 풍성한 은혜!

성경의 가르침을 통해 영적 승리의 비결을 배우게 한다.

뜻모르고 당하는 고통과 시련

레베카 브라운(Rebecca Brown)·데니엘 요더(Daniel Yoder) 지음

오늘날 수많은 그리스도인들은 까닭 모를 가난과 질병과 적대적 환경으로 인해 고통받고 있다. 그들은 엄청난 시련과 정신적, 육체적 질환과 천재지변의 재앙에 직면해 좌절과 번민 가운데 지내고 있다. 그러나 그들은 이 일들의 배후에 '무언가'가 도사리고 있을지도 모른다는 사실을 망각하고 있다. 여기 이 책 속에 그 고통의 뿌리에서 행복의 열매를 따는 비결이 들어 있다.

내 안에 계신 그리스도

오스왈드 샌더스 지음

그리스도 인성이 나의 인격과 성품이 되는 책!
너무도 사모하는 그분이 우리 안에 오셔서
우리 안에 거처를 정하시고, 우리 안에 사신다.
그분의 성품이, 그분의 행실이, 그분의 혜안이, 그분의 마음이 나의
사상이 되고, 나의 마음이 되고, 나의 사랑이 되고,
나의 인격이 되고, 나의 삶이 된다.

양심

워렌 W. 위어스비 지음

"이것으로 말미암아 나도 하나님과 사람에 대하여
항상 양심에 거리낌이
없기를 힘쓰나이다." (사도행전24:16)
거리낌 없는 깨끗한 양심을 소유할수 있는 지침서!

JOHNNIE MOORE

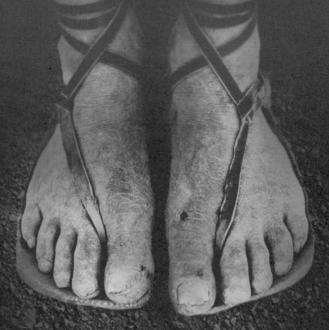

더럽혀진 하나님

왜, 그분은 더럽혀져야 했는가 …

지은이 조니 무어(Johnnie Moore)박사는 (학생수가 92,000명이 넘는 세계에서 가장 큰 대학교 중 하나인) 미국 리버티대학교의 부총장이며, 사회 인류학을 가르치고 있고, 저술가이고, 상담가이고, 목사 이다. 이스라엘과 인도의 현지에서 세계 종교에 대하여 교수하고 있으며, 북아메리카에서 가장 큰 규모인 기독교 대학생 주별 모임(10,000명 이상)을 주관하면서 그들의 세대에 차별화된 영 향력을 미치고 있다. 그리고 모험정신을 가지고 20개국 이상의 나라에서 선교사로서 그리고 인 도주의자로서 활약하고 있다.

그의 첫 번째 책 Honestly: Really Living What We Say We Believe에 대하여 더글라스 그레 스함은 "나의 양아버지였던 C. S. 루이스도 이 책을 보고 기뻐서 박수를 쳤을 것이라 확신한다." 라고 말했다.

- 「목적이 이끄는 삶」저자 릭 워렌 목사 추천사중에서-

"저자 조니 무어는 하나님의 깊이를 그 밑바닥까지 이해한 지도자이며, 타인을 사랑하는 은혜의생활 방식으로 삶을 사는 자이다"

2013년 미국 베스트셀러!

책 소개 동영상 ≫

믿음을 시험하고 확증하라

지은이 | 정원기 목사
발행인 | 김용호
발행처 | 나침반출판사

발행일 | 2014년 4월 1일

등 록 | 1980년 3월 18일 / 제 2-32호
주 소 | 157-861 서울 강서구 염창동 240-21
　　　　블루나인 비즈니스센터 B동 1607호
전 화 | 본　사(02)2279-6321
　　　　영업부(031)932-3205
팩 스 | 본　사(02)2275-6003
　　　　영업부(031)932-3207

홈페이지 | www.nabook.net
이 메 일 | nabook@korea.com
　　　　　nabook@nabook.net

ISBN 978-89-318-1475-0
책번호 나-1028

값은 뒷표지에 있습니다.